大厂求职

一本通

简历、面试到入职

许顺东·著

化学工业出版社

·北京·

内容简介

求职，需要爬过三座大山：简历、面试、转正。这本书是在你攀越求职的大山时，助你能够成功登顶、实现理想的一大利器！

作为在大厂深耕了多年的面试官，我很乐意将自己多年的经验分享给大家。本书揭秘了招聘HR及面试官工作的背后逻辑，并结合实际案例，为大家剖析各个环节的实操技巧！干货满满！在打造简历阶段，指导你如何写出一份令HR印象深刻并超越旁人的简历，获得见到面试官的机会；在应对面试阶段，帮你在处理面试官的各种棘手问题时，能够沉着应答、保持自信、平等对谈，最终拿到理想薪酬，争取到入职机会；在入职转正阶段，不仅能帮你站稳脚跟，还能告诉你如何从容应对职场冲突，在岗位上持续深耕，顺利转正，开启职场生涯！

无论是即将毕业要初入职场，还是职场老人想更换战场，读这一本就够了！书中既有实用技巧，又有底层逻辑，还有生动案例，这一定会是你入职大厂的不二选择！

图书在版编目（CIP）数据

大厂求职一本通：简历、面试到入职 / 许顺东著.
--北京：化学工业出版社，2024.7
ISBN 978-7-122-45591-8

Ⅰ. ①大… Ⅱ. ①许… Ⅲ. ①职业选择 Ⅳ.
①C913.2

中国国家版本馆CIP数据核字(2024)第091184号

责任编辑：丰 华 王 雪　　　文字编辑：郭 阳
责任校对：宋 夏　　　　　　　装帧设计：溢思视觉设计

出版发行：化学工业出版社
　　　　　（北京市东城区青年湖南街13号　邮政编码100011）
印　　装：中煤（北京）印务有限公司
710mm×1000mm　1/16　印张18　字数272千字
2025年3月北京第1版第1次印刷

购书咨询：010-64518888　　　售后服务：010-64518899
网　　址：http://www.cip.com.cn
凡购买本书，如有缺损质量问题，本社销售中心负责调换。

定　　价：78.00元　　　　　　　版权所有　违者必究

推荐序 1

职场竞争，从来没有像今天这么激烈。就业，尤其是得到相对合适的职位和待遇，也从来没有像今天这样变得难以企及。

78，简历投递漏斗数，即从2022年全行业平均值看，每发放一份offer，就有78份简历在投递环节参与竞争，数据来自北森。

1179万，2024年7月身着学位服将学位帽高高抛起的人数。高校毕业生人数持续三年在千万数量级以上。

10.92亿，互联网用户2024年3月达到的人数。自2021年起，中国网民数量稳居10亿以上。用户规模增加，带动行业需求提升。

这个世界，就是压力、竞争与机会并存。

机会，就在那里。于求职者来说，每一个公开发布的职位，就客观地存在那里。

认识作者顺东，就是在她求职的时候。那是2000年的初始。技能储备到位、谈吐自信从容、一边上课一边寻找机会，面试结尾放下一句话，"期望未来有一起共事儿的机会"，于是就真的一起共事儿了。

当然也有散的时候，她后来去了加拿大，最后又回北京进入了阿里巴巴。

有这样丰富的履历，听说她计划写职场书籍时，我丝毫不惊讶。但也有无数的问题曾经在脑海里闪过：这个学习生物学的人如何进入了媒体行业？原本在四线城市参加工作的她怎样来的北京？语言表达能力不足的人如何在北美的职场竞争中获得了offer？年龄远超35岁门槛的她怎样获得了无固定期限合约？……

我提示顺东："自己好和能够让别人好是两回事儿哦。"她给了我3个数字，面试过上千人，浏览过上万份简历，工作和讲座中接触过10万多名毕业生。然后说："太多的孩子，因为不知道在找工作的过程中该怎样恰如其分地表达自己而痛失了机会。转瞬即逝的机会，会影响到一个人怎样度过他的一生！"这一句话打动了我为她写序。

　　顺东经历得多了，思考得多了，学习得多了，便能够辨识到问题背后的真实需求，事例随手拈来，让这本书有灵魂和基础。她，毕业于北京大学光华管理学院人力资源管理专业，在世界职场的股份公司、上市公司间闯荡，也有资历组织这样的文字。

　　仔细品读，文字中有丝丝入扣的朋友心态的技巧指点，有谆谆教导的姐姐心态的系统思考，还有放远眼光的妈妈心态的未来规划。

　　这种字句间带有人文关怀的工具书，不是很多见。

　　所以，我最想将这本书推荐给这两年毕业的学生们，希望他们在面对人头攒动的竞争场面时，能够更加自信、坦然。

资深传媒主编、电视制作人、中华文化促进会常务副主席

推荐序 2

认识Amy顺东,是她加入阿里。

在阿里邀约专家进行培训的场次里,她总是争取坐在最前排的那个;每年的管理者360评价,她总是获得高分者之一;组织结构调整需要有岗位变化时,她也是那个积极响应的……Amy,简单透明,是如今职场中难得的沟通成本低的人,你要求她帮忙,她会尽力而为;你交代她的事项,提交回来的结果一定比你想到的更为全面周到……问起她形成这种风格的缘由,她的回答也简单:"尽全力而为!"这是她的职场哲学,不怕吃亏,不怕付出辛苦,不怕短时间内的不如意。她似乎是浮在职场上空的那个俯视者,俯视处于具体事物之间的忙碌者,即使自己也忙碌着,但是很清楚方向。

职业、干练,是我对Amy的第一印象。

号召人人公益3小时,是阿里巴巴的企业基因。在复盘员工的公益行动时,Amy的公益时长是十倍于3这个数字的,公益是她工作生活的日常。Amy曾参加过的公益组织或活动包括:担任马年及蛇年加拿大华人春节晚会舞台导演、爱德华王子岛商会筹委会理事、加拿大爱德华王子岛华人商会理事、女童军导师、马云公益基金会信使;参与小桔灯听力康复中心365认知包捐赠、河北鹿泉李村镇中学远程公益支教、蓝信封陪伴计划、马云公益基金会乡村教师计划、马云公益基金会师范生陪伴计划……听她讲公益经历,我也洋溢着幸福感。

逐渐积累起的第二印象,是Amy的热心、善良。

一日在电梯里偶遇,听到Amy打着电话在分析线上教育的事情，我心里嘀咕，她不会是要去什么教育公司吧？！因此找她询问情况。她哈哈大笑说：“是之前的同事面临在两个offer之间做筛选的问题，纠结该怎样取舍，我在帮朋友做选择分析呢。我和之前的大多数老同事都有间或的联系，沟通的事情几乎都是关于要做怎样的选择，孩子留学、工作转换、生活困扰……不一而足。我这里是咨询大本营。”

形成的第三印象，是Amy自己成长的同时也想帮助她人一起成长到最好。

当她告诉我要出版一本有关职场的书籍时，我一点都不惊讶，因为这都是她常规工作和生活中的宝贵经验和信息的积累，这本实用性极强的作品也是她人格外显的载体。

我欣然推荐这本书，让大家一起变得更好。

阿里文娱副总裁、优酷首席运营官

目录

第二章　写好简历：获得面试机会的必杀技

第三章　拿下面试：面试官内心全揭秘

第四章　顺利转正：HR告诉你如何把握关键试用期

后记

第一章
找准目标：
如何顺利进入
互联网大厂

———————— 互联网，网罗了各行各业，也与你我的生活密不可分。

就互联网行业的版图来看，从文化娱乐到本地生活，从汽车交通到医疗健康、从教育到金融、从社交到电子商务……互联网渗透到了我们生活的各个角落，同时也提供了大量的就业岗位，我们工作的同时可能也在时刻为我们自己服务着。

2024年3月，中国网民规模达到10.92亿，且互联网用户人均每周上网时长长达29.1小时，较2022年12月提升了2.4小时。亿万老百姓，离不开互联网的服务，同时也愿意用互联网改变生活、改变社会，这为互联网的发展提供了土壤和动力。如此庞大的用户群体，相应造就了对互联网相关岗位需求的持续火热，每一家企业的生存和发展都与互联网息息相关，都需要相关的从业者加入。

中国互联网不仅在规模性指标方面早已占据了全球第一，而且开始在技术和商业模式等许多方面引领着全世界的潮流，例如数字货币、电子商务、物流管理、构建数字经济国际合作体等。加入互联网行业，是创造历史也是获取财富的途径。

要想进入互联网行业，就要从了解互联网行业的岗位开始。互联网行业岗位图谱宽泛，职能涵盖全面。

第一节 | 互联网公司的岗位需求

从互联网企业的岗位图谱看，可分为九大类：研发/技术、设计、运营、产品、市场、销售、职能、客服及特色岗位（图1-1）。这样多的选择，为你规划、设计、对接自己的岗位铺设了各种可能。

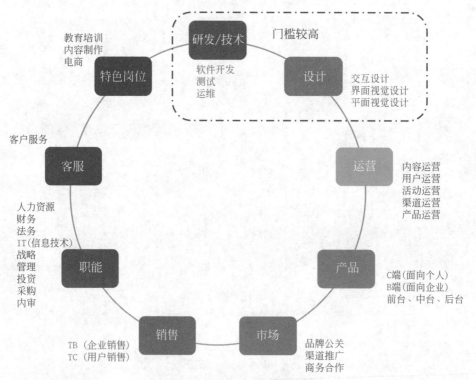

图1-1 互联网企业的岗位图谱

一、研发/技术

最核心的职责是对产品进行基础架构并实施开发设计。工作内容包括基础架构、前端开发、后端开发、移动开发、硬件开发、自然语言处理、机器学习、多媒体开发、运维、算法、测试、大数据分析等。日常工作包括接需求、写代码、调程序漏洞、做测试等（图1-2）。从事研发/技术岗位的人员需要对技术研究具备超常的耐心，喜欢钻研很枯燥的概念，并且要有超级强大的逻辑推理能力，头脑中装有概念图，能把自己训练成"程序员"思维。最牛的程序员热爱和享受写代码的过程，沉浸在心流状态中工作。

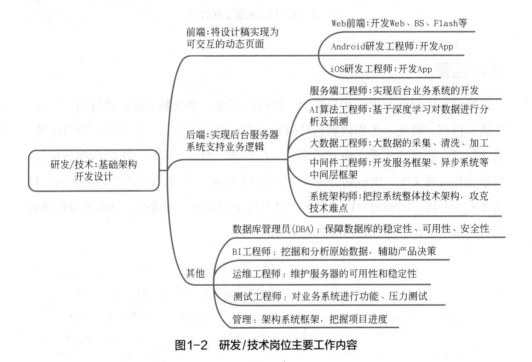

图1-2　研发/技术岗位主要工作内容

二、设计

最核心的职责是进行产品的视觉外显呈现。工作内容包括界面设计（或称UI设计）、平面设计、交互设计、视觉设计、多媒体设计、美工、视频剪辑、用户研究、3D动效设计、游戏美术设计等。日常工作是接需求、设计画图、切图等（图1-3）。在设计岗位开展工作的人员需要非常细致，最好有点"强迫症"，善于关注细节并具有钻研精神，不做到满意决不放弃。不同的设计岗位对能力的要求各有其侧重点，如界面设计更侧重审美的感官能力，交互设计则更侧重逻辑思考能力。

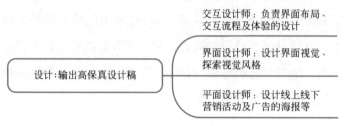

图1-3　设计岗位主要工作内容

三、运营

最核心的职责是提升用户数量、提高活跃度、增强黏着度，进行用户拉新、促活、留存、转化。工作内容包括内容运营、渠道运营、产品运营、用户运营、商业运营、新媒体运营、游戏运营、项目管理、编辑、审核、用户数据分析等。日常工作有写文案、做策划、协调沟通等（图1-4）。在运营岗位开展工作的人员需要有全局观，能够进行深度思考，具有较强的策划规划能力，对事务有独到看法，对推进工作、达成目标有执着坚持的精神。

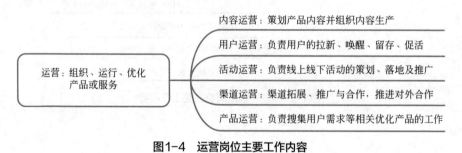

图1-4　运营岗位主要工作内容

四、产品

最核心的职责是规划和设计产品并协调各方资源完成每个版本的迭代。工作内容包括需求调研、需求梳理、产品设计、产品开发落地以及产品上线后的迭代等，岗位包括产品助理、产品经理、数据产品经理、电商产品经理等。日常工作是画原型、写文档、沟通协调等（图1-5）。在产品岗位开展工作的人员需要对商业或者业务保持兴趣并持续关注，要对用户的需求很敏感，不仅能对事情进行深度思考还能常常分享总结，善于和人沟通，有主导控制力，能够对项目进行整体把控和推进。

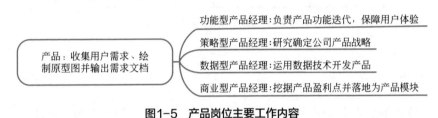

图1-5　产品岗位主要工作内容

五、市场

最核心的职责是通过广而告之的手法手段在目标用户中产生对于产品品牌的心智影响。工作内容包括营销策划、品牌推广、公共关系（PR）、搜索引擎优化（SEO）、媒介公关、商务拓展（BD）、政府关系等。日常工作是做策划、谈媒介、进行效果监测等（图1-6）。在市场岗位开展工作的人员需要具有敏锐的判断能力和快速的行动能力，能够抓住热点扩大话题或者快速处理公关危机，有大局观，具备策划能力，知晓社交礼仪，博闻强记。

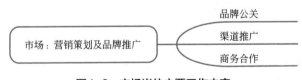

图1-6　市场岗位主要工作内容

六、销售

最核心的职责是将互联网产品或服务售卖给商业客户或者个人客户。工作内容包括产品的开发设计、广告营销、内容营销、销售管理、销售支持等。日常工作有客户开发、客户提案、客情服务、客户回款等（图1-7）。在销售岗位开展工作的人员需要具有商业敏感度和市场洞察力，敢于面对压力和挑战，能够胜任高强度、快节奏工作，具备优秀的人际交往和商务谈判能力，通晓提案技巧，有超强的执行力和团队合作能力，目标感强。

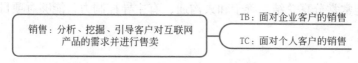

图1-7　销售岗位主要工作内容

七、职能

最核心的职责是为各业务部门提供支持和服务。部门设定包括战略、管理、投资、采购、内审、HR（人力资源）、IT（信息技术）、财务、法务、行政等，以公司日常运作为主要工作内容。在职能岗位开展工作的人员需要具备认真严谨、善于总结、洞察能力强、组织协调能力出众、团队合作能力突出等特质。

八、客服

随着现在各互联网公司对于客户口碑的重视，客服部也愈加成为互联网公司重要的一部分，日常工作以解决、反馈用户问题为主。在客服岗位开展工作的人员需要思维灵活，有强服务意识，能够快速定位问题并迅速沟通、协调、制订灵活的解决方案，在察言观色中甄别高风险用户，同时具备文档编辑、分析及总结能力。

九、特色岗位

每一家互联网公司都有自己的特色岗位，如有的有电商基因，对供应链管理、风险控制有人才需求；有的以游戏及社交为主要业务，游戏内容策划、泛娱乐制作等是特色岗位；有的在大力拓宽在线教育，教服培训、教辅管理在一个阶段需要大幅度招聘人才；还有的涵盖了游戏、音乐甚至是养殖产业……每一家大厂的商业版图都幅宽惊人。

以网络信息服务产品开发为例，来说明一下互联网公司各岗位的职能及相互关系。

发现需求 公司发现市场上的需求空白——缺乏为小朋友播报、解读社会新闻的优质产品，因此决定开发相关产品"童话新闻"。需求的发现可以来自多个端口，领导层研究行业报告、客服接受用户反馈、产品经理进行数据分析、员工养育子女遇到问题等。这一需求交由产品部门，确定"产品经理"为赵欣，由她进行市场调研和数据分析。她对K12（基础教育）的适龄儿童、学生家长、学校老师等群体进行深入访谈和问卷调查，确定需求真实存在且用户人群足够大，最后写出了《"童话新闻"大有市场》的产品规划设计报告。

项目评审 赵欣邀约各部门同事召开会议，对产品需求进行评审。赵欣做方案汇报，包括分层次进行产品定位解析、用户需求分析、市场现状分析、产品结构图和用户使用流程图梳理、功能体验分析、用户调研意见反馈、产品效能分析等。"研发/技术"团队对方案开发的可能性、难易程度及工作周期做了反馈，"运营、市场、销售"根据目标用户画像分析了产品的市场占有可能性、品牌建立的用户心智、有无B端客户介入的可能性等。

项目开发 评审通过后交由"设计"部门确定设计师进入到交互设计阶段，提供高保真界面设计稿。之后由"研发/技术"团队的前、后端相互协同落地开发，再交由"测试"团队进行产品功能、承载能力等相关测试，若"测试"团队发现问题则回退至"研发/技术"团队直至问题解决。

项目运营 产品完善后上线，"运营"开展用户拉新、留存、活跃、转化层面的工作。"市场"通过品牌宣发拓展产品的认知人群。"销售"与商业客户沟通，看有没有可能在产品中植入广告，增加除会员收入之外的商业化收入。"客服"负责对用户的反馈进行针对性解答，帮助用户解决使用中的问题，收集用户优化需求信息。"职能"部门全程负责提供财务、法务、人力资源等层面的服务与保障。

每一个工作流的节点上标注的职位信息仅是这个节点的核心参与部门及主要角色，而每一个节点的工作都是交叉展开的，例如产品经理在形成报告过程中会与运营、设计频繁沟通，进行需求协作探讨；开发过程中研发/技术的前后端会组成项目小组一起攻克难题；产品上线后运营、客服会不断将用户需求反馈给产品团队，联合研发/技术对产品进行升级优化等（图1-8）。

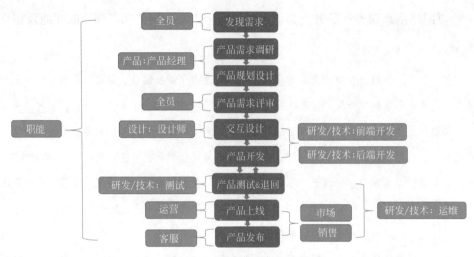

图1-8　工作流及岗位示意图

看起来岗位众多的互联网大厂，其实进入门槛相当高。除企业筛选人才严苛之外，毕业生中预就业人群基数庞大、想进入互联网领域工作的人群占比高是重要原因。

第二节 | 应聘互联网公司的
准备

不打无准备之仗。要想找到理想中的工作岗位就要在宏观和微观各层面做好准备，包括硬技能即岗位技能准备，软技能即通用技能准备，以及心态的准备。

一、硬技能（岗位技能）准备

硬技能是指从事某一专业领域特定岗位工作必备的知识和技能。这些技能可以通过参加培训学习的方式获得，也可以通过测试的方式得到检验。硬技能是你开展工作时要用到的工具包，遇到问题时从这个工具包中找到合适的工具就可以解决相应的问题。

我们上学受教育的过程，大多是在进行知识和技术的积累，就是在搜集更多顺手的工具加入到自己的工具包中。大学期间学习计算机、软件工程、物联网工程师、网络工程、信息与通信工程等互联网专业的同学，恭喜你，你的工具包中已经拥有了加入互联网行业的基础工具，且这些硬技能的积累是非一日之功就可以具备的。这些工具不仅让你做好了一只脚踏入行业的准备，而且已经为你筑起了一条岗位护城河。

专业岗位能力除了可以通过大学专业课程学习积累之外，还可以通过参加培训和发展自身爱好积累起来。非互联网专业的同学，在产品、运营、市场、客服、职能岗位也有大把机会。而且互联网大厂构建的商业帝国，已经突破了互联网行业发展最初时期的概念，互联网渗透到了各行各业，在大厂的投资布局业务中，你有很多发挥才能的机会。

从专业就业和简历审核角度看，在起跑线上占优势的会是名校、专业对口的同学。但这仅针对专业要求指征性强的，例如研发/技术岗位的需要，而占比更高、更为宽泛的职位，例如产品岗、运营岗、销售岗等，是不受初始专业限制的。

应聘亲历：专业突破

○黛羽：

我毕业于西北师范大学，专业为中文，当过两年老师，互联网行业零经验，但我有互联网大厂的梦想。我就从我擅长的文案写作入手，到运营自媒体账户，再到以用户思维分析各网站产品。然后我开始向大厂投递简历，从容面试，最后顺利拿到北京工作的offer，如今可以骄傲地说我已经是互联网资深的运营人才啦。

○彭丽：

我大学专业是会计，由于对本专业热爱程度较低，就果断放弃会计行业，摸索关注新领域。我先是在一家贸易公司做跟单实习，准备毕业后回老家发展，但通过分析发现内陆城市贸易发展很受局限，并且简单的跟单实习的工作经验并不能让我顺利地找到工作。最后做了基础的运营功课，权衡兴趣和行业发展前景两项因素，转身投入到互联网行业，开始做运营。就像所有刚毕业进入社会找工作的人一样，我既迷茫但又充满激情和向往。我发现运营零经验也没关系，我从小商铺的基础文案编辑工作做起，坚持下来逐渐步入运营的正轨。后来进了某电商公司工作，如今已经可以自豪地向后辈传授经验了。

○可可：

朋友们，文科的我终于接到了某厂产品运营岗的电话录用，上岸了。我是11月中旬被邀约面试的，一二面之间隔了一周，然后二三面和面试委员会（简称面委会）的面试是连着的，面委会面和HR面之间又隔了一周多。我把时间线梳理出来给大家作参考，祝大家也能拿到满意的offer。当时HR面完后一周也没有消息，说在做录用评估，我去询问之后，部门的业务面试官还来反向沟通我了，心里还是很开心的。

可见，在互联网职位的汪洋大海里，中意的职位并不难发现，难的是发现真正的兴趣所在后，下定决心、持之以恒、开辟路径，向着目标持续前进，拥有不达目标不休止的勇气。只要坚持了，就能抵达心中的理想境地。

二、软技能（通用技能）准备

软技能是激活人力资本的能力，既包括调动自己的知识进行创造性思维的能力，也包括调动他人的资源和知识的能力。与硬技能相比，软技能不那么显而易见。硬技能是属于特定领域的，而软技能是可以在各专业岗位间迁移的能力。

软技能的衡量可以通过职业测评的方式进行。岗位胜任能力图谱能够呈现出个人能力的长短，有助于在应聘考量时找到做起来轻松快意的岗位。相反，如果拗着自己的软技能能力去找一份不合适的工作，大概率是面试后没有下文，或者是从事工作后感觉各种不顺手，产生负向情绪，往往以离职告终。

软技能是能够让你在岗位间顺滑穿梭的润滑剂。硬技能借助软技能的力量，作为工具可以发挥的能量会有放大效应。而如果缺失了软技能的支撑，硬技能可以发挥的能量就会大打折扣。软技能还可以为你赋能，让你在职业生涯的转化中能够在不同专业岗位间实现华丽转身。考量管理者和领导者能力时，硬技能为辅、软技能为主。

软技能包括思维能力、沟通能力、效率能力等。有效习得软技能的方式在于日常实时的练习和注意。以沟通能力为例，在当今复杂的工作环境里，我们很容易在沟通时讲一大堆只有少数人听得懂的缩略语、专业术语和行话。如果你面对的客户并不拥有与你一样扎实的技术知识，那么清楚地表达和书写就显得非常重要。要达到顺畅的沟通，就需要特别留意并培养语言通用性转换的能力，这不仅包括口头沟通，还包括远程及线上沟通的能力。

行动起来，持续关注并有意提升软技能，将会为顺利开展工作和未来升职加薪打好基础。

三、心态准备

找工作可以用跌宕起伏来形容。有投简历后迟迟没有面试邀约的失落；有被多家公司邀约面试的兴奋、紧张和焦虑；有在群面中与队友碰撞出火花的惬意；有拼尽全力过了三面扬扬得意后在HR面时折戟时的懊悔……找工作的心情和心电图的曲线相当吻合，情绪的指针上下跌宕。

找工作就是在上演一出人生大戏，需要做好心态上的准备，是一场持久战。

☐☐☐☐ 应聘亲历：找工作的心理建设

○楚楚：

现在在大厂找工作，即使是实习面试，都要做好心理建设。简历投递总人数10万＋，横向比较好难受，面试取消好难受，多轮面试反复拷问好难受……

○曾经：

有时候一面可能是突击电话面试，心态要拿捏好。一面和二面都是电话面试，基本就是当天约当天面。也有的一面是群面，二面、三面、四面全是视频面。

○成成：

之前应聘某大厂，从5月到10月，面试了6次，包括被淘汰后又再次邀约的面试。最后运营岗三面时，居然告诉我另外有一个面试成员，也就是我的竞争者，能实习6个月，而我只能3个月，所以我没有机会了。有朋友开导我，就当是打怪升级了，面试的次数越多、遇到的状况越多，获得的经验也就越多。真的坑人又锻炼人呀！

○成为：

我发现很多公司在校招季节给HR确定了KPI（关键绩效指标），所以有很多人会因为HR要完成KPI而被反复捞起，或者"养鱼"在池子里。这种情况下，面试后HR会反馈说在横向，leader（领导）需要时间进行比较。这种所谓的机会就不能太在意，还需要多关注其他岗位。

○勇敢：

摸索到了我自己面试时候的最佳心态，就是要认真准备，但别抱希望。裸面的成功概率不大。认真准备但不抱期望的面试让我聊起来很放松，通过的概率反而高了很多。

找工作就好像跑马拉松，需要有心力、有耐力、有运气、有勇气。你的所有力气需要用到关键点上。一个人在关键时期的关键选择，延展了他未来一生的可能性，决定了他最终可以登顶的高度。

最好的登顶方式就是和一群顶尖级别的人一起前行。这种前行是可以带来更宽阔视野的前行，是可以有更多挑战的前行，是未来可能实现指数级增长的前行。

大厂汇聚了顶级头部人才，拥有优质的社会资源，可以给年轻人提供充分试错的机会。进入大厂，是在攀爬的初始就给自己配置了先进的装备，在登顶过程中承担的辛苦和压力，未来都会变成财富回报给你。

你的第一个职业选择通常决定了你未来的发展方向，你的第一位职业导师决定了你的视野，你第一份工作的辛劳程度决定了你能吃苦的上限。进入互联网大厂，和优秀的人为伍，就把你的第一定位配置在了高起点上。

做好了硬件、软件及心态的准备，若简历适配、面试过关、试用满意，你就会如愿走在成为资深互联网人的路上。

第三节 | 如何精准锁定岗位

有调查显示目前员工在职年限逐渐缩短，其中除社会发展营造了更多可能性使变化的周期缩短外，很重要的原因是年轻人不再忍受不满，因此在入职开展工作后发现岗位不适合时，会果断离开寻找新的机会。企业付出很大招聘成本后不得不重新投入成本再次招聘，员工也同样付出了时间及机会成本，形成双输局面。

这样的双输局面其实可以在最初的锁定岗位阶段被规避掉。从某种程度上来讲，选对岗位比选对公司更为重要。人生旅途，选择无时不在发生着。

"我是选择找与所学专业对口的工作还是继续深造考取研究生？"

"我收到了公司的转岗邀约，是接受呢还是选择在现有岗位继续？"

"我目前干得很不开心，要不要重新规划我的职业生涯，试试完全不同的东西？"

"我所在的行业发展趋缓，我是不是应该换一个新赛道？"

"做着别人看来非常好的工作，可我没有兴奋感，我该怎么办？"

在这个纷繁复杂的世界里，时刻都有问题和困惑摆在你的面前。如何选择职业岗位，有三种方法：系统比较、核心比较、细节比较。

一、三种比较

1.长远规划的系统比较

将着眼点从当下拖拽至未来，例如在"是工作还是考研"的选择上，思考职场的路径和深造的决定各自会为你的未来开启多少可能性以及关闭多少可能的通道，站在未来的某个时间点回看现在，判断哪个路径是你内心判定的可以通达到你想要的未来的，从心而选做出决定。

2. 现实维度的细节比较

梳理问题的细分维度，例如在"是否转岗"的问题中进行比较，比较两个职位的优势、劣势，直接问细节问题，例如薪酬提升吗？假期会更多？福利条件会更好？职位头衔是不是对未来更有意义？工作地是否变化得更有吸引力？……在每一个问题的答案后面打分，通过计算就能够做出判断和决策。

3. 直击内里的核心比较

仔细分析当前情况下遇到的问题的真实核心原因，例如工作得不开心就需要剖析你不开心的原因。是自己的内在原因问题还是环境的外在原因问题？问题是可解决的还是无力回天的？换工作是否一定能够解决掉目前的问题？

解题的过程，是寻找自己所处区域的过程，也是探求"擅长的、喜欢的、赚钱的、世界需要的"四要素交集的过程。这个过程充满着犹豫、反复，夹杂着失败、伤心，收获着成功、甜蜜。在达至终极理想的过程中，你可能找到的是自己擅长做也能够赚钱但不一定喜欢的工作，或者是世界需要的且你也喜欢的但不一定赚钱的工作。例如：公共汽车司机可能是在做自己擅长的也能够赚钱的工作，但未必喜欢；贝斯手在乐队中很享受音乐，非常喜欢玩乐器且擅长弹奏，但未必能够赚钱养家糊口；遵循父母的指导考取了法律专业，成为世界需要的也很赚钱的律师，但未必内心喜欢这样的身份（图1-9）。

这一思考维度提出自日本学者神谷美惠子，四圈交集的

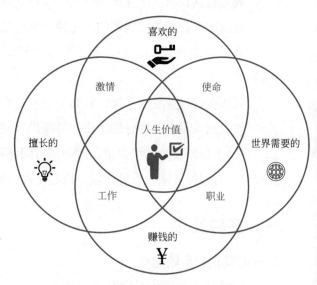

图1-9　锁定价值的因素——四圈圈定法

中心被她称为IKIGAI，含义是"眼下过的不一定如意，但让你始终怀有期望"。

关于工作和职业的区别：需要经过刻意训练、学习技能后开展的是工作；无师自通不用训练就能够胜任，或者是坚定信念虽苦但乐在其中的是职业。

四圈圈定法通过梳理信息、交叉思考来判断确定自己的发展。具体到每一位个体，要想处于四要素的交集处，一是知道四要素的交会点在哪里，二是要知道到达交会点所需具备的能力，三是分析自己已经具备的能力和需要补足的能力，四是行动起来向目标努力。

💬 应聘亲历：选岗位的考量

○远芳：

　　我是期望寻找到合适的技术岗位的人。从招聘难度来看，我感觉大厂核心业务＞大厂边缘业务＞中小厂核心业务＞其他。但从职业发展上看，大厂核心业务＞中小厂核心业务＞大厂边缘业务＞其他。对于技术岗，公司平台很重要；对于非技术岗，业务前景才最重要。第一份工作如果是BAT（即百度、阿里巴巴、腾讯）边缘业务，后面就很难找到更好的工作了。跳槽最重要的是人脉＋能力，而不是虚无缥缈的BAT光环。

二、清单法确定职业目标

用"清单法"筛选你的目标职业方向，即列出目标职业、去除不适职业、了解职业能力、剖析自我能力、确定适配职业。

1.列出目标职业

目标职业可能是你的亲朋好友从事的职业，可能是你的同学推荐的职业，也可能是父母根据生活经验及期望你未来过得富足开心而介绍的职业，抑或是你在电视剧或者职场综艺节目中了解到的职业……这一步列出越多的目标职业越好。你还可以参考行业报告发布的信息加入高薪的、新增的职业，甚至是找到人力资源和社会保障部发布的职业信息名录筛选目标方向。列表里的职业数量至少要有50个，列出的职业不要受限于先前的职业认知，扩圈思考是这个阶段的要义。

2. 去除不适职业

第一步看大势，参考政策导向、行业发展周期定位自己的行业选择大方向（图1-10）；第二步看身体，考虑身体因素，例如有恐高症，那么建筑师这一职业就不太适合你，要去掉；第三步看心理，考虑心理因素，从内心感知层面看，去除无论给多少钱你都不想从事的职业。选择行业，与大学报考选择专业是同样的选择标准。

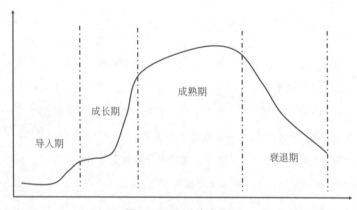

图1-10　行业生命周期

看大势，可以从时间跨度来看，在成长期或者成熟期进入一个行业为最佳时机，能够全面获取行业红利。例如，20世纪90年代进入计算机、通信、建筑领域的人，很多都实现了财富自由，换到现在，聪明的选择是人工智能、物联网、物流等处于成长期的行业，处于这些领域的人，个人竞争力和财富都会获得快速增长。确定行业崛起可以从三个层面多加关注。

关注新闻，了解国家导向　国家对于行业的扶持以及重视程度能够表明趋势，从全国两会的政府工作报告中提炼行业发展的核心信息。

行业报告，分析行业动向　从招聘网站或者数据调查公司发布的职位需求报告以及大学生就业报告中，能够分析出时下的用人需求。

商业培训，感知市场嗅觉　职业教育培训机构的招生动向预示着行业人员需求。市场的嗅觉极其敏感，例如短视频网站的兴起催生了视频制作培训公司的火热，电商行业的兴起应运而生了很多网店营销的培训机构，等等。

3. 了解职业能力

在剩余的职业范畴内，到招聘网站查看招聘广告，提取出这些职位所需要的硬技能和软技能（图1-11）。

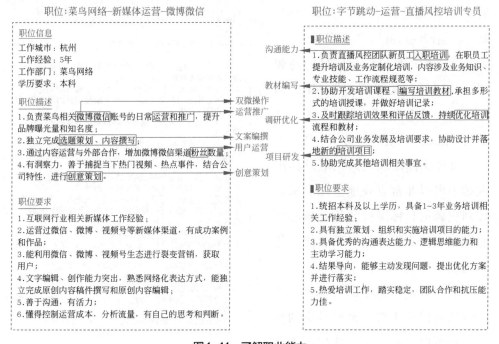

图1-11 了解职业能力

怎样了解职业能力的关键词信息呢？一个非常有效且简单的方式是借助词云软件工具，仅需要简单的三步就可以获取到关键词信息。

第一步，文本准备。到招聘网站拷贝目标职位的招聘信息文本，至少准备6个同类职位的内容文本，越多越好。

第二步，分词操作。将内容文本输入到词云网站进行分词操作。

第三步，关键词甄别。通过分词的信息挑选你撰写简介需要覆盖到的关键词内容，这样就可以成倍地提升你可以被搜索到的次数。

以寻找人力资源招聘岗位的关键词语为例。

第一步，在招聘网站上筛选出人力资源招聘岗位的内容文本，进行文本准备（图1-12）。

第二步，将所有内容文本输入到微词云网站文本框，进行分词操作，按顺序从"开始创建""导入单词""分词筛词后导入""开始分词"到"根据词性过滤"，5步即可。

第三步，甄选简介信息的高频词，最高频词为"招聘"，其次为"人力资源""人才""渠道"等，然后是"面试""数据""分析"等。

通过软件提取到的词汇及其出现频率可以非常直观地呈现出来你计划应聘的目标岗位的关键核心技能和核心需求。确定了职业能力的关键词，你撰写的简历就使用算法的方式提升了被选中的可能性。这一方法可以用于打造高通过率的简历，也可以用在个人品牌塑造中描绘自我画像。

1. 负责阿里巴巴相关岗位计划的落实，并根据公司人力资源规划和相关规定，实施招聘计划；
2. 管理并推进招聘渠道创新，并不断使用新的理念和平台，探索新的招聘方法；
3. 运营并完善人才库，管理招聘预算，达成招聘目标，提升招聘效率；
4. 改进招聘流程和平台，提升效能，完成面试官培养等。

1. 正规统招院校本科及以上学历，英文流利优先；
2. 至少具备3年以上HR招聘相关工作经验，对于中高端人才的招聘有自己的渠道资源及深入理解；
3. 优秀的管理、社交、谈判技巧，可有效拓展维护招聘渠道；
4. 熟悉人力资源管理相关业务，掌握人力资源规划与配置方法，精通职位分析、人才测评、招聘面试等方面的专业知识；
5. 熟悉专场招聘、外籍人员招聘等各类招聘方法并能亲自推动甚至负责；
6. 有激情，能承受住压力，有梦想，不断挑战自己，追求创新！

1. 负责菜鸟国际相关岗位招聘计划的落实，并根据公司人力资源规划和相关规定实施招聘计划；
2. 负责部门高级人才的储备，产出高质量的人才地图；
3. 管理并推进招聘渠道创新，并不断使用新的理念和平台来探索新的招聘方法；
4. 运营并完善人才库，管理招聘预算，达成招聘目标，提升招聘效率；
5. 改进招聘流程和平台，提升效能；
6. 完成面试官培养等。

1. 理解业务，负责招聘策略的制定，对招聘目标负责，确保招聘进度、人才结构满足业务发展需求；
2. 负责人才寻访、面试、offer沟通、入职等全流程招聘；
3. 负责招聘渠道的开拓及管理，如猎头渠道管理/招聘网站资源管理；
4. 负责相关招聘项目，如校园招聘、人才评估等；
5. 招聘数据的统计分析，行业、市场信息的搜集分析及汇报。

1. 本科及以上学历，1~3年以上招聘领域工作经验；
2. 优秀的沟通协调能力，良好的逻辑分析和问题解决能力，有较高的人力敏感度和影响力；
3. 热爱招聘，熟悉招聘流程，熟练运用各种招聘工具和手段，具有丰富的招聘经验及技巧；
4. 自我驱动力强，能适应公司快速发展的工作节奏；
5. 有互联网招聘经验，甲乙方均有招聘经验者优先。
……

图1-12 招聘岗位文本筛选

4.剖析自我能力

通过经历回顾和能力挖掘，找出自己的特质，包括性格特质和能力特质。每个人都是独特的，血型特性、星座特性、性格特性、价值观特性、能力特性……这些独特性也决定了每个人都有各自不同的职业适合属性。

剖析自己有很多方式，可以自我分析，也可以请他人评价，还可以借助测评系统。

（1）自我分析

不同的人适合用不同的方式发现自己，这里介绍SIGN模型。SIGN模型是寻找你的优势信号的模型。如何能够将隐藏的SIGN挖掘出来？坐下来，回忆并认真回答如下问题。

S——self-efficacy——自我效能：能做。

我能够教别人什么？别人常常向我请教什么？

我跟他人聊天的时候，倾向于聊什么？聊什么话题我会更有自信？

I——instinct——本能：想做。

我在做什么事情的时候会充满激情，很少拖延？

我曾经宁愿放弃休息时间也要去做的事情是什么？

G——growth——成长：做得好。

我在做什么事情的时候会沉迷其中忘了时间，不容易感到疲倦和厌烦？

曾经做什么事情、学习某样知识或技能，我明显比其他人效果好、效率高？

N——needs——满足：做得值。

过去的工作、学习和生活中，有什么事情让我获得了巨大成就感和满足感？

什么事情是我可以不计报酬去完成的？

更加具体一点的方法是回忆你的童年、小学、中学、大学，回想你在不同阶段做过的事。或者做一次回忆之旅，重新回到你曾经生活过的地方，物理环境的还原能够将你的记忆召唤回来。把你最开心的事记下来，可以帮助你更好地认识自己。比如：化学课做实验，老师总站在你旁边，因为你做实验很熟练，动手能力强过他人；上体育课，被老师点名到前面为全班演示剑术，因为你肢体的协调能力超常；第一次上瑜伽课，就被老师和同学问你练习多久了，因为高难度动作一学就会；你写的小说被老师和同学夸赞，证明你有编织架构内容的能力；你在艺术课上呈现作品时，总被老师和同学赞誉，证明你具有艺术创造力；在同样的场景中，你拍摄出来的照片就能够得奖并被朋友借用发朋友圈，证明你有摄影天赋……

发现细微的、你与他人相比超群的地方，也就是不用刻意练习就能够做得得心应手的事项，就是你的优势所在。天赋是助推器，有天赋的加持，可以让成功加速到来。找到做起来像呼吸一样自然、过程就是回报、行云流水般顺畅的领域，这就是你值得施展才干的地方。

💬 **示例：SIGN分析**

马帅，深感父母给自己起的名字超级有先见之明，为了让自己的外形和思想也能够与自己的名字相匹配，他不仅把身体锻炼融入自己的生活，也对头脑练习乐在其中。马帅的SIGN分析发现如下。

S能做：平时爱下象棋、玩三国杀，喜欢策略、战略类的游戏，大多时候都能取胜。

I想做：周末的时间会在书店，看象棋类、战略类、管理类书籍，看到一本不错的就想买，有时候是不考虑价格地购买。有关战略性的电视剧和电影也一定会看，而且能理解里面的战略要点。

G做得好：自己确实在策略及管理方面理解得很快，看起这类书籍及视频来，特别能进入状态，看完后喜欢总结，能在脑子里回忆起几乎所有精彩要点。

N做得值：在策略及管理方面取得成果后确实很有满足感，比如下象棋战胜了一个高手，或者运用策略及管理方式方法带领大家经过一个月的努力共同完成了店面客户复购百分比提升40%的目标。

分析后马帅得出的结论是自己擅长战略管理。

SIGN模型分析的另一个好处是帮助自己看清自己的弱项，避开自己不擅长的领域，避免浪费大好时光。如果你在某些领域感觉犹疑，可以在年轻的时候多加尝试，开阔眼界，接触高手，对照自己的可能性，然后确定是开启深挖还是关闭通道。明智地放弃一些可能性是极其重要的，人精力有限，发挥最强优势，规避碰触弱势，有所为有所不为，战略上做减法才能确保获得成就。

（2）他人评价

自我剖析完成后，你要找到与自己互动最多、敢于说真话的家人、朋友抑或是老师从第三者视角审视你的判断。当局者迷，你眼中的你和他人眼中的你会有很多差异。职场中，"你觉得"和"我觉得"同等重要，因为"别人说你行，你才是真的行"。获取他人评价同样可以用到SIGN模型，你可以问3个不同的人：你觉得我身上有什么不同于别人的特质？你最欣赏或者佩服我的方面是什么？在你看来，我做什么事情的时候看起来最兴奋？你曾经看到我做过哪些事情，让你印象最深刻？自我认知和他人认知的交集，就是你可以确定的优势。

要特别说明的是，能力特质可以包含两个层次，一是目前已经具备的能力，二是自己的可发展能力。如果在适配中你发现以现有能力看，自己能够适配的职业少之又少，那就要用心计划自己的下一步行动了，可能是你关注的领域还不够宽，拓展你的能力是拓宽适配职业边界的基础。

如果你发现似乎你的能力能够担当任何工作，那么你需要做的是聚焦，找到自己的超群特长。因为站在企业招聘的角度看，招聘官是在众多的候选人中挑选最优者。用自己所长御他人所短，是你有把握胜出的核心。

（3）测评系统

性格特质和能力特质评估也可以借助各种测评系统来完成。心理学界累积了很多性格测评的系统方法，包括卡特尔16种人格因素问卷（16PF）、宾夕法尼亚大学性格优势测评、九型人格测评等。结合了职业选择的有迈尔斯布里格斯类型指标（MBTI）、霍兰德职业兴趣测试（SDS）、密苏里大学职业测评等，其中MBTI和霍兰德是较常见的两种测试。

MBTI职业性格测评是国际最为流行的职业人格评估工具，从纷繁复杂的个性特征中归纳提炼出4个关键要素：精力来源、认知方式、决策方式、生活方式，通过分析判断，从而把不同个性的人区别开来。MBTI是一种迫选型、自我报告式的性格评估测试，用以衡量和描述人们在获取信息、做出决策、对待生活等方面的心理活动规律和性格类型。经过了多年的研究和发展，MBTI已经成为当今全球最为著名和权威的职业性格测试，应用于职业发展、职业咨询、团队建议、婚姻教育等广泛领域。

霍兰德职业兴趣测试将人的职业兴趣划分为6大类型，以互联网行业的职能适配为例（图1-13）。

R现实型　以任务和技能为导向，务实安静、实操能力强，需要身体参与。常见的行业和职位有运动员、工程师、电工、厨师等，适合从事互联网行业的研发/技术、产品岗位。

I研究型　以真理、任务为导向，智慧的、抽象的、独立的、客观的、分析的、保守的。常见的行业和职位有科研、计算机编程、调研等，适合从事互联网行业的研发/技术、产品、市场岗位。

A艺术型　以美感和完美为导向，喜欢自我表达，有创造性、想象力，内省、敏感。常见的行业和职位有艺术品收藏、设计师、音乐人等，适合从事互联网行业的设计、运营、市场岗位。

S社会型　以和谐和服务为导向，和善、爱沟通、乐于助人、抽象。常见的行业和职位有咨询师、社工、辅导员等，适合从事互联网行业的产品、销售、职能、客服岗位。

E企业型　以想象力和领导为导向，喜欢管理和领导他人，精力充沛、有说服力、目标远大、对资源感兴趣。常见行业和职位有销售、培训、管理、领导，适合从事互联网行业的销售、运营、职能岗位。

C常规型　以稳定和安全为导向，讲求实际、喜欢规则，愿意服从、倾向保守，喜欢结构化、程序化的工作。常见的行业和职位有行政、公务员、财务金融，适合从事互联网行业的职能、运营、客服岗位。

图1-13　霍兰德职业兴趣测试与互联网行业职能的适配

测评系统是在没有太多工作经历的时候最好用的工具，通过答题进行分类和标签化，找到自己的所长同时发现自己的所短，也就是你可以少走弯路。设想如果你前行的路上布满了大大小小的坑，上下颠簸中前进的你速度一定不会快。所以，测评的意义在于两方面，一是获得助推力，二是避开自己的职业雷区。

了解自己和不了解自己的人在做选择的时候出发点会不一样。

不了解自己的人："从调查报告看，金融业是目前平均薪酬最高的行业，我要去做金融""女孩子找一份稳定工作挺好，当老师不错"……这些决定的最后结果往往是随了大流、接受了别人对职业的定义或者屈从了父母的安排。

了解自己的人："我的性格偏内向，但分析能力强，所以不适合做市场营销，但是做数据分析师会是一把好手""同学和好朋友给了我一个绰号，端水大师，他们有讽刺我的意思，但我觉得这是我的优点，做产品经理会很适合我，我一定能够在不知不觉中让业务、技术、职能团队的同学都乐意聚拢起来做事儿""上学时，我两天内绝对不走相同的路线，因为我不喜欢重复，喜欢新鲜和挑战，总能发现事务的变化点。有人说我适合当侦探，但我觉得我做记者更适合，因为侦探需要连贯的缜密思维，而我更偏向跳跃性思维，做媒体人是我的不二选择"……清晰认知自己的人，知道什么适合自己、什么应该避开。

5. 确定适配职业

通过简洁或复杂综合的方式分析了自己，接下来是将"了解职业能力"和"剖析自我能力"的结果列表予以对照，你就会非常容易地圈定自己的职业方向了。

如前述所说，互联网岗位分为9大类：研发/技术、产品、设计、运营、市场、销售、职能、客服及特色岗位。如此多的职业发展可能，该怎样选择呢？首先要考虑的因素是，知晓自己的性格特质以吻合岗位需求，也就是考虑兴趣和性格与岗位的匹配度。其次是看不同岗位的加入门槛、薪资报酬、发展前景。

加入门槛，决定了有没有机会可能。相对入门较容易的岗位有产品，运营，设计中的平面视觉设计师和用户体验设计师（平面视觉设计师对美术功底要求会高一些），研发/技术里的前端和测试（操作软件解决问题，而不是写代码），这些岗位不严格要求毕业院校和专业对口，有过实习经历、大作业、获奖作品等，均有机会进入面试拿到offer。这里说的加入门槛低不等同于容易找工作，而是说上手的门槛障碍容易攻破。由于各培训机构在这些低门槛岗位的培训中培养了很多人，因此这些岗位的应聘竞争压力也比较大，所以还是要努力持续学习、优秀的人会有更好的机会。

薪资报酬，决定了单位时间付出与所得是否对等。

同职级岗位（除销售、职能等通用岗位）对比看，普遍而言，各岗位收入由低到高为"客服＜运营＜测试＜设计＜产品经理＜前端/运维/BI（商务智能）＜后端＜DBA（数据库管理）"。另外，实时动态的薪酬数据可以在Smartsalery网站、看准网上获取。

发展前景，意味着未来是否有更多拓展的可能性。第一种拓展是在垂直领域内晋升，走专家型路线，如从"内容运营专员"向"高级内容运营专员"向"资深内容运营专员"演进。第二种是拓展专业领域之外的辅助技能，成为斜杠型人才，如产品技术业务部门的员工，在公司成为帮助用户体验设计师拓展思维、帮助HR团队组织内训的编外成员，当HR团队扩编成立组织发展团队的时候，他被提升为团队负责人进入到HR序列推进业务。第三种拓展是增强软技能，拥有可以在不同领域施展管理才能的人才。不同类型的岗位具有不同特质，但在大厂进行岗位轮转也是常事儿，例如阿里企业文化中有一条就是"唯一不变的是变化"，拥抱变化也包括接受岗位的调整变化。阿里巴巴各业务线的总裁，很多是从金融转到文娱、从电商转到本地生活、从国际业务转到HR业务……这样的变换之后依旧能够顺利开展业务，是因为他们掌握了超强的软技能，在任何岗位上都能够施展拳脚，实现自由切换。

从互联网普通员工层级看，发现岗位间的贴近性也能够实现自由转化。运营和市场的相互转化程度高，产品转化为运营和市场的可能性也较大，超强学习能力是顺利实现转换的基础。

小结

- 发现自我：在"擅长""喜欢""赚钱""世界需要"间锁定自己的高光区域，知道我有什么。
- 了解职业：用云词提取目标职业的能力发展需求关键词，知道公司要什么。
- 发展适配：做"有什么"和"要什么"的对照，辨别"我需要付出什么"和"我能够获得什么"，找到最合适的点。

金句： **应聘的实质不是找工作，而是在寻找自己。**

第四节 | # 如何筛选
目标公司

筛选目标公司的原则只有一条，以终为始，就是用长远的眼光看未来，站在未来的角度看现在应该做什么。

这个未来的时间点不必考虑到退休后，就考虑10年后的你的生活。8到12年是人生起伏的间隔线的年限，取10年的平均线即可。

10年后的你，小有成就，带领团队，去到不同城市出差，顺便能到目的地的博物馆参观增长见识。或者10年后的你，重复着和第一年相似的工作，每天朝九晚五很是规律，喝茶看报聊天是每天的主旋律，生活闲适，随性安逸。又或者10年后的你，是一家公司的合伙人，公司虽小但五脏俱全，虽然每天睁开眼睛就面临着待解决的问题，奔走操劳但颇有成就感……人生各有各的精彩。

公司，是一个人一生和一天内付出最黄金时间的所在地，因此需要像找对象一样来筛选公司。第一看公司所处地理位置，如选择对象看家庭背景一样；第二看公司价值观，你随着公司去往何处由价值观决定；第三看周围同事，组织内成员的相互影响决定了一个人的成长速度。

一、梳理：以终为始的"一慢二看三通过"

找工作可以用过马路的"一慢二看三通过"类比："一慢"是指筛选行业需要慢功夫，要从未来视角看这个行业的发展；"二看"是指看公司、看岗位，看公司发展是否处于良性上升期，岗位是否和自己的履历相匹配；"三通过"是指通过梳理简历表格，归类对照信息，然后决定自己最后要投递的目标。

韩雪是中国传媒大学影视艺术编导专业毕业生，在决策中非常有主见，用"一慢二看三通过"快速锁定了目标。

应聘亲历：一慢二看三通过

○韩雪：

我一是以终为始，想象一下自己未来想要的生活，是打拼、小资、舒适还是悠闲，我选择打拼。因为我不想不到30岁就开始养老般的生活，所以我只投在北京和上海的公司，虽然上班路上的地铁很拥挤，但我享受这种拥挤和忙碌。大城市公司选择宽泛，环境所使逼迫自己不断学习，且能够和周遭优秀的人结缘，所以我觉得大城市的企业载体多、优质资源多、附加价值多，就果断选择在大城市落脚。

二是选择中意的公司。选公司就像找对象一样，要看其对我未来想要达成的目标有没有加持，公司的价值观和信誉是否和我的标准一致。我面试过无数的公司，有的公司发展就是逐利，哪个利润高就向哪个方向转换，直播、短视频、带货都干，不断尝试、不断变换赛道。有的公司有自己的坚持，长期地耕耘在垂类内容里，做得小而精。公司没有严格的好坏之分，要看的是哪个与自己匹配。内心更喜欢尝鲜的同学，可以加入逐利公司，跳跃、挑战、刺激。我呢，喜欢在一个方向上深耕，想要做长期主义者。

三是看我的兴趣爱好及专业知识是否和职位匹配，视频内容就是我的兴趣爱好。

这三个维度考量下来，指向性就很强了，于是我投了两大类公司。

一大类是平台型公司，就是BAT和BB，BAT是指大家熟悉的百度的爱奇艺、阿里的优酷、腾讯的腾讯视频，BB是指字节跳动和B站。

另一大类是制作公司，有规模的上市公司如灿星，有口碑的公司如哇唧唧哇，有外媒模式的恒顿传媒，等等。

要问我怎么知道这些公司，最简单的方式就是看各类的综艺，别人看到结尾出字幕就关掉页面了，我是认认真真看到最后，了解是哪些公司出品、参与制作的都有哪些牛人并都记录下来。或者也可以直接问老师、师哥、师姐，他们也能提供帮助。但我发现直接问来的信息看似便捷但也有问题，就是在有机会面试的时候，没有办法侃侃而谈说出这家公司的作品细节，面试中就少了自信，失去了机会。所以我就用传统办法，看节目到最后、自己做记录分析，需要的时候再找熟悉的人了解细节而不是拿来别人的信息就用。

业务发展方向之外的其他考量就是薪酬、福利等现实层面的问题。不过我自认为还年轻，还是要先从未来是否有发展考量。

确定了求职目标大方向，是实现了第一个步骤，更重要的是锁定精确目标并制订行动方案，避免空想、落地行动是拿到满意结果的唯一途径。

对于选择公司的重要性，说得再多也不显过分，因为这一至关重要的选择可能决定了你未来一生的走向，选择时第一看公司所处领域，第二看公司实际状况，第三看具体工作内容。以传媒行业为例，关于领域，目前新媒体一定是最主要的前瞻领域，而不是电台、报社、电视台、杂志。关于公司，新媒体公司有优酷、爱奇艺、腾讯、芒果、B站、抖音、快手、西瓜等平台型公司，也有遍地开花的内容生产公司，想提升大厂思维能力去平台，想在一线获得实战经验去内容生产公司。关于具体工作，要看个人是想做策划、编剧、制作、后期，还是想做运营，或者是都想尝试。想专项发展的，去大公司，团队分工推进工作，想各种都接触的，去初创团队。当然并非绝对，也有大公司内部就有轮岗的业务制度，所以做各种尝试也是有机会的。

二、排除：衡量不理想公司的标准

判断一家公司优劣可以用到7种方法，手握"卷尺"和"游标卡尺"两种工具，做多层面、细维度的衡量（图1-14）。

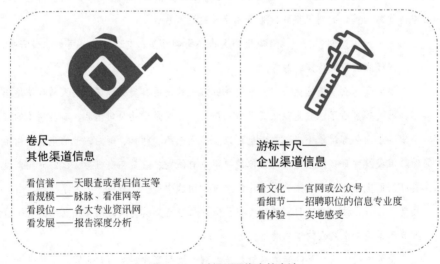

图1-14　判断公司优劣的方法

1.卷尺：层层展开的网络信息标尺

看信誉——天眼查或者启信宝等 直接在官网搜公司名字，重点看法人、子公司、注册资本和注册时间，首先排除传销皮包公司、无信誉公司。

看规模——脉脉、看准网等 主要看员工评价、面试经验和工薪水平这三大指标。小公司信息量可能不够，反过来看可以当作是判定公司规模的一个途径，如果在看准网没有信息，那么这个公司就真的是名不见经传。

看段位——各大专业资讯网 对有特殊产出的行业，可以看公司在专业网站中有无作品或者资讯常被收录，例如建筑设计行业，被GOOOOD、ARCHDAILY等网站收录作品的公司必属头部精品公司。有强针对性、想加入行业头部公司的同学，就可以将最近在专业资讯网中曝光少的公司从自己的目标名单上删除。

看发展——公司报告 如果你更为细心，可以根据有关公司的报告追踪发现一家公司的发展轨迹。例如你可以通过有关字节跳动的报告信息发现这家公司目前正处于高速增长期。从招聘报告看，2019年，字节跳动公司员工规模超过6万人，2020年底到10万人。从公司发展报告看，字节跳动对外并购公司，对内开发新产品线、扩张招人，它日益壮大的趋势跃然纸上。这样的企业业务线覆盖全面，除非是极其小众的专业没有衔接点外，一般专业的同学都能找到对应的简历投递窗口。如果报告显示行业处于下行通道、公司正在缩减编制，就要仔细斟酌。

2.游标卡尺：纵深细微地探查公司属性

看文化——官网或公众号 可以快速了解公司的作品质量、企业文化和气质，查不到官网的公司慎重考虑。

看细节——招聘职位的信息专业度 如果JD描述信息过于模糊或者过于假大空，给出的薪酬福利待遇超出常规，HR的邮箱为QQ邮箱等不够专业，就要审慎判断。

看体验——实地感受 如果应聘同城的公司，可以直接到公司拜访接触，找到最直观的感受。感觉气场不和的，谨慎选择。

💬 应聘亲历：求职中擦亮眼睛

○ 硕硕：

大家在应聘时千万不要上了不良公司的当。有一家公司通知我去面试，薪酬很有诱惑力，比同样岗位的其他公司工资高出5000多元，说是急着招聘编导，马上开工。但面试时却说同时也招聘兼职的演员，可以立刻试镜，还要交押金1000元，后续发工资的时候押金可以和工资一起退回。我觉得很不靠谱，就离开了。所以提醒大家，不值得投简历的岗位和公司包括职责不清晰的岗位、给出空头支票的公司、资信存在重大缺陷的公司。

三、锁定：聚焦目标公司开展行动

经过梳理和排除两个阶段，目标公司名单清晰呈现。哪一家或者哪几家值得投入主要精力攻克呢？如打靶瞄准一样，锁定目标后如何正中靶心成为关键。如果用谈恋爱的视角看，你和目标组织之间就是要相互嗅气味、看条件、找感觉；如果用上战场的视角看，就是要施展"知己知彼、百战百胜"的策略（图1-15）。

嗅气味

关注新闻：了解国家导向
行业报告：分析行业动向
商业培训：感知市场嗅觉

看条件

同事超群优秀的公司
提供失败机会的公司
让年轻人担责的公司

找感觉

薪资水平
工作强度
离家远近
……

图1-15 确定目标公司

1.嗅气味

至关重要的选择是进入到朝阳行业中，在初始阶段借力造势，最大化加速自己的成长。

2.看条件

嗅气味锁定了职业方向，接下来就是确定理想的公司。希望快速成长、有远大目标的你，确定理想公司的标准有三点。

（1）同事超群优秀

在公司里至少有30%的人比自己聪明，被谨慎挑选的同事就是这些岗位中的高手。判断一家公司是否达到这个标准的方法是看这家公司的招聘流程复杂程度。招聘流程冗长的公司、要多人多环节把关的公司、面试让你觉得精疲力竭的公司，基本就吻合这一标准。

（2）提供失败机会

当你有33%~66%的机会能够尝试失败时，成长的速度也是最快的。失败是成功之母。要想获得失败的经验教训，就需要主动站在可能失败的立场上。板上钉钉的成功很具有诱惑力，因此通常会受到应聘者的青睐，但这会妨碍一个人的成长。能够承担高失败风险项目的公司是值得加入的公司。

（3）让年轻人担责

探究和询问公司中有没有让年轻人承担责任的传统或者事例，主动寻找挑战是最快的成长路径。如果一家公司是论资排辈的公司，就需要远离。而不拘一格、破格晋升人才的公司值得你将它的名字加入到目标行列。

3.找感觉

明晰职业方向确定了前景，筛选公司池确定了目标群，再接下来就是攻克目标。

处于这个阶段时，焦虑、失望、沮丧与兴奋、期望、兴高采烈的情绪交替出现。找工作丰盈人生感悟，期间产生正向和负向情绪，是很正常的现象。加入秋招群，与有同样使命的伙伴同呼吸共命运，不至于被沮丧击倒，互相交流借鉴经验，分享信息相互激励，一群人能够结伴走得更远。

当拿到offer可以进行细节对比，通过薪资水平、工作强度、离家远近等元素考量细节时，若有心满意足的感觉，意味着你精准触达到了心仪公司。

应聘亲历：五味杂陈

○松江：

我投游戏公司，90%都是简历通过，笔试淘汰。偶尔有进入面试的，也会发现自己的游戏简历达不到他们的要求。所以后来即使有通知一面的游戏公司，我也都直接拒绝了。这是过程中的教训，选行业和岗位方向极其重要。

○楠楠：

有些公司在秋招笔试或者面试中被淘汰了的话，补招再投相同岗位就直接淘汰。所以感觉选择应聘岗位就像选择大学专业，要排兵布阵仔细考量。

○头套：

经历了7月到10月的应聘，目标是分析师，但感觉真的是太难了，体会到了找工作的艰辛，想换行业了，换到销售。未来可能会比较辛苦，但收入会高一些，机会也会多一些。我同学打算再读个硕士或者博士了，可以远离一下应聘，后续再战。但我不想等了，未来也会有新的一批毕业生进来竞争，同样还要经历这样的阶段，且越往后年龄越大，竞争力会更弱。继续给自己加油。幸运的是加入了一个校招应聘学生群，大家相互鼓励着前进。

四、触达：与心仪公司密切沟通

联系一家公司的渠道有很多，任何渠道都有可能发挥价值。归类来看有五种渠道：一是向亲朋好友发出信号，自己人就会万分努力帮忙提供信息；二是日常储备猎头或者HR朋友，他们提供的信息比亲朋好友的更为专业；三是经常关注心仪公司的招聘公众号，因为你的亲朋好友或者认识的职场朋友未必能够触达所有你中意的公司；四是在校招活动季时积累信息，这是最直接获取大厂招聘信息的渠道；第五是参加各种校园活动，在上学期间就积累起职场经验，为自己就业作背书。

1.招聘渠道

大厂HR活跃的渠道，就是应聘者可以找到有价值信息的渠道。同样的岗位信息，HR既会在招聘网站发布也会在自家公司的公众号发布，还会在内部的各种渠道同时发布，例如电梯间的视窗、地铁站挡板的宣传栏等。在特殊的招聘季，如秋招和春招，会有校招进校、空中宣讲等活动，不一而足。作为应聘者，选择这三个途径的先后顺序是内推>公众号/官网>招聘网站。

（1）内推

有规模的公司都鼓励内部员工推荐相熟的人投递简历。被推荐人成功入职，推荐人还会获得推荐奖金。例如某大厂的内推奖金根据应聘人成功到岗后的级别确定，在600~20000元人民币不等。

大型公司倡导内推的原因有三：一是内部员工更知道自己公司的用人需求；二是对于推荐人来讲，也会负责任地筛选应聘人，维护自己的识别人的信誉；三是在具体工作中，应聘人到岗后可以请教推荐人，更好上手工作，更容易融入组织。不过一般企业对推荐应届毕业生的，有规定不享受奖金。阿里巴巴倡导"招聘不仅是HR的工作"，带团队的所有人都有责任做好组织建设。所以无论是于奖励利益还是于团队建设，他们都很乐于帮助推荐人。

如果有熟人可以帮忙内推则为最佳方式，如果没有熟人那你可以通过万能的网络寻找到蛛丝马迹，用功夫不负有心人的方式寻到内推人，途径有三个。一是职业社交的网站和App，各大公司的员工都在上面，如脉脉、领英、赤兔。二是专业网站和论坛，这些阵地是各专业领域内的大神盘踞的地方，例如：你是产品技术类别的，可以通过搜索"产品经理网址导航"找到产品大神常涉足的网站，例如人人都是产品经理、产品壹佰等；"牛客网"是专门针对互联网行业的求职、学习的网站，网站内整合了很多名企的牛人，可以帮助内推，网站里面也有很多大企业的内推资源。其他行业同理。三是社交媒体，你要关注业内人士在社交媒体发布的各种动态，在他发布的专业信息下面用心回复，注意是"用心"回复或者请教，吸引他和你隔空对话，形成交往联系，这样就激活了有效的资源。

○余元：

简历投递真的是有各种门道。有的公司我找内推人帮忙投递，用公司的网页链接，就需要麻烦内推人查进度；使用moka系统内推的，填写内推码就能够自己看到进度，没有内推码的也没有办法查进度；最友好的是神策数据平台，填写基本信息、上传附件后，系统会自动完成填写，很方便。

（2）公众号/官网

大厂都会将微信公众号作为招聘的渠道，例如阿里巴巴集团招聘、腾讯招聘、字节跳动招聘、华为招聘信息、万达招聘……在公众号中输入公司名称就能够搜索到，关注公众号后有信息更新时，你也会第一时间收到提示。官网信息的触达同理。公众号和官网招聘信息干脆直接、导航清晰明确。在确定公司后，公众号和官网是投递简历的最佳路径。

（3）招聘网站

除与公众号发布信息同步的大中型公司的招聘官网之外，可以投递简历的其他招聘网站分为5大类。

第一类是综合招聘平台，包括前程无忧、智联招聘、WonderCV等。

第二类是垂直招聘平台，比如财务金融类的财融圈、国家金融人才网、银行招聘网等；互联网类的IT人才网、拉钩招聘等；政府单位类的国家公务员局、中华人民共和国人力资源和社会保障部网站；教育培训类的中国教育人才网、中国公共招聘网；医药卫生类的丁香园、国家卫生健康委人才交流服务中心；建筑房产类的中建人才网。地域上，各地方也有不同的网站，例如广州的南方人才网、深圳的人才热线、苏州的圆才网等。不同平台对岗位的倾向性也有不同，如猎聘网以中高端岗位招聘见长。学校有就业网站的也可充分利用，这样的网站会更有针对性，例如北京交通大学就有自己的就业网，就业信息更新频率很高，可以很快了解到招聘动态。

第三类是社交化招聘平台，代表网站有脉脉、领英。

第四类是分类信息招聘平台，代表网站有赶集网、58同城，适合蓝领应聘者使用。

第五类是新兴招聘模式的平台，代表网站有BOSS直聘、内推、兼职吧（图1-16）。

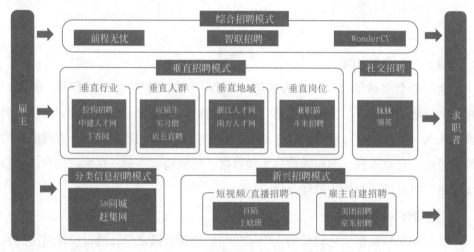

图1-16　中国网络招聘行业生态图谱

招聘网站众多，每一个都关注会消耗太多精力，最简洁的甄别服务质量的方式是根据"下载量指数"进行优选。用户用指尖自动投出来的票，最能够反映出App的服务品质。

处于人生的不同时段、有不同职业方向的人在找工作的需求层面有很大差异，依照不同需求提供更为垂直化的深度服务的渠道应运而生。每一类别的渠道，最头部的服务商能够提供最周全的服务信息，根据分榜的下载量指数可以判断优劣，下图中提到的App是泛众或者垂类领域里绝对头部的服务商（图1-17）。

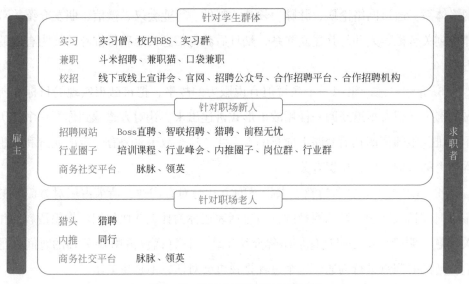

图1-17　不同人群的应聘信息渠道

2.建立链接

与你的目标行业建立链接，有两种最为有效的方式：一种是与行业有影响力的人对话，让他们把自己当作内部人；另一种是将自己广而告之呈现出来，建立个人品牌。

（1）与有影响力的人对话

达成与有影响力的人对话的目标，是一个极其艰难的过程。你发出的邀约可能会被直接拒绝，可能会杳无音信，甚至可能会被嘲讽讥笑，但如果成功就将受益匪浅，即使为了万分之一的可能，也值得尝试，而且，这一恒定坚持、绝不气馁的过程本身就是一种收获。

① 锁定目标。例如你所处地域内的成功人士、你所处行业内的成功人士、软技能牛人……选择你感兴趣的行业的五家公司，找到至少五位有影响力的人进行沟通。

② 寻找渠道。建立你的交往名录。关注你的目标公司，和你目标公司的人建立联系，这样在有机会的时候，他们会想起你，这就等于你建立了自己的推荐

网络体系。通过网络论坛、脉脉、领英、邮件、行业会议、微信、朋友介绍等载体找到关键推荐人并与其建立联系，是日后获得信息甚至获得推荐的最为有效的方法。

③ 介绍自己。组织一个简短但有说服力的故事，把自己想实现的目标和所做的努力像记者报道新闻一样用故事形式讲述出来，让对方感觉到你是一个经历了艰难险阻却依旧在追梦路上前行的人。注意这个故事里要有一定的元素和你想沟通上的人的经历、见识有关。

④ 请求赐教。以求指教、求指导的方式与对方沟通，请求占用对方简短的宝贵时间请教问题。邀约赐教的技巧包括表述你为什么钦佩他们，你想请教的相关问题，明确你不是想让他们给你介绍工作，你许诺仅占用20分钟的时间在他们方便的时间点进行沟通。这个过程是找机会对话，不是找工作。

⑤ 请教问题。可以请教的问题如下，你可以做有针对性地增补调整。

问题1　您是怎么踏入这一领域的？给对方打开话匣子的机会。

问题2　您喜欢这个工作的理由是什么？让对方回忆起他的高光时刻，你捕捉这一工作取得成就的要点。

问题3　公司做了什么能够让您获得成功？这个问题的回答能够让你了解到成功的公司在这个行业里做了什么。

问题4　您未来2年的职业计划是什么？关注这些有影响力的人关注的前沿信息，为自己的未来思考方向找到借鉴，也是为后续的对话做前置信息搜集。

问题5　您要做什么能够实现未来的目标？了解对方设定目标后如何向目标迈进。

问题6　如果让您给一个想应聘这家公司的人以建议，是什么？让对方有指点后辈的为师的感觉。

问题7　您在这家公司或者行业中最钦佩的人是哪位？他让您钦佩的原因是什么呢？通过让有影响力的人谈论他人而释放更多的高阶信息，同时你可能又搜集到了一位可扩展的人脉信息。

一次沟通请教的问题不要超过3个，否则会给对方以压迫感，请教的问题就容易石沉大海。降低交流门槛，让对方感觉是顺手而为给予指导、提携后人为最佳。

⑥ 请教过程。准备好笔记本做记录，让对方感受到你真诚的态度。甚至是做好录音，以免对方高瞻远瞩的信息你无法当场消化，又不能只顾埋头记录而没有眼神接触。

许诺了的沟通时间要遵守，即使对方说没关系还可以多聊一会，你也要把握最多再聊5分钟的时间。这一标准的坚持是为了未来你想再沟通时，对方会知道你是一位极其守时的人，短时间的沟通不会成为他的负担。

⑦ 请教之后。沟通当天邮件反馈表示衷心感谢，把你沟通后的所思所想、受益良多的感悟简洁清晰地表达出来。同时要记得附上在专业层面有参考价值的文章、视频、研究报告等，展示你在对方的指导下在学习精进，对方做了很有意义和价值的后人培训。在自己的日历中设定6个月的时间周期，每个月发一封邮件，把你的学习见识、感觉有用的信息反馈回去。如果你有收到对方的回复，后续继续保持沟通，对方可能会成为你专业领域甚至人生发展长河的导师。如果对方没有回复你的邮件，6个月后你可以停止用这种方式联系。

⑧ 更多链接。你访问过足够多的有影响力的人后，可以将他们的重要话术集合在一起写成文章发出来。这又提供了继续沟通的事由，且一定也是对方持续愿意和你沟通的重要原因之一，因为你是在帮他构建影响力。

⑨ 持续链接。无论面试前、面试中、面试后还是工作中，你都需要建立行业链接。即使你面试后感觉良好，也要继续寻找机会，直到你拿到offer且已经报到上班。就业后，依旧要持续链接，只不过链接方式和沟通内容要做出进阶调整。

建立与有影响力的人的对话绝对是一场时间和心理的挑战。也许你收到很少人的回应，但要知道你的行动一定会留下印象，对方没有回复不等于没有触达到他，因此一定要坚持做你认为对的事情，保持持续的沟通输出。

示例：不气馁不放弃

想应聘ESPN（一个电视节目网站）的一位女记者，在经过几次面试后，还是被淘汰下来。但是她是一位非常有心的人，在被通知面试失败后并没有放弃和几位面试官的沟通，她会将自己在体育领域内有自己见解的所思所想反馈给面试官。当最后新员工要入职时，有一位因特殊原因没能按时报到。这一岗位的HR询问相关面试官，哪位最适合替补入职，多个面试官想到的都是这位女记者，保持链接的习惯最终为她争取到了机会。她的心得就是一时的失败不是真正的失败，是你放弃了自己才是失败。所以一定要想方设法用各种方式建立起你与目标公司核心成员沟通的路径。

示例：千方百计打通沟通渠道

一位全职妈妈刘楠，在融资的过程中和著名的投资人徐小平靠短信对上了话。这个对话也不是轻易达成的。她在北京大学学习期间就有一股不服输的韧劲。她在学校内想和一位高冷老师请教但总被拒绝，于是她在论坛中认真回复老师的每一个话题，一个月后，老师约这位有共同语言的网友一起吃饭沟通。这个时候刘楠说："我是您的学生，想和您请教……"老师的惊讶脸给刘楠留下深刻印象。刘楠的感悟就是，目标能否实现其实就是看你有没有真的用心去面对了。在刘楠毕业后遇到人生困惑的时候，她不会任困惑侵扰自己，而是主动向外寻求帮助。她先是联系了三位北大的老师，最后终于找到了徐小平的联系方式，然后编辑了这样一段短信息发出去："我是北大毕业的。我现在在开淘宝店铺，淘宝店的销售额已经突破3000万了。但是我陷入了迷茫，您是一位心灵导师，您能不能开导开导我？"结果徐老师看到这条短信后很快就打电话过来，当天他们就约好了见面时间。在当面沟通4个小时后，徐小平就打算投资她。现在刘楠的企业估值达到了100亿元。千方百计的争取结出了硕果。

（2）建立个人品牌

在当今网络信息极其方便检索的情况下，你对你的社交媒体的管理相当重要。很多公司已经习惯在计划邀约你面试前先在网络上搜索候选人的社交媒体信息，所以建立一个能够让你在网络上展示自我的品牌非常重要。

建立个人品牌的渠道有很多，与职场相关的品牌场是脉脉、微博及专业领域的论坛，如知乎的专业问答、豆瓣的垂类小组、牛客的技术帖子等，其中脉脉是职场领域的品牌建设阵地。脉脉以人为链接、以社交为载体，区别于其他招聘平台的使用价值是在于既可以找人又可以推人。找人是指公司HR可以找候选人，找工作的人能够找职场人。推人是指职场人能够在脉脉上打造自己的职场影响力，凸显自己的专业能力、成就及个性，除找工作之外还能够寻找商机甚至是获取投资。脉脉注册登录有两个身份，一种身份是找工作，另一种是招人才。从脉脉的页面导航设计可以深挖能够被职场人应用的功能（图1-18）。

导航信息

顶部功能
- 同事圈：来自同事和前同事的输出表达，可互动
- 推荐：引导至"关注""全部""职言""聊岗位""选offer""职业圈"等子频道
- 热榜：职场话题榜单及专栏

底部功能
- 社区：职圈信息发布及互动区
- 人脉：脉脉社区的好友信息及动态
- 职位：发布和获取招聘信息
- 消息：新消息集合窗口
- 我：职场经历与职业标签。突出你可以为他人带来的价值，信息越完善越丰富越能和其他脉友找到共同语言

图1-18 脉脉开屏页信息

① 搭建信息阵地。在建立个人品牌方面，这里要着重说一下最后一个板块——"我"。"我"包括个人职场主页、好友数、影响力、访客、创作者中心等入口，是他人了解你的最重要阵地。

个人主页 这是你全方位展示自己的职场动态名片。主页承载着你的毕业院校、过往的工作履历、脉友对你的评价等。好的职业照、详尽或者精确的工作描述就尤为重要。尽量多且完整的工作履历信息，突出你可以为他人带来的价值。完善职场经历与职业标签，越丰富的角度越能让其他脉友和你找到共同语言，这对算法推荐和工作机遇破冰都很有用处。HR招聘人才就从看个人主页开始，所以需要格外重视。

头像区域 优选专业机构拍摄的职业照片进行展示，也可以是自己拍摄的职业状态照片，如职业装照片、职场演讲照片等。避免烟火气过于浓重的生活照，例如旅游、吃喝、美景等，也避免使用风景照或者标识符等，职场状态和生活状态需要有区隔。要确保让读者看清你的面部，但也不要用证件照，避免让你看起来不近人情、面孔呆板，要选择看起来快乐、易亲近的、想和你交谈的照片而不是拒人千里之外的。选择偏正面面对镜头的而不是纯侧面的轮廓照。

横幅区域 使用与职业有关联的背景，如与互联网有关的图片、积极阳光的图片、就职公司LOGO、你的座右铭……用于表达你时下的状态或者对未来的积极态度。这里不建议使用沙滩、白云等自然风光图片，如果时下还没有合适可用的照片，就使用脉脉的自动生成背景。

名片展示身份 将公司名称及职位头衔进行专业展示。

自我介绍 凝练最为亮眼的2~3个句子展示你的个人品牌。句子要表现的内容是"你是谁？你做什么？你能给他人带来什么帮助？"，且留下一丝丝的悬念让别人有欲望想进一步了解你，例如："我叫×××，是一位视频内容制作人，我和我的团队成员都是快乐制造者！"或者你也可以用关键词定义你最想让读者知晓的信息，表现你具有能够让自己跳脱出来的专业技能，例如"金融专业、短视频剪辑师、滑板爱好者"，"软件工程师、人生导师、作家"。关键词可以让你的目标读者马上锁定你是否是目标人物，如果有想通过搜索找到你的招聘HR，你也能够被有效快速地触达。

工作经历及教育经历 这两部分的信息重点方向是看你掌握了怎样的硬技

能，用数据来说话，包括你的学校成绩、实习经历、项目信息、大作业内容等，呈现你做过的全部事情。展示数据的方式有两类：一类是纯数字信息，例如工作年份、项目规模、团队规模、工作打交道的部门的个数等；另一类是动词下产生的数字，如影响到多少用户、销售产生了多少增长、改变了什么等，可以是绝对数也可以是相对数。

如果你实践的经历比较少，将你在大学期间学到的核心课程中的科目信息呈现出来也是很好的选择。尽量少呈现你的价值观层面的信息，因为不同的人有不同的观点，HR也一样，同一个主观表述，不同的读者会读出不同的意思，因此为了避免被误读而失去机会，索性就只呈现客观信息。这一条仅适用于计划找工作的成员，如果是建立自己个性化垂类领域影响力的独立品牌人士，则另当别论。使用有力量的短句、呈现数据信息、让事实将你立体地呈现出来。感觉自己的履历过少，最简单的方式是将要素进行分解。例如，关于短视频制作，可以分解为以下信息：

关注社会热点：系统汇总分析全年top100热门话题；

视频剪辑数量：提炼热点素材进行剪辑，年度内制作超过400条短视频，总计时长达500分钟；

视频剪辑质量：单条最高点击量50万＋。

这些内容的表述能够渗透出你是一位短视频高手，从选题、制作到播出效果都有信息呈现，表明你是一位高质高产的视频制作人。

寻找合适人选的HR在浏览你的简介页面时，会在脑海中将你的能力与岗位的需求能力作对比，你呈现出的每一条内容都与工作关键需求内容相吻合，就可以大大提升你被面试官关注到的机会。例如你是一位会计，你的品牌要简述你能做什么，而不是仅说你的工作岗位名称或者你学习过的知识技能。就像别人问："你是干什么的？"你要回答："我干了……，处理了……，完成了……，取得了……效果。"讲述一个故事，而不是仅告诉他你就是一个"会计"。

职业标签　系统有标签池，注意筛选顺序，从最关键能力开始。

我的成果　你值得输出的文章、作品、网站链接、资格认证、志愿者经历等，可以包罗万象但注意排列顺序首先需要聚焦在职业需求方向。

② 提升影响力。在脉脉上提升影响力有很多方式和方法，包括：完善个人

实名资料，完成经历认证；参与实名动态和职言交流的内容讨论；坚持分享精彩观点，吸引相同行业、方向的访客，同行、同方向的访客越多，影响力越大。所以可以将自己在脉脉上的行为动作做落地化设计。

每个月进行一次档案编辑　脉脉的算法逻辑会给更新信息者更多的曝光机会，你的档案信息被重新编辑，就增加了自动曝光的机会，后台数据能够反馈出有更多的人加入到了你的读者群。

规律性发布信息　脉脉的活动信息曝光适合采用相对规律的方式，例如每周一到两次在相对固定时间发布信息。信息的内容可以包括你的感受观点、行业新闻、有价值的视频或文章、学到的知识、祝贺别人的成功或者自己的巨大成功等。

通过发布信息可以确立你在职场的角色定位。企业雇用员工是基于"个性、态度、经验"这三个维度进行考量的，对外告知你的工作经验非常容易，讲履历和项目经历就可以，但企业真正考量是否聘用你的第一个原则是你的人品如何即价值观是否正确，而这又是冰山下的部分，不易在字数有限的简历中呈现。因此在脉脉中找到合适的故事展示你做事背后的思考，呈现出你的个性和态度就是极佳的曝光你冰山之下软技能和价值观的好方式。将你的工作成果隐含在陈述中，例如你是销售，每周需进行20+的邮件沟通，挑选出有工作感悟和值得展示的成就信息在脱敏后释放出来，这样既能够表明你勤劳工作，也表现了你善于总结、不断提升、影响他人的能动性。

注意你网络品牌信息和简历的关系。你在网络上的工作经历信息（职位、公司、内容）要和你的简历信息严格保持一致，避免HR对照简历查看你的网络信息时有困惑。如果你被贴上说谎的标签，会被怀疑人品有问题，就丢失了最基本的信任。

③ 充分利用互动功能。脉脉是建立互动的地方。一个功用是你可以在"职言""问员工""提问"等模块中发布内容请教问题。在脉脉请教问题的方式很重要。若你这样问：我想转行到互联网行业，请教大家如何做准备？这样的问题是没有人理会的，空泛且没有针对性的问题很难在社交渠道获得回答。转换方式：非常想进入到数字营销领域，您认为要进入这一领域最为重要的一条建议是什么？刚刚加入数字营销阵营，非常想要获取突出的工作业绩，求教赢得骄人成绩

的最关键一条建议是什么？这样的问题就非常容易收到反馈，因为应答者的回答成本较低，碎片化信息的传递容易被青睐，这在脉脉世界里同样适用。

另一个功用是你可以与目标公司的成员建立链接，通过求教、加好友的方式成为圈子里的一员。当有职位空缺时，你申请职位，面试官看到公司内已经有几位是你的好友了，那么你被邀约面试的可能性会大大提升，且你的好友很可能会主动内推你成为候选人。

脉脉与其他招聘渠道不同，它是需要下长期功夫、积累长效价值的领地。主动出击打造影响力，从职场的长期效用来看，绝对值得投入精力。有猎头或者HR来主动邀约找你沟通时，就是你打造影响力成功之时。让"你找工作"进阶为"工作找你"。

小结

· **两把尺子**：用"卷尺"和"游标卡尺"从宏观和微观两层面丈量目标。
· **个人品牌**：建立自我品牌，让面试官在网络信息中知晓全面的你。
· **建立链接**：与关键人物建立联系，让工作来找你。

金句：周围都是长着翅膀的伙伴，不想飞起来都难。

第二章
写好简历：
获得面试机会
的必杀技

—————— 简历，攀登职场高峰的第一步，它是你的个人宣言，向世界展示着你的能力和经历。互联网行业趋势看大厂，如果你拿到了进入互联网大厂的钥匙，那么你就是拥有了一把万能钥匙，即使扩展辐射到其他企业或岗位，你也可以游刃有余！

这里，你能知道如何精雕细琢每一个字句，让你的简历像一束照进招聘人员心中的光，让HR在千军万马的应聘者中一眼就能找到你。

手握登山杖坚定地迈出第一步，来开启职场旅途。

我们直入主题从如何加入大厂开始。

第一节 从 HR 工作视角看应聘准备

大厂的 HR 分工细致，专门有 "招聘 HR" 团队负责校招和社招。

校招是招聘团队通过各种方式直接从学校招聘各类、各层次应届毕业生的方式。校招通常由 HR 加上业务团队成员组成专项工作小组，集中于春季和秋季两个时间点对毕业生开展攻势。为了能够争夺到好的生源，校招有逐渐日常化的趋势。

社招是招聘专员通过在社交媒体或招聘网站寻找应聘者或公布空缺职位来获得人才的方式。社招是 HR 和有 HC（head count，正式招聘人数）计划的团队成员的长线工作,覆盖全年时间。

作为应届毕业生，校招是你能够迈进这一行业和领域的最佳时间。把握核心时间点、在每一个关键环节上动作精准有效，是应聘成功的关键（图2-1）。

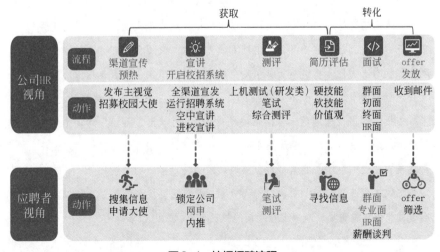

图2-1 校招招聘流程

一、6个关键节点

1.网申

网申有两种，一种是直接将简历投递至人力资源部的邮箱，供人力资源部进行人工筛选。另一种是在线填写，又分为基本网申和综合网申两种。

基本网申看似简单，准备好信息填写简历就好。但需要注意，其背后的筛选逻辑是机器通过匹配对比，留下关键词吻合的求职者，因此简历信息和JD关键词吻合至关重要，绝不能一份简历走天下。

综合网申除了填写简历信息外，还要填写更多身份信息，并且设置了开放性问题，类似于简答题。因此你需要提前搜索到应聘企业的过往题型，有针对性地写好底稿。写底稿的好处有三：一是避免临时作答得太过简单，信息和思路不到位；二是方便进行检查，修改掉极易造成不好印象的错别字；三是时间可控，不至于出现因网络中断或者填写超时而导致系统自动提交的情况。

要规避的问题：简历无针对性，对简历的细节关注不够，网申时间控制失败，问题回答简单随性。

📱 应聘亲历：网申技巧

○卡卡：

简历投递有的公司分为两批，可以选择提前批或正式批，批次不同是否需要笔试也有可能存在差异，提前批可能免笔试。简历会在"共享"和"处理中"状态上变换。投递简历如果是在线填写则不用在乎是否是周末，而邮件投递就要避开周末。我在小米投递了两个岗位，发现并不能够同时进行。第一个投递的岗位先进行流程，此时第二个为初筛状态，第一个淘汰了才会进行第二个。投递简历、参加测评后会由HR筛选，一般每周筛选一次。测评筛选没有通过的会收到拒信邮件。测评通过会进入部门的筛选环节，等待部门拒信或者发起面试。如果两个都失败了，就无法再投第三个了，所以筛选合适的岗位极其重要。也有公司直接能投三个岗位，比如当当网。

2.笔试

笔试是考核专业能力的最重要方式，结果也最为重要。笔试通过的标准有两种：一种是公司规定分数线，超过分数线即为通过；另一种是按照考试分数排名录取，分数排名靠前的一定名次通过。与测评环节一样，有针对性地刷题是提高这一个环节通过率的唯一途径。汇集了各类测试题目、企业真题、模拟考试、性格测试的参考网站有牛客网（专业岗位知识）和在线工具网（人格认知测试）。

目前笔试大多采用线上的方式进行。有同学看到"线上"二字是否心里乐开了花？认为可以找"帮手"线上作答！不要太过开心，因为测试时是需要开启摄像头的，且系统会在整个过程中自动抓拍数十次现场照片，发现有问题的会被判为作弊。作弊违背了不可原谅的红线原则，身份被贴标签后就再也没有机会进入这家公司了。因此万万不可动心思在这个方面触雷。

要规避的问题：轻敌无准备，被认定作弊。

〔∞〕 *应聘亲历：笔试技巧*

○稳稳：

突破笔试困境其实是有一些门道的。第一步是刷几套题，分析看哪种题型是自己的弱项，找到解这种题型的方法论，加强练习；第二步是更多地进行专业知识的准备，答题就更有内涵、有深度了。单纯想靠刷题提高笔试成绩效果不佳，还是要真枪实干之后才会更有成效。我感觉笔试是海笔，我寝室的所有同学都收到了笔试邀请，似乎没有门槛。

3.测评

大厂的测评通常是必做项，可能是智力测试、性格测试或者两者兼有，而后是对照评估。测试有两个关键，一是智力测试拿高分，二是性格测试不翻车。智力测试是测试一个人的智力水平及学习能力，性格测试是测试一个人的社会交往能力及是否是成长型思维。这两项测试均可以在相关网站刷题做练习。你刷的题型多了，自然而然就能够在相应的时间内高质量完成测试，拿到高分。

对于不同岗位的招聘，测试重点会有差异。例如应聘技术类岗位，用人单位更为看重的是你的智力水平和学习能力，所以重在智力测试。如果你应聘的是营销、客服、职能等岗位，公司更为看重的则是社会交往能力，因此性格考察更为重要。

性格测试中隐含着很多潜在的测试，例如有的题目是甄别你的反应能力，如果在快答题上消耗了太多时间，这一部分得分就会是0。性格测试中还需要注意前题和后题之间的相互印证，即心理学上所说的测谎题的作答。前后测试题答案不一样的话，你的可信度就会大打折扣，被标注为"不诚实"。若在这种被称为"价值观底线"的问题上出状况，通常在大厂的应聘中会直接被机器算法截留掉。因此参加性格测试的法宝就是"真实"，想要"表现好"而违心作答会适得其反。

从另外一个角度来说，测评的评估结果多数都是多维度解析的，既会说明你的优点也会说明你的不足。99%的企业只是以此作为参考，除非你有重大心理疾病或缺陷，否则不会依此淘汰人。大厂还有自己历年累计的信息，不同工种和岗位会有相应的分数基础值，公司还会有一个最低的底线值，低过这个分数即会被淘汰。因此这种测试是用于淘汰尾部人员的，能够通过测试进入备选池最为重要。网上常见的性格测评类型有：霍兰德职业兴趣测试（SDS）、卡特尔16种人格因素问卷测评（16PF）、迈尔斯布里格斯类型指标测评（MBTI）、职业锚问卷测评……大厂会结合专业测评题目及自身行业属性汇编自己的测评题库，或者委托第三方服务进行测评。刷题积累经验是过关的最优路径。

在测评中成绩极为突出的成员，有可能被确定为明星成员，如阿里巴巴有"阿里星"，腾讯有"SSP"，从而在后续面试或者入职定级中会获得更多关注或利益，因此绝对值得在测试环节上多下功夫。

要规避的问题：题型测试陌生，性格测试暴露缺陷，测试作答不诚实。

应聘亲历：测评技巧

○芬兰：

从一位资深HR处了解到，各类题型的分数占比参考，不同公司也有差异，但基本上是专业测试参考占比最高，而后是行测，性格测试是基础参考信息。每一类别设有基础线，在基础线之上的，进入到综合排名池，依照简历分＋笔试测评分的原则进行排名筛选。例如取前1000名，进入人工阅卷，而后筛选出200人进入群面，再筛选出前100位进入单面。

4.群面

群面是采用6~10人组成群体以无领导小组的方式对相关题目进行讨论，也就是模拟一个工作场景进行对话沟通，过程中的基本流程包括自我介绍、讨论、形成团队结论、陈述、答辩。

群面的目的是筛选掉不合格者，包括全程不说话者、太过表现自我而打断别人话题者、无团队大局观者、任意附和随波逐流者等。真实场景的群面HR会发纸笔，应聘者做的笔记也会成为HR考量的依据。

群面类似于照镜子，HR及在场的其他面试官在过程中不会介入。他们处于上帝视角，群体中面试者的优和劣很容易通过这种方式被观察出来。能够在群面中获得通过的是遵守各种规则并能够在团队中发挥积极推动作用的人物，如领导者、关键节点的意见输出者、时间把控者、观点提炼总结者等。群面人员多、时间紧，因此是高强度的沟通，要集中精力、全力以赴应对。

要规避的问题： 全程个人存在感低，过于激进强打出位，忽略时间进度而没有最后的产出。

💬 **应聘亲历：群面确认**

○萌萌：

我在一次群面确认时出现过严重失误。有一天收到了某厂的产品运营面试确认邀请，第二天想操作确认时却发现链接过期了，因为确认晚了已经约满了。之后我进入"预约面试失败"的提醒页面，页面上显示的文字是"场次预约时间已过期，请确认后再约！"，下方有一个"我知道了"的红色确认点击块。我点击"我知道了"，但到晚上了也没有见到新的预约链接发过来。所有这一切的发生，只是去洗了个澡，跨越了零点的时间，再回来操作就失效了，就这样错过了一个好的机会……所以大家千万要记住，群面确认赶早不赶晚！

5.专业面试

专业面试是部门负责人有针对性地对应聘者的专业能力进行判断。面试逻辑：一是看岗位能力，即硬技能和软技能，判断应聘者能否胜任岗位工作；二是看特质，在能力之上看突出优势，考察在竞争者中的所长；三是能否对眼缘。

准备这个环节时应认真再次研究招聘信息中的每一条陈述，对照关键词思考自己的经验和能力，并练习将它准确清晰地传达出来。对于初就业者来讲，部门领导想要的是能够胜任岗位工作、任务执行到位、用起来顺手、自驱主动的人，如果还能够表现出对未来有计划、能够有能力输出惊喜业绩的，就是最佳。

专业面试过程中，面试官有可能临时起意或者提前安排好相应题目，让应聘者进行纸笔作答。这是一个好现象，表明你之前的专业面试问答基本过关，面试官需要进一步确认你在临场的抗压笔试测试中能否也完美过关，以验证之前的线上笔试是应聘者的真实水平，而不是虚假成绩。算法类、产品类、运营类等专业技能聚焦的岗位通常会有这样的临场测试。

要规避的问题：面试中仅是被动回答，缺少自信，着装另类。

💬 应聘亲历：自信

○彭阳：

面试中缺乏自信，慌神还嘴瓢了，自我介绍说成了期望在竞争对手的公司开启职业生涯……

💬 应聘亲历：着装

○更苦：

参加某行的线下面试，面试官都西装革履，我的休闲款着装看起来不伦不类。参加另一企业的面试，我专门穿了复古蓝衬衫，结果进去面试发现人家都穿的白衬衫。有时面试我也没觉得我穿得不正式，但对比起来一看，就显得有点儿不走心了……

6.HR面

能够进入到这个环节，恭喜你，离成功只有咫尺之遥啦。谈薪酬、确定职级、看抗压能力是这个流程的主要目标。

虽然进入了最后环节，但千万不要忽视HR的面试。很多同学听信HR面试仅是过场的言论，因此掉以轻心，折戟在最后关头。尤其是像阿里巴巴、华为这样的企业，人力资源团队是绝对的强势团队，业务领导一定层面上是要听取人力资源团队的意见，甚至在某些层面要服从HR的管理的，因此HR的面试至关重要。

这一轮面试除专业考核外，核心集中在薪酬、职级、加班及假期、户口等看起来很实际的问题，这一交流的过程也是HR判断你是否有足够的能力胜任工作的关键。尤其是同时有多个人竞争同一岗位，HR需要帮助业务leader从中筛选出最优者入职的时候，这个环节就更为重要。也有个别情况是业务leader觉得还不错的人选，人力资源有不同意见。这个时候的HR将更加强势，会问出很多尖锐的问题，也就是进行抗压力测试。这时候就需要你明确了解要考察的核心，不要被HR的阵势吓倒，而是要充满自信地机智作答。保持自信的诀窍就是做好充分准备，心中有粮应对不慌。

要规避的问题： 过于忽视HR面试，回答问题被质疑，抗压力测试缺乏自信，反复测试、面试而产生情绪波动。

应聘亲历：意向书

○冰洁：

企业通过发放意向书的形式来考量有多少人愿意到岗，意向书内容不涉及薪酬且通常会超发。有的公司会电话通知要下offer了，但注意，只有接到正式offer才是最后确认。秋招季offer存在超发情况，有些公司招聘3个人会发9个offer，还有毁约的情况存在，横向对比有时候会让后来的优秀者淘汰掉先来的确定者。

应聘亲历：求职如跑马拉松

○刘畅：

我感觉求职就像是在跑一场马拉松。不断地投递简历，一场又一场的笔试历练，一次又一次的群面筛选，一回又一回的面试考察……期间会有身心俱疲的感觉。辛苦、煎熬、反复、期望、失望、沮丧到最后的欣喜，所有的过程熬过来了就都会成为财富。

应聘亲历：秋招、春招与社招

○慧慧：

大三时想赶在秋招末尾看一些招聘信息找找机会，为毕业应聘做准备。学姐推荐我关注一些发布秋招信息的公众号，可以看到许多招聘岗位的动态信息。

○泽浩：

春招的主要成员是秋招失败的、研究生考试落榜的、考公失败的或留学生，所以春招也未必见得就会竞争小。秋招能完成的，不要退而求其次。

○无忌：

有同学体会到校招的激烈后，决定不参加校招而参加社招。还有耳闻某企业校招失败的社招应聘成功了。变通加入社招，或许也是一条不错的路子。

在校招季，招聘是往复进行的。面试、横向对比、发放offer、到岗情况等均处于动态之中。星级应聘者在应聘中会接到多个公司的offer，当拒绝offer的第一拨信息确定后，用人公司又会重启招聘程序，从之前的简历池中捞出排位在星级成员之后的人选进入到又一轮次的筛选中。所以应聘者要时刻准备着再来一轮的应聘程序。

六大关键环节的每一个点位都需要做充分准备，那么具体从哪里获取需要准备的信息呢？"应届生"网站是网罗了全部行业、全部流程的综合性宝藏网站。你计划应聘的公司基本都在列，所有程序中的问题都有涉及，将公司介绍、网申是否要答题及答题要点、笔试回忆版真题及最新模拟题、综合测评要点及解题思路、群面模拟场景及面试心得、面试技巧及抗压招数、薪资谈判技巧、签约解析、户口档案等相关信息一网打尽。

二、3个至关重要的敏感度

招聘HR在春招和秋招战役中付出辛苦和忙碌，期待能够与职业高手相遇，看到组织内人才济济，入职者在未来工作中大显身手，是最为开心的。

互联网大厂的HR每年5月就开始着手准备，7月进入忙碌的秋招季。秋招工作的目标有二，一是"获取"，二是"转化"。获取是指能够拿到多少优质简历，转化是指理想的人选有多少能够成功入职。这两个指标是衡量校招是否成功的唯二指标（图2-2）。

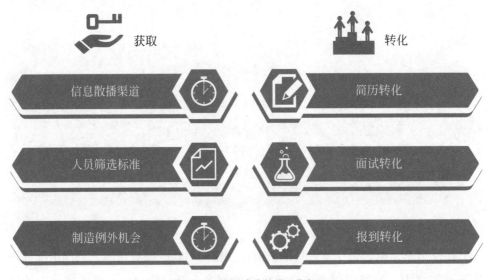

图2-2　校招成功的唯二指标

1.时间敏感度

为了能够在秋招中捷足先登，"获取"更多的简历，大厂会先人一步发出各类招聘信息。想要进入互联网大厂的同学要踩准秋招时间点。各行业磨合之后，相对固定下了秋招的时间，不同求职意向的同学可以按照时间线做相应准备（图2-3）。

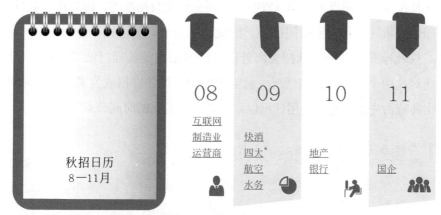

*：四大，指四大会计师事务所，包括普华永道、德勒、毕马威、安永。

图2-3　各行业秋招时间线

为什么别家能够容忍大厂优先操作呢？因为其他企业即使提前或者同期给同学发offer，当大厂也向这些同学抛出橄榄枝时，通常情况下学生会优先选择接受大厂的offer，导致其他公司HR的规划很难落地。所以从提升整个运行效率的角度来看，各行业排出了最优秋招时间线。

对企业来说，获取阶段会广撒网、多收集简历进库；对于单个个体的同学来说，进入的库越多，后续你反选择优接收offer的主动权也就会越大。因此在这个阶段要到多个舞台上起舞，踩准鼓点，多多出击，行动的诀窍就是"梯队推进、应聘赶早"，在每一个你有意向的时间节点上都做足准备。

第一梯队进行校招的都是大厂，越是顶级企业进校园越早。互联网公司是轻资产公司，人才是核心价值，因此就会抢在最早时间开始校招，先把人才调走。比如字节跳动、阿里巴巴、腾讯的校招，基本上7—8月收简历，9月份进行笔试、面试，10月份发完offer。有少量拒绝offer后空缺的岗位会进行"捞鱼"补录，11月份结束。如果还有部分岗位没有招满，则会在春季进行补招，也就是春招。

除了很少的补录岗位，春招是有心人争取到暑期实习的好机会，表现好的就会得到全职工作机会。实习生是企业挑选未来员工的重要人才来源，因此面对实习生招聘应该和面对全职招聘一样，要加倍重视！

因各国的学制不一，且海外生源的实习生招聘时间经常与国内春节时间重叠，同时在这个时间点上公司尚没有做好新一年的校招准备，因为岗位数量、预算、职位、系统等都需要时间准备，因此这一黄金时间往往容易被忽略。同时，海外高校秋季开学较晚，秋招去海外做活动时很可能各部门已经没有空余岗位了。面对这两个比较尴尬的情况，就需要留学生抓住春招成为实习生的时间点，尽早沟通抢占先机，充分利用好可以拿全职工作机会的时间节点。

应聘亲历：简历投递赶早不赶晚

○果果：

我在某厂工作的朋友和我说，向大厂投递简历一定要尽早，先处理了大厂的投递，再慢慢处理其他的。所以一开始我投某厂的第一个部门虽然被拒了，但蛮快就被第二个部门查看了。我的一位室友投另一企业，原本9月1日群面，他改到了9月中旬的第二场面试，结果9月中旬的直接取消了，HR告知他说招够人了。因此简历投递赶早不赶晚，邀约面试同样赶早不赶晚。

招聘季期间，于应聘者来说，除应具备上述的"时间敏感度"之外，还需要强调注意的重要敏感度是"信息敏感度"和"对接人敏感度"（图2-4）。

2.信息敏感度

公司招聘信息发布渠道有四大类型，一是校园宣讲渠道，二是综合性网站渠道，三是人脉资源渠道。其中，校园宣讲是同学最直接感知企业的发布方式。

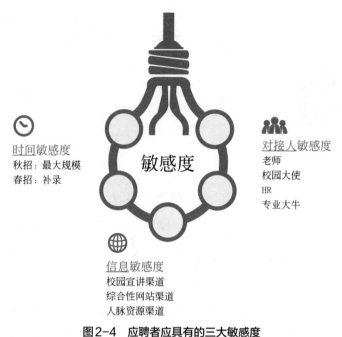

图2-4　应聘者应具有的三大敏感度

（1）校园宣讲渠道

校园渠道多种多样，老师、学弟学妹、实验室、学校论坛甚至同学朋友都会被HR纳入影响力拓展的范围。

从形式上而言，校园渠道产生影响最大的是宣讲会。每一场宣讲会HR都会做各种事前准备，目前最为常见的是空中宣讲会，这种方式触达范围广、不受地域限制、企业运作成本低。这种打破了物理空间限制的方式也受到留学生及非重点学院学生的青睐，云宣讲越来越成为主流。

校园宣讲通常要传达三个层面的信息，即企业用人战略、重点岗位需求、团队文化福利，最后会有问答环节。

（2）综合性网站渠道

从职场人员的就业年限来看，适合的渠道各有不同。大学毕业生是职场新手，求职人数最为广泛，渠道相对最多；职场高端人才较为稀有，渠道相对集中且精准（图2-5）。

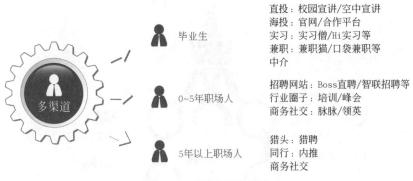

图2-5　求职的网络渠道

按照类别来看，网络渠道包含三类，第一类是企业网站及公众号，第二类是综合性渠道，第三类是有垂类特性的渠道。综合性渠道包括BOSS直聘、智联招聘、猎聘、前程无忧51Job、招才猫直聘、斗米招聘、拉钩招聘、脉脉、领英、学校论坛、班级群、朋友圈等。垂类特性渠道有牛客网、赛码网、实习僧等。

有企业会有这样的感知和定性，认为到自有平台投递简历的人是长期关注企业发展动向的人，且是目标感超强的人，如果条件相当，那么对这些成员要比对通过综合性求职网站进入的人更为优待。因此在选择简历投递的渠道时，选准渠道会起到微妙的关键作用。内推为首选，企业渠道投递简历次之，其他为再其次。

（3）人脉资源渠道

互联网为即时交流、找到同好、聚集人脉提供了绝佳渠道。HR在招聘中有业绩的要求，公司对内推成功的员工有真金白银的奖励，因此招聘团队在招聘时会动用各类人脉资源寻找合适的人才。HR和HC团队成员找人的方式除公司组织的宣讲之外，每一位都会发力在自己的圈子里施加影响，包括建群（QQ群、微信群、钉钉群）、发帖（牛客网、实习僧、学校论坛）、发文（公众号、朋友圈）。

3.对接人敏感度

于应聘者来说，动用你的沟通技巧，全力以赴掌握就业核心信息、结交在求职过程中能够帮助自己提升的关键人士，是获得成功的至关重要环节。这样的关键成员包括两大类：一类是学校渠道中掌握核心信息的成员，他们是就业办公室老师、辅导员老师、实验室老师以及企业选择的校园大使；另一类是校外的关键成员，他们是招聘HR成员、有HC的业务团队负责人及有内推驱动力的公司员工。

对毕业生来说接触校内的成员较为容易便捷，尤其是校园大使，他们既是学生身份，又是企业筛选过的活跃者，是企业代言人，掌握着最为鲜活的招聘信息。有心的同学，在大三的时候就可以沟通联系自己的目标意向公司，成为这家公司的校园大使，这样便能够捷足先登了解到内部招聘信息。

接触校外的人则需要找对门道。大多数的招聘网站提供的功能是"找职位""找信息"，其实真正宝贵的、被忽略的强大功能是"找人"。一方面要突破思维，从找职位、找信息过渡到找人，有人之后，职位和信息就会手到擒来。另一方面也要学会辨识优劣，找到优质的关键成员。

不同身份的关键成员可以在不同的时间节点提供不同价值的信息。招聘HR通常手握各路招聘信息，且精通面试的各类门道，能够与HR沟通上，你就是获得了神助力；手握HC的业务负责人是最终成为你领导的人，能够直接接触到业务团队领导，是学习了解专业知识考核方向的最佳入口；内推成员是为企业招募合格新员工的中坚力量，大厂的秋招及春招高峰期期间会有各类信息渗透出来，公司号召内部员工在第一时间接收同学的简历。

能够接触到HR和HC负责人的最佳契机是校园宣讲会。在宣讲会的问答环节提出问题，散场时候抓住机会要名片、加微信，或者是追问一个具体问题制造良好印象……这一切先从有备而来地听宣讲会开始，记住讲解人的名字、了解公司文化、准备好优质问题、坐在容易被关注到的位置等。在HR和HC负责人之间，更建议接触后者，他们是校招这种集中招聘场的主力军。

相较于前两类，接触到内推成员的渠道更为宽泛。内推成员活跃的原因是企业越来越发现内推带来的好处。首先，获得内推机会的人员已经被自己公司的内部成员作了初步把关；其次被内推的成员进入公司后会被推荐人照顾到，更容易融入公司；再次被内推进入公司的成员为公司贡献价值的时间会更长。因此很多公司尤其是大厂的员工内推成功会有奖金，他们就很有内推的动力。

很多大厂员工会在HR开始招聘之前就在知乎、实习僧、牛客网等各种渠道释放出自己的内推码或者邮箱，以接收同学的简历进行内推。同学们可以通过这种点对点沟通的方式获得很多信息，包括简历优化、面试指导、信息渗透等。但求职者也要注意选好自己的推荐人，因为每一份简历在这一季的招聘中，只能有一位内推人。只要你的简历被推荐人录入了系统，后来人再进行推荐时，系统会自动比照出你的信息，拒绝掉后来人的推荐。

那么如何评判一位内推人员是否是最佳的可接触人选呢？方法是从细节处自行评判，例如看发内推贴后的跟踪情况。兢兢业业想找到优秀人才的人，一定也是认认真真维护自己的帖子的人。他们会热情回应和自己有互动的同学，提高自己发帖的回复数、收藏数、浏览数，这也是为了让自己的帖子能够获得更好的曝光。找到可信赖的内推人就可以根据发帖人的动态来做出筛选。如果你恰巧遇到了一位有责任心的内推人，他会成为你职场甚至是人生成长道路上的导师。

你可以从文字描述的蛛丝马迹中判断出一位内推人是认真的还是敷衍的，一个优秀的内推成员的发帖信息如图2-6所示。

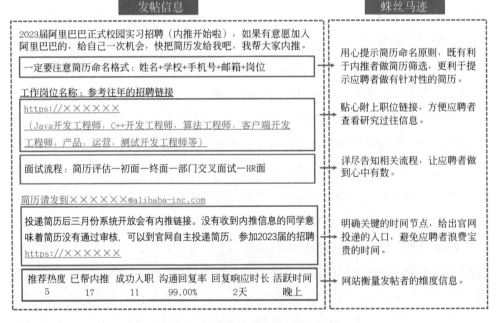

图2-6 优秀的内推成员的发帖信息

站在应聘者角度组织语言、传递信息的人，是做事细致认真且负责的人。内推做得优秀的员工会建招聘群，加入的同学会越来越多，也会随时在群里更新信息。公司校招系统开放时，会释放二维码；HR进校园做宣讲，会有信息渗透；

各阶段注意事项，会发布提示信息等。因此对接到一位良师益友，绝对是值得投入时间和精力去做的事情，这一点怎样强调都不为过。

在各种信息发布、渗透之后，简历会纷至沓来，这就意味着HR的"获取"计划取得了成功，接下来进行简历初筛成为HR工作的重点，也就是工作流程的对应"转化"阶段开始了。

了解了招聘工作流程，具备了应聘敏感度，你就是在找到理想工作的通关道路上迈出了第一步。后续的发力点应聚焦在让自己每一步都能够成为分子，也就是在转化层面获得层层突破。转化需要的是在三个时间点上发力，即简历转化（简历筛选）、面试转化（面试通过）和报到转化（接受offer）。

好的简历在筛选中获得通过，是通关的第一道门槛！

小结
_____

· **把握时间**：把握时间节点，避免错失时机。

· **搞清流程**：密切关注招聘流程，对照每个步骤的侧重要点做相关准备。

· **了解渠道**：全渠道获取信息，与关键人建立联系，甚至让自己成为关键人。

金句： 应聘如打电子游戏，要过五关斩六将，每一刻都需要精力集中！

第二节 | 让你的简历一石击中HR

经过企业详尽的渠道梳理加上有针对性的信息扩散之后，简历就会如雪片一样纷至沓来。涌入的简历会在简历池里流转，就像要完成一趟旅行一样。以阿里为例，各招聘部门接收简历的渠道有四种，即部门二维码、内推人二维码、集团二维码、官网，前两个渠道对应了各用人部门，后两个渠道对应了集团（图2-7）。

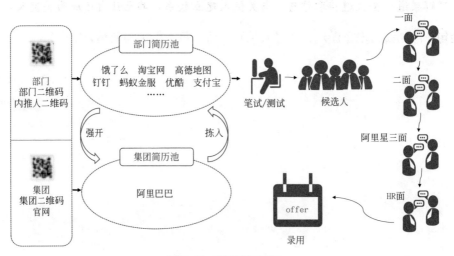

图2-7　简历流转流程

进入集团的简历会被分拣到各部门中，而在部门简历池中存放时间较久的简历会被开放到集团，其他部门有权查看。你如果有认识的阿里员工，优选渠道是通过内推方式将简历输入到阿里体系中。有内部员工的推荐，你被看到的可能性会更高。

进入部门简历池后，首先会有系统笔试和测评，通过的成为候选人继而参加面试，拿到offer的同学总共会经历3~5轮面试。

在第一轮未被关注到的简历，会在部门简历池和集团简历池之间流转。校招组委会通常会在内推快开始时的某个时间段开放集团简历池，各部门成员就可以从集团池中挑选简历进入到部门池。反之各部门也会将在规定时间内没有处理完的简历强开到集团池，避免这些简历被埋没。

有没有被这么复杂的体系吓到？其实如果你在简历撰写上下过功夫，这些路径不过如游戏中设定的关卡，最终都能够一一轻松过关。

一、校招简历初筛

怎样的校招简历会在初筛中脱颖而出呢？先看一下HR和内推人在这一过程中会做的事情，即分类、分层和优化（图2-8）。

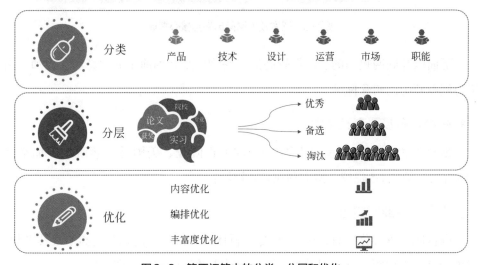

图2-8 简历初筛中的分类、分层和优化

分类是指依照不同部门、不同岗位进行类别梳理；分层是指优先筛选出优质简历进行重点关注，主要通过院校、专业、实习、获奖、论文等核心指标予以评估；优化是指对于简历质量好的同学给予简历优化建议，包括内容优化、编排优化、丰富度优化等。

HR从企业需求的满足程度出发，分别从六个维度考察应聘者，也叫作看应聘者的"基本面"，包括院校、专业、毕业时间、实习经历、竞赛与奖励、科研成果等。不同的岗位侧重点也不同，例如研发技术岗的HR在看简历时会着重关注学校、实习经历、竞赛与奖励、科研成果等核心指标（图2-9）。

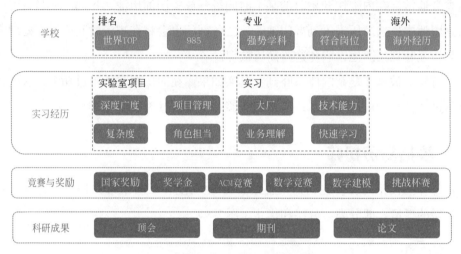

图2-9　研发技术岗简历初筛核心指标

下面以互联网热门的、门槛较高的、薪酬也是名列前茅的"算法工程师"岗位为例看简历的初筛标准。

1.看院校：名校更有竞争力

被重点关注的院校包括中国985/211工程院校、美国常青藤院校、加拿大U15院校、英国G5院校、澳大利亚G8院校等。

2.看专业：专业对口最靠谱

根据职位进行分层时，HR会详尽分析优秀生源所在的知名实验室及其导师。聚焦到算法工程师，以下图示为不同专业重点关注的院校（图2-10）。

不同的专业方向有不同的定位图谱，同学们可以按照自己的需求梳理出相关的专业图谱，并据此方法定位自己的院校、专业，明确个人的位置，为有针对性地制作简历和准备面试做积淀。

3.看毕业时间：时间吻合很重要

企业会在当年的7—9月集中寻找第二年即将毕业的学生，比如2022年要寻

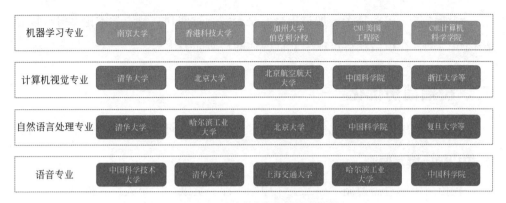

机器学习专业	南京大学	香港科技大学	加州大学伯克利分校	CMU美国工程院	CMU计算机科学学院
计算机视觉专业	清华大学	北京大学	北京航空航天大学	中国科学院	浙江大学等
自然语言处理专业	清华大学	哈尔滨工业大学	北京大学	中国科学院	复旦大学等
语音专业	中国科学技术大学	清华大学	上海交通大学	哈尔滨工业大学	中国科学院

图2-10 不同专业重点关注的院校

找的是2023年的毕业生。毕业时间点的界定各企业有所不同，大部分公司认为2023年8月之前毕业的属于23届，小部分公司认为10月毕业的也属于23届。

很多企业现在的校招除7—9月的高峰招聘之外，还开放了全年时间档，随时接收学生简历，但毕业时间并不因此而放宽。应届毕业生在错过秋招季之后可以以社招身份进行简历投递。

4.看成绩：斩获机会的硬通货

检视应聘者潜质和才华，更重要的是看过往获得的成绩。实习、获奖、论文这三要素不是短时间突击就可以取得成绩的，是需要长期的积累才能够形成的资历。高手从一进入大学校园开始，就进行统筹规划，早启动、早准备、早进入状态，赢在起跑线上。

实习经历 包括有无大厂实习经历，业务理解能力、快速学习能力、技术能力如何，是否参与过实验室项目，项目复杂度如何，在项目中担当什么角色等。项目参与的程度不同，文字表述上会有很大差异。万万注意不要为了美化简历而在细节中造假。内行的专业面试官在问答环节中会通过深挖简历了解真相。他们熟知业内的信息，不容得有任何瑕疵。诚信是职场的红线，如果诚信受到质疑，行业内的生存之本也就荡然无存。

竞赛与奖励 包括是否参加过相关竞赛，比如阿里天池、京东JDATA等，比赛解决的问题是什么、结果如何；是否获得过含金量高的奖项，例如国家奖学金、美国计算机协会ACM竞赛、数学竞赛、挑战杯系列竞赛等。

科研成果　包括是否参加过顶会，是否发表过期刊文章、学术论文等。以算法岗位为例，在顶会获得过成果就证明你的科研能力优秀。

二、校招简历优化

应届毕业生简历如何优化，工作经验很少的人如何写出漂亮的校招简历呢？

1.校招简历撰写原则

校招简历撰写需遵循"一二三"原则，即一页纸、二个人、三件事。

（1）一页纸

将你的信息凝练到一页纸上去呈现，设计简单、阅读成本低。初筛简历的HR仅会用浏览的方式通读简历。6秒钟是简历的生死线。简洁明了的简历最容易入HR的法眼，切记将与岗位相关的精彩内容前置。

（2）二个人

写完简历一定要找一位与自己的业务无关的人看你的简历，他如果能够轻松地看到你的优势，就是一份好简历，否则就要调整。也就是说你的简历不仅要从个人视角去看，而是要至少融入有差异视角的两个人的看法，即自检+他检。

（3）三件事

一是把自己心仪岗位需求的关键信息放到自己的简历中，实习经历、社会实践、勤工俭学甚至是课程学习中的项目经历等都可以考虑在内。细节上无限地向这个岗位需求去靠拢，不沾边的信息就要果断舍掉。

二是要细心地浏览应聘公司的官方网站，将企业的某一种属性在简历中呈现出来，全貌上无限靠拢这家企业，比如价值观上的靠拢、公益活动层面的靠拢，最基础的可以把企业的LOGO（标识）用到自己的简历中。

三是在发送简历时邮件的主题和正文切记不可草草填写。主题仅是"简历"这两个字是无法吸引HR一定会打开你的邮件的，主题至少要呈现"应聘XX岗位-姓名-学校-专业-学历"这几个关键信息。正文不要一味重复简历中的内容，重点罗列独特信息，如和这家企业相关联的过往、个人特色能力等无法在简历中突出的信息。

2.校招简历撰写流程

简历撰写共分为三步，即撰写全简历、进行适配、确定形式（图2-11）。

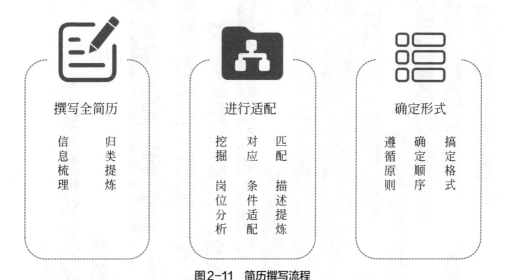

撰写全简历

| 信息梳理 | 归类提炼 |

进行适配

| 挖掘岗位分析 | 对应条件适配 | 匹配描述提炼 |

确定形式

| 遵循原则 | 确定顺序 | 搞定格式 |

图2-11 简历撰写流程

（1）撰写全简历

① 信息梳理。信息梳理就是约上熟悉你的亲朋好友一起进行头脑风暴，给自己做模拟画像。具体包括：梳理你曾经做过的、参与过的所有"有既定目标和结果"的事项，例如学生会讲座、志愿者工作、自由职业工作、合伙人项目等；回忆你投入时间精力做的事情形成个人标签，例如综艺达人、短视频剪辑高手、乐高迷等；找寻别人眼里定义的你的特点，如高效、创新、好学、沟通能力强等；……所有用到了硬技能或者软技能的信息，都列出来。工作经历少的人写简历，思考框架要超越岗位描述（Job Description，简称JD）的内容（图2-12）。

② 归类提炼。在信息梳理之后，进入到找特点、作定义的归类提炼阶段。归类可以在七个类别中做文章：个人信息、教育经历、实习工作、志愿者经历、成绩成就、特殊技能、独特性。这样就能够与招聘官重点关注的院校、专业、毕业时间、实习经历、竞赛与奖励、科研成果等基本面信息吻合起来，且能够凸显出你的特点（图2-13）。

我的画像

- 河北大学（2015—2019），管理科学与工程，学士学位，专业成绩（3/120），获得保研资格
- 腾讯"产品经理"培训计划—对塔计划
- 阿里巴巴品牌推广官项目—完成网易严选产品研究分析
- 网易品牌推荐官项目—完成网易严选产品分析报告，获得天鹅证书
- 志愿者工作：大自然保护协会，指导中学生参与"清洁城市"科学课堂，推广可持续发展跑的公益文化活动
- 志愿者工作：校青年志愿者协会，拓展品牌项目部部长，负责2院青年志愿者服务站相30个志愿服务项目运营
- 志愿者工作—中国扶贫基金会—乡村振兴项目，获评优秀志愿者
- 学术论文：第四届建模、仿真和优化技术实际应用国际学术会议（EI检索）通讯作者并进行论文会议宣讲
- 英语六级 615 分（阅读 8.5 分）、雅思 6.5 分（阅读 8.5 分）：具有优秀的英语阅读和写作能力
- 数据及图像软件能力：了解 MATLAB、SPSS、SQL、PS、Finalcut 等数据及图像处理软件的基本操作
- 兴趣爱好：摄影《抖音视频拍摄旅拍》赛旅游摄影奖，喜欢短视频创作，熟练使用 PR、剪映等视频剪辑软件
- 校庆纪念实践：建校120周年LOGO纪念多项项目落地，获得利润2688万元，捐献蓝墙封楼善项目
- 社会实践：将自己获赠的3万元春节红包通过投资获益超过10万
- 投资理财：正巧瓜视频创业账号，创作短视频超白条，用数据分析方式赋能运营账号运营能力运营超单

- 文体类社团：辩论社，参加辩论会，获得最佳三辩荣誉
- 学术类社团：算盘社，担任副社长
- 组织专题性数据分析研究
- 阿里巴巴夜校训练营汇报小实习项目—内容创意训练营，获得导师优秀评级（7/30）
- 校级奖项：获河北大学"一等奖学金"，社会实践积极分子等12项校级奖项
- 办公软件技能：熟练使用Word、Excel、PowerPoint、Xmind、Axure等办公软件
- 志愿者工作：小动物保护协会，救治流浪小动物，帮助动物康复并找到新家
- 国际奖项：获美国大学生数学建模竞赛国际"一等奖"
- 针对《优化机场安全的乘客存件量检查点》的题目，运用运筹学理论，进行机场安检流程仿真模拟，确定并优化关键节点
- 国家级奖项：获国家奖学金，中国扶贫基金会优秀志愿者等2项国家级奖项
- 北京航空航天大学（2019至今），大数据分析与应用，硕士学位，专业成绩（2/12）
- 入门小说：对于经典文学再创作内容有强兴趣
- 省级奖项：获"互建杯""创新创业大赛"4所省级奖项
- 省级奖项：获优秀志愿者银奖等4所省级奖项
- 个人品牌：创建个人微信公众号，一个月增长粉丝过千，晶过万，累增加好友200余人并建群运营，单篇文阅阅读
- 系统软件能力：熟悉 Python 编程语言，全国计算机等级证书（二级）

图2-12 信息梳理框架

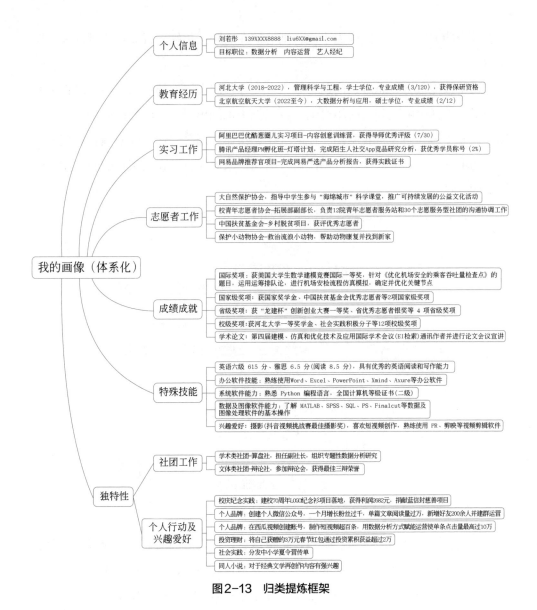

图2-13 归类提炼框架

依照以上归类提炼后的信息，你就可以撰写一份全简历了。

在以上的内容中，很多人会疑惑：个人公众号、分发夏令营传单、看同人小说……这些不着边际的经历和应聘有什么关系呢？

有关系，很有关系。每一个行动都能够提炼归纳到软技能层面，而软技能是一种通用技能，可以复制到不同的工作岗位上。公众号运营就可以定义为品牌宣发、塑造形象、对接资源等；分发传单就能够总结为练就了"观察能力、分析能力、说服能力"等；关注同人小说，则能够在应聘文化娱乐行业职位时发挥对应作用。

通用技能包含"思维、沟通、效率、人际"四大层面的能力。你可以将你在学校里、生活中解决问题时用得上，在工作中也能用得上的能力提炼出来予以解读，比如学习领悟、自我驱动、适应变化、沟通协调等。你可以回顾和梳理一次艰苦的考试、一场演讲比赛或一次班级活动，来展现自己在通用技能和品质、性格上的亮点。

写全简历的第一步是建立结构（图2-14），第二步是细节填充。

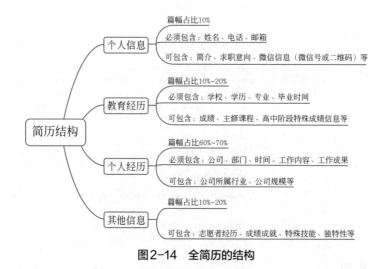

图2-14　全简历的结构

全简历的细节可以从以下几方面进行填充。

个人信息　姓名、电话、邮箱是必备信息，可以附加简介。简介包括三个层面的重要信息，一是呈现过往业绩，二是展示核心能力，三是你对应聘岗位、公司或者行业的热情。简介内容一定要与目标应聘岗位需求相匹配（图2-15）。

刘若彤
地址：北京 | 电话：139XXXX8888 | 电子邮件：liu6XX@gmail.com | 微信号码：886886XX
目标职位：数据分析师
简介：掌握数据建模工具，具备超强的数据敏感度及大数据挖掘能力，且对小数据分析有极高热情；具备组织团队落地项目经验，有较强的沟通能力、团队协作能力；对数据挖掘有强烈好奇心和痴迷的热爱。

图2-15　简历中的个人信息

教育经历 学校名称、学习时间、所学专业、获取学位信息等，也可以包括俱乐部或者社团信息、与应聘岗位对口的专业课程信息、获得过的专项奖励等（图2-16）。

教育经历

河北大学（2016.9-2020.7），管理科学与工程，学士学位，专业成绩（3/120），获得保研资格
北京航空航天大学（2020至今），大数据分析与应用，硕士学位，专业成绩（2/12）
主修课程：数据挖掘与案例分析、多元统计与数据分析、博弈论、复杂系统与数学建模等

图2-16 简历中的教育经历信息

实习工作 实习、工作、项目的经历，这是简历中最重要的部分，无论是篇幅还是吸睛效果上，这一部分都是重中之重。目前企业基本采用的是STAR模型来考察候选人，即在什么情景下、被分配了什么任务、采用了怎样的行动、最后取得了什么样的效果（图2-17）。

实习工作

阿里巴巴优酷葱圈儿实习项目（2021.3—2021.6）：战略分析实习生，参加内容创意训练营，通过内容A/B测试分析，优化产品效能，发现引流用户提升和增长的关键因素，引流转化率提升3%，获得导师优秀评级（7/30）。
腾讯产品经理PM孵化班（2020.7—2020.9）：产品经理助理，针对陌生人社交App用户运营遇到阻力的情况，研究自有产品及竞品，采用街访、焦点小组访谈、网络投放问卷方式搜集用户观点，分析在用户拉新、唤醒、留存三个层次的上扩展规模的可能性，相应对产品的落地年轻化、互动游戏化、活动持续化做规划设计，获优秀学员称号（2%）
网易品牌推荐官项目（2019.7—2019.9）：网易严选推荐官，与产品、运营、研发团队深度合作，通过用户行为研究完成网易严选产品分析报告，获得实践证书奖励

图2-17 简历中的个人经历信息

即使相同的经历的写法也有高下之分，以参加手机市场促销活动为例，初级水准和高级水平的写法对比如图2-18所示。

志愿者工作 如果你还没有志愿者的工作经历，那么今天就开始行动，找到一份可以参加的志愿者工作投入进去，为简历增彩，尤其是当你的意向应聘企业是外企或者有志愿者基因的公司时，例如阿里巴巴倡导每年人人公益3小时，志愿者工作信息会起到辅助加分作用（图2-19）。

初级写法
（仅呈现做了什么）

为用户讲解新型号手机的功能；

协助落地现场的抽奖活动；

采集用户使用产品的感受；

搜集成交客户的信息资料。

高级写法
（STAR方式呈现）

推广转化：为促进新产品的购买转化，向潜在客户进行产品性能讲解，在10人的规模活动团队中业绩位列前茅。

活动执行：组织和落地大型抽奖活动，拉动潜在客户参加抽奖超5000人次/天。

用户调研：协助进行产品使用调研，组织发放500份调研问卷，有效收回问卷率达92%。

数据分析：主动利用自己所学专长，对问卷信息数据进行系统拆解分析，确定高潜、低潜客户群，为后续工作提效做了充分准备。

图2-18　相同经历的不同写法

志愿者工作

校青年志愿者协会（2020年度）：拓展部副部长，负责12院青年志愿者服务站和30个志愿服务型社团的沟通协调工作，用数据分析方式串联提升志愿服务效率，志愿对象服务带宽由126人提升到327人，服务幅宽率增幅达160%。

大自然保护协会（2019年度）：自然指导员，指导中学生参与"海绵城市"科学课堂，利用今日头条、抖音、西瓜视频等渠道推广可持续发展的公益文化活动，获得了超过千人的中学生关注。

中国扶贫基金会（2018年度）：扶贫助困专员，参与河北阜平乡村脱贫项目，运用摄影及短视频制作特长帮助村民售卖特色产品，帮助从0到1建成网上商城。

保护小动物协会（2017年度）：爱护动物使者，参与流浪动物救治康复行动，为流浪动物寻找新家，先后救治12只小动物。

图2-19　简历中的志愿者工作信息

成绩成就　过往经历中让你骄傲的成绩，且与目标岗位密切相关（图2-20）。

成绩成就

国际奖项：美国大学生数学建模竞赛国际一等奖，针对《优化机场安全的乘客吞吐量检查点》的题目，运用运筹排队论，进行机场安检流程仿真模拟，确定并优化关键节点。

国家级奖项：国家奖学金、中国扶贫基金会优秀志愿者等2项国家级奖项。

省级奖项："龙建杯"创新创业大赛一等奖、省优秀志愿者银奖等4项省级奖项。

校级奖项：河北大学一等奖学金、社会实践积极分子等12项校级奖项。

学术论文：第四届建模、仿真和优化技术及应用国际学术会议（EI检索）通讯作者并进行论文会议宣讲。

图2-20　简历中的成绩成就信息

特殊技能　你的优势，包括硬技能（获得的成绩认证、资格证书、语言能力认证等）和软技能（沟通力、执行力、创造力等），这些是开展相应工作的必备能力（图2-21）。

特殊技能

语言能力：英语六级615分、雅思6.5分（阅读 8.5分），具有较好的英语阅读和写作能力。
办公软件技能：熟练使用Word、Excel、PowerPoint、Xmind、Axure等办公软件。
系统软件能力：熟悉Python编程语言，持有全国计算机等级证书（二级）。
数据及图像软件能力：了解MATLAB、SPSS、SQL、PS、Finalcut等数据及图像处理软件的基本操作。
兴趣爱好：摄影(抖音视频挑战赛最佳摄影奖)，喜欢短视频创作。

图2-21　简历中的特殊技能信息

独特性　特殊经历及技能，侧面强化证明你具备的能力可以被广泛使用且产生价值（图2-22）。

独特性

辩论社成员：文体类社团，辩手，关注社会热点，参加辩论会，获得最佳三辩的荣誉称号。
算盘社成员：学术类社团，担任副社长，组织大学生进行App使用习惯及行为地图专题性数据分析研究，参与人数1000余人。
校庆纪念实践：建校120周年LOGO纪念衫项目落地，获得利润2682元，捐献给蓝信封慈善项目。
社会实践：分发中小学夏令营传单，接触运营之道。
创建微信公众号：月增长粉丝过千，单篇文章阅读量过万，新增好友200余人并建群运营。
创建西瓜账号：自制短视频超百条，用数据分析方式赋能运营使单条点击量最高过10万。
投资理财：将自己获赠的3万元春节红包通过投资获益超过10万元。
追星女孩：用数据分析指导粉丝后援会确定代言产品的品类及售卖渠道，提升销量，被后援会授予为业绩顾问。对艺人经纪业务有一定了解。

图2-22　简历中的独特性信息

在进行了以上的四大层面、七个类别的系统梳理后，你便获得了一份"全简历"信息（图2-23）。

（2）进行适配

有了全简历版本后，接下来的工作是根据你应聘的岗位、公司的不同，调整润色简历，吻合相关JD的要求，进行适配层面的"JD简历"撰写。

JD简历的撰写包括"挖掘"岗位需求，"对应"相关能力，"匹配"关联信息（图2-24）。以一则招聘信息为例（图2-25）。

刘若彤
地址：北京 | 电话：139XXXX8888 | 电子邮件：liu6XX@gmail.com | 微信号码：886886XX

教育经历
河北大学（2016.9-2020.7），管理科学与工程，学士学位，专业成绩（3/120），获得保研资格
北京航空航天大学（2020至今），大数据分析与应用，硕士学位，专业成绩（2/12）
主修课程：数据挖掘与案例分析、多元统计与数据分析、博弈论、复杂系统与数学建模等

实习经历
阿里巴巴优酷蜜圈儿实习项目（2021.3-2021.6）：战略分析实习生，参加内容创意训练营，通过内容A/B测试分析，优化产品效果，发现引流用户提升和增长的关键因素，引流转化率提升3%，获得导师优秀评级（7/30）。
腾讯产品经理PM孵化班（2020.7-2020.9）：产品经理助理，针对陌生人社交App用户运营遇到阻力的情况，进行实地走访、焦点小组访谈、网络投放问卷方式搜集用户观点，分析在用户拉新、唤醒、留存三个层次的上扩展规模的可能性，相应对产品的落地年轻化、互动游戏化、活动持续化做规划设计，获优秀学员称号（2%）
网易品牌推荐官项目（2019.7-2019.9）：网易严选推荐官，与产品、运营、研发团队深度合作，通过用户行为研究完成网易严选产品分析报告，获得实践证书奖励

志愿者工作
校青年志愿者协会（2020年度）：拓展部副部长，负责12院青年志愿者服务站和30个志愿服务型社团的沟通协调工作，用数据分析方式串联提升志愿服务效率，志愿对象服务带宽由126人提升到327人，服务幅宽增幅达160%。
大自然保护协会（2019年度）：自然指导员，指导中学生参与"海绵城市"科学课堂，利用今日头条、抖音、西瓜视频等渠道推广可持续发展的公益文化活动，获得了超过千人的中学生关注。
中国扶贫基金会（2018年度）：扶贫助团成员，参与河北阜平乡村脱贫项目，运用摄影及短视频制作特长帮助村民售卖特色产品，帮助0到1建成网上商城。
保护小动物协会（2017年度）：爱护动物使者，参与流浪动物救治康复行动，为流浪动物寻找新家，先后救治12只小动物。

成绩成就
国际奖项：美国大学生数学建模竞赛国际一等奖，针对《优化机场安全的乘客吞吐量检查点》的题目，运用运筹排队论，进行机场安检流程仿真模拟，确定并优化关键节点。
国家级奖项：国家奖学金、中国扶贫基金会优秀志愿者等2项国家级奖项。
省级奖项："龙建杯"创新创业大赛一等奖、省优秀志愿者银奖等4项省级奖项。
校级奖项：河北大学一等奖学金、社会实践积极分子等12项校级奖项。
学术论文：第四届建模、仿真和优化技术及应用国际学术会议（EI检索）通讯作者并进行论文会议宣讲。

特殊技能
语言能力：英语六级615分、雅思6.5分（阅读8.5分），具有较好的英语阅读和写作能力。
办公软件技能：熟练使用Word、Excel、PowerPoint、Xmind、Axure等办公软件。
软件软件能力：熟悉Python编程语言，持有全国计算机等级证书（二级）。
数据及图像软件能力：了解MATLAB、SPSS、SQL、PS、Finalcut等数据处理软件的基本操作。
兴趣爱好：摄影（抖音视频挑战赛最佳摄影奖），喜欢短视频创作。

独特性
辩论社成员：文体类社团，辩手，关注社会热点，参加辩论会，获得最佳三辩的荣誉称号。
算盘社成员：学术类社团，担任副社长，组织大学生进行App使用习惯及行为地图专题性数据分析研究，参与人数1000余人。
校庆纪念实践：建校120周年LOGO纪念衫项目落地，获得利润2682元，捐献给蓝信封慈善项目。
社会实践：分发中小学夏令营传单，接触运营之道。
创建微信公众号：月增长粉丝过千，单篇文章阅读量过万，新增好友200余人并建群运营。
创建西瓜账号：自制短视频超百条，用数据分析方式赋能运营使单条书元量最高达10万。
投资理财：将自己获赠的3万元春节红包通过投资获益超过10万元。
追星女孩：用数据分析指导粉丝后援会确定代言产品的品类及售卖渠道，提升销量，被后援会授予为业绩贡献，对艺人经纪业务有一定了解。

图2-23　全简历版本

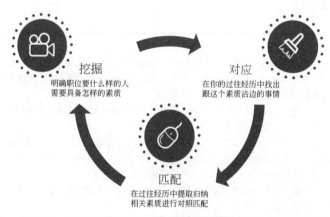

挖掘
明确职位要什么样的人需要具备怎样的素质

对应
在你的过往经历中找出跟这个素质沾边的事情

匹配
在过往经历中提取归纳相关素质进行对照匹配

图2-24　简历适配三部曲

数据分析师
北京·产品-数据分析

| 职位描述

团队介绍：Data-数据分析部门负责字节跳动旗下不同业务方向的数据分析工作。业务线既涵盖抖音、今日头条等较为成熟的产品，也包括正在孵化的各种创新项目。在这里，既可以通过数据指导创新业务从0到1、起于垒土，也可以通过分析发现突破的方向，赋能成熟产品持续增长。我们的职责，就是从每天产生的PB级数据中找到最合适的指标和维度，从最真实的业务现象中找到可以优化的洞见，并将我们的发现落地成增长。选择Data-数据分析团队，就是选择了和优秀的人做有挑战的事，成为不可被替代的数据分析师。
1.负责分析今日头条、西瓜视频、内容生态等相关业务的数据分析工作；

2.分析各项影响产品提升与增长的因素和各项业务细节，结合业务方向，给出可落地的整体的产品优化方案；
3.与产品、运营、研发等配合，推进优化方案落地执行，带来业务的实际增长；
4.负责业务上各类A/B实验设计与分析、产品优化效果评估、市场活动分析评估、核心指标异动分析、客户端版本效果评估等工作；
5.负责业务上特化模型的建设工作。

| 职位要求

1.2021届本科及以上学历，数学、统计学、计算机相关专业优先；
2.能快速理解业务，发掘业务细节和数据之间的联系；
3.对互联网行业充满兴趣，希望长期在互联网行业发展；
4.有极强的学习能力和好奇心，有互联网行业数据分析相关实习经验者优先。

图2-25　校园招聘信息

① 挖掘。认真研读招聘信息，挖掘出岗位需要的能力：数据分析能力、产品优化方案撰写能力、协同推进业务落地能力、分析评估能力、特化模型建设能力……确定目标岗位的需求能力模块。

招聘广告的发布是有结构的，JD通常包括岗位介绍、工作职责、任职要求三部分。从其内容本质来看，包括了门槛需求、显性需求、隐性需求三个部分。

门槛需求　门槛需求是对你的最基本要求，包括了年龄、性别、学历、专业等硬性筛选条件。有时候你会发现一个非常想争取的工作，就是学历还差一个等级。例如你只是一个硕士毕业生，要不要投这个标明了要博士生的职位呢？从JD表述来看，你的能力是完全能胜任的。那就不用等，将简历投出去！

当然，相应地，你就需要在简历上多做文章，要特别陈述虽然你门槛不够但是胜任岗位工作完全没有问题。比如你在上学过程中参与过很多与岗位能力要求一致的实操项目，或者有发表的文章为证，或者有专业证书做背书证明你完全掌握了所要求的技能，又或者在工作中你牵头完成了重点战役项目……这些不一而足，有佐证事实就能有突破。因为一个单位招聘，就是要你去完成相应岗位工作的。在一个仅满足了学历需求的人和已经有过实操经验的人之间，HR一定更青睐保持能力自信且已经有了实操经验的人！

显性需求　显性需求是岗位描述中明确说到的要求，你可以一目了然。老道的HR撰写JD时会明确给出必选项和可选项，即岗位必备能力及优选能力。

隐性需求　隐性需求是HR没有表述但是一定也需要具备的能力，是需要你通过分析JD才能发现的相关要求。例如图2-25的岗位描述写到"负责业务上各类A/B实验设计与分析、产品优化效果评估、市场活动分析评估、核心指标异动分析、客户端版本效果评估等工作"，其显性需求是你需要精通各业务端口数据分析模型搭建，隐性需求是你需要有与产品技术部门、市场宣推部门及使用用户进行深度详尽沟通的公关能力。

在你详尽分析了岗位需求后，就需要有针对性地让你投出去的每一份简历都"文要对题"！每一条描述都值得你多思考一步，不仅看到文字表面的内容，还要挖掘到文字背后隐含的需要。

更高段位的是分析理解你想要加入公司的招人思路。你可以从公司领导的对外发言思路、企业的价值观等层面获得此类信息。例如字节跳动的企业价值观，首当其冲的四个字是"追求极致"，强调员工要在业务的纵深度上有精准的研究，每一位员工在自己的目标岗位上要做到头部，有锐度的人才能有超前贡献；关于"始终创业"，要求大家每一次思考工作目标的时候，都要从0到1去思考和发现问题。阿里巴巴的价值观中第一条是"客户第一"，所以一切业务策略和组织能力都是建立在这个基础之上的，而后盘点落地这一业务需要的是聪明、乐观、皮实、自省的人才（图2-26）。

字节范

追求极致
务实敢为
开放谦逊
坦诚清晰
始终创业
多元兼容

阿里人

图2-26　不同企业的价值观

② 对应。根据需求能力模块信息，到自己的全简历信息中提炼与JD描述有关联的内容：研究生专业学习经历与数据分析需求吻合；优酷葱圈儿实习项目与优化产品效能需求吻合；腾讯孵化班竞品分析与分析评估需求吻合；网易品牌推荐与协同推进业务落地需求吻合；公众号运营、算盘社团、建模竞赛、追星族等内容能够与数据挖掘分析能力需求贴合，其中追星女孩的身份可以转化描述为你的阶梯成长性分析，与"发掘业务细节与数据之间的联系"对应；大自然保护学会工作原本与数据分析有疏离，但可以和今日头条、西瓜视频业务建立关联；微信公众号运营能够与对互联网行业充满兴趣有关……

适配是一个需要认真细致做准备的环节，因为对于同一种能力的需求，不同的公司可能会用不同的表述方法。例如关于招聘客户经理要具备的"沟通能力"，有的公司用"具有强有力的客户亲和力"，有的公司可能会用到"具备优秀客户经理的工作经验"等。因此在你的简历中就要用不同的词汇语句做相应表述，一定要对接上应聘公司的话语体系："具有强有力的客户亲和力"对应表述为"在XXX项目中充分运用强有力的客户亲和力这一有效软技能，拿下了价值XXX万的订单"；"具备优秀客户经理的工作经验"对应表述为"在担任XXX项目的客户经理职位中，运用强沟通技能，在半年内完成了公司制订的年度目标，被公司评定为年度优秀客户经理"。

③ 匹配。将对应的经历与能力进行匹配描述，一是关注职位描述的硬技能，即岗位能力吻合，是显性的匹配对应；二是关注软技能，即通用能力层，这个层面的能力提炼能够让没有严格对位的应聘者，也能够找到自己吻合岗位的能力模块。

简历关键词 JD简历在具体描述中要把握的第一个至关重要的点，叫作"关键词吻合"。互联网时代的一个最新趋势是很多公司启动了简历筛选系统。根据简历关键词与招聘岗位做相关匹配，符合的系统予以通过，可以进入到下一个程序，不符合的就被系统过滤掉，直接归类进入被淘汰不合格行列。因此做好相应匹配描述极其重要，这是门槛级别的要求。例如JD中的关键词有内容生态、数据分析、产品优化、A/B实验、分析评估、效果评估、发掘细节、优化、好奇心……因此你撰写自己简历的时候，条目用词也要包含相关关键词语。

简历职业话术 第二个JD简历描述的关键点是"职业话术适配"，也就是简历上的专业术语与应聘公司的职业行话能够对位。撰写简历的过程也是进行话术翻译的过程，使用专业术语进行表达更能够体现你的职业特性，这是跨越简历筛选的另一个门槛。例如应聘目标岗位是"数据分析"，数据分析师常会用到的"引流转化率""拉新、唤醒、留存"等语言是你能够获得与面试官同视角对话的基础。

简历数据语言 第三个关键点是你能够用数据信息呈现业绩，让"数据语言为简历增彩"。例如呈现你专业学习成绩优异，可以用"专业成绩（3/120）"表示，有了数据信息的辅助立刻能够将你优秀出众的信息得以凸显。数据常常起到不可替代的高效表达作用可以将你的工作规模效果、业绩成长变化表达得一目了然，带动简历筛选者产生忍不住想点头肯定你的冲动，让你能够在众多的候选者中脱颖而出。尽可能用阿拉伯数字呈现数据，例如将"赢得了超过一千个中学生的关注"转换为"赢得了1000+规模的中学生关注"，1000+就能够在全篇中明显呈现，这就是阿拉伯数字拥有的力量。

你的软技能无法测量，但可以找到辅助呈现的数据。例如表达"我是一位非常自律的人"，可以用的数据：是大学四年缺课为0；通过累计600个小时的学习及练习拿到了瑜伽教练的资格证书；每日早起背诵英语单词，365天完成新概念英语100篇文章的背诵等。

将JD简历的匹配性描述语言代入到具体简历中，如图2-27所示。

刘若彤 地址：北京 | 电话：139XXXX8888 | 电子邮件：liu6xx@gmail.com | 微信号码：886886XX

目标职位：数据分析师

简介：掌握数据建模工具，具有超强的数据敏感度及大数据挖掘能力，且对小数据分析有极高热情；具备组织团队落地项目经验，有较强的沟通能力、团队协作能力；对数据挖掘有强烈好奇心和痴迷的热爱。

教育经历

河北大学（2016.9—2020.7），管理科学与工程，学士学位，专业成绩（3/120），获得保研资格
北京航空航天大学（2020至今），大数据分析与应用，硕士学位，专业成绩（2/12）
主修课程：数据挖掘与案例分析、多元统计与数据分析、博弈论、复杂系统与数学建模等

实习工作

阿里巴巴优酷葛圈儿实习项目（2021.3—2021.6）：战略分析实习生，参加内容创意训练营，通过内容A/B测试分析，优化产品效能，发现引流用户提升和增长的关键因素，引流转化率提升3%，获得导师优秀评级（7/30）。
腾讯产品经理PM孵化班（2020.7—2020.9）：产品经理助理，针对陌生人社交App用户运营遇到阻力的情况，研究自有产品及竞品，采用街访、焦点小组访谈、网络投放问卷方式搜集用户观点，分析在用户迭新、唤醒、留存三个层次的上打展规模的可能性，相应对产品的落地年轻化、互动游戏化、活动持续化做规划设计，获优秀学员称号（2名）。
网易品牌推荐官项目（2019.7—2019.9）：网易严选推荐官，与产品、运营、研发团队深度合作，通过用户行为研究完成网易严选产品分析报告，获得实践证书奖励

志愿者工作

校青年志愿者协会（2020年度）：拓展部副部长，负责12院青年志愿者服务站和30个志愿服务型社团的沟通协调工作，用数据分析方式串联提升志愿服务效率，志愿对象服务带宽由126人提升到327人，服务幅宽率增幅达160%。
大自然保护协会（2019年度）：自然指导员，指导中学生参与"海绵城市"科学课堂，利用今日头条、抖音、西瓜视频等渠道推广可持续发展的公益文化活动，获得了超过千人的中学生及老师。
中国扶贫基金会（2018年度）：扶贫助困专员，参与河北阜平乡村脱贫项目，运用摄影及短视频制作特长帮助村民售卖特色产品，帮助从0到1建成网上商城。
保护小动物协会（2017年度）：爱护动物使者，参与流浪动物救治康复行动，为流浪动物寻找新家，先后救治12只小动物。

成绩成就

国际奖项：美国大学生数学建模竞赛国际一等奖，针对《优化机场安全的乘客吞吐量检查点》的题目，运用运筹排队论，进行机场安检流程仿真模拟，确定并优化关键节点。
省级奖项：国家奖学金、中国扶贫基金会优秀志愿者等2项国家级奖项。
省级奖项："龙建杯"创新创业大赛一等奖、省优秀志愿者银奖等4项省级奖项。
校级奖项：河北大学一等奖学金、社会实践积极分子等12项校级奖项。
学术论文：第四届建模、仿真和优化技术及应用国际学术会议（EI检索）通讯作者并进行论文会议宣讲。

特殊技能

语言能力：英语六级615分、雅思6.5分（阅读8.5分），具有较好的英语阅读和写作能力。
办公软件技能：熟练使用Word、Excel、PowerPoint、Xmind、Axure等办公软件。
系统软件：熟悉Python编程语言，持有全国计算机等级证书（二级）。
数据及图像软件能力：了解MATLAB、SPSS、SQL、PS、Finalcut等数据及图像处理软件的基本操作。
兴趣爱好：摄影（抖音视频挑战赛最佳摄影奖），喜欢短视频创作。

独特性

辩论社成员：文体类社团，辩手，关注社会热点，参加辩论会，获得最佳三辩的荣誉称号。
算盘社成员：学术类社团，担任副社长，组织大学生进行App使用习惯及行为地图专题性数据分析研究，参与人数1000余人。
校庆纪念实践：建校120周年LOGO纪念品落地，获得利润2682元，捐献给蓝信封慈善项目。
社会实践：分发中小学夏令营传单，接触运营之道。
创建西瓜账号：自制短视频越过上千，单篇文章阅读量过万，新增好友200余人并建群运营。
投资理财：将自己获赠的3万元春节红包通过投资获益最后过10万元。
追星女孩：用数据分析帮偶像粉丝后援会确定代言产品的品类及售卖渠道，提升销量，被后援会授予为业绩顾问，对艺人经纪业务有一定了解。

图2-27 简历匹配

除了描述匹配，简历撰写还要特别注意"三避免"。

一是避免假大空。"工作踏实、吃苦耐劳、有团队精神"，这些都是无效信息，需要调整为"在A公司工作5年、B项目中持续工作40天/全公司各年度完

成项目数排列第一、虚拟C项目中被委任为负责人"，用这样具体的内容替代空泛的辞藻。

二是避免流水账式的描述。避免页数过多、信息冗长，需要展示出系统总结能力，而不是没有条理的话。

三是避免添加不相关信息。你的喜好等与岗位需求无关联，就不要在简历中呈现，但发送邮件时可以描述你有相当水准的兴趣爱好，让HR知晓除了工作你有可能可以给公司的组织文化建设带来活力。

（3）确定形式

简历条目内容确定后，进入到组合信息阶段，要做的工作是遵循原则、确定顺序、搞定格式。

① 遵循原则。写简历的原则就是能够让HR在看到简历的第一眼就产生"这就是我要找的那个人"的感觉，如找对象，要第一眼就让对方看对眼。因此撰写原则就是"需要清晰画像，避免信息混淆；需要精准适配，避免方枘圆凿；需要精练简洁，避免包罗万象"（图2-28）。

图2-28 介绍自己的方式

清晰画像就是信息前后一致，强化所需素质，避免有前后矛盾或者发生歧义的信息呈现；精准适配就是HR想要的就是你拥有的，无限贴近职位需求，避免鸡同鸭讲的陈述；精练简洁就是信息表述有效，重点突出，果断去掉与职位无关的冗余信息，避免信号过多干扰到主体。

② 确定顺序。简历内容的呈现顺序，原则是将最为抓眼球的内容、与应聘岗位相关层面最为契合的内容前置，其他后置。例如你的毕业院校是很多人向往的一流院校，或者你就读的专业院系是相关岗位的知名专业，这样就把教育经历写在前面；如果你的实习经历更为出彩，是众人皆知的世界500强公司，那么就

将实习经历前置；如果你的特殊技能对于应聘岗位来看更有吸引力，那么就把它放在靠前的条目显示。

③ 搞定格式。简历格式可以从内容和形式上进行把关。

内容上 简历最后的文字定稿遵循的原则是"无限靠近、多余删减"。

无限靠近 简历陈述中的关键词无限靠近所有JD中的关键词。

多余删减 去掉与JD无关联的经历及成绩。即使"国家级奖励""校庆纪念实践获取利润"等单独看起来也很有成就，但与数据分析师岗位的素质要求相对于其他内容看关联稍远，就应该果断去掉；但如果要应聘的职位是营销，那么"校庆纪念实践"这一信息就应该越级到前列，因为这一经历能够提炼出来对照和营销有紧密关联的JD关键词。

形式上

控制页数 应届毕业生简历一页。工作经历少过5年的，简历尽量浓缩呈现在一页以内；超过5年的，可以是两页的简历。

统一模板 目前市面上有各种简历的模板，不要套用复杂模板格式，用朴素的线条分割各部分的横版模式最佳。

形式简洁 关键词加粗突出显示或者变色显示。视觉轨迹研究显示，人类阅读纸张文件的动眼习惯，是从一张纸的左上向右移动而后向下，其中图形、同字号的粗体字、特殊符号（例如阿拉伯数字）等会更抓眼球（图2-29至图2-31）。

简历最后的排版定稿遵循原则是"一致性、美观性、最优性"。字体字号方面，中文字体用等线正文、字号使用10~12号，字号太小看起来你想把太多内容挤进去，太大显得你没有多少能够在简历中呈现的内容。配色方面，最多采用双色，可以在应聘公司官网找到匹配色彩。

简历呈现要做到让阅读人的目光能够顺畅流转，要用你润物细无声的方式引导别人观看，让HR发现你的匹配关键点，而不是让别人在阅读简历时抓不住重点。扰乱视觉流转的排版会更消耗精神，想突出的点不易被发现，且影响初筛简历人的情绪，很容易被归类到淘汰文件堆里。

条目显示清晰

可

内容醒目
页面使用效率高
条目安排吻合视线浏览习惯

优

图2-29　优秀的简历排版示例

内容堆砌无条理

差

排版混乱
无秩序

差

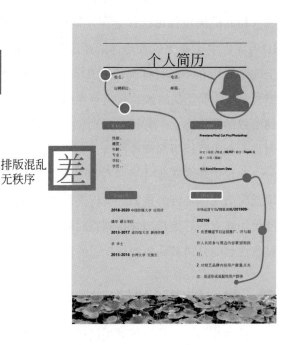

刘佳

电话：135XXXXXXXX　邮箱：liuXXXX.com　现居地址：北京

求职意向：新媒体视频内容运营

个人简介

传媒学专业背景，系统学习了 TB 和 TC 的传播方法，掌握了策划挖掘内容精髓、促进事件或话题发酵、聚合多平台联动的运营方法，增强用户黏性、驱动平台用户获得持续增长。

工作经历

市场运营专员/搜狐视频/201909-202106

☑ 策划周边视频内容，负责综艺内容运营推广，参与项目衍生内容策划和执行，顺利完成2档周边节目落地
☑ 提升用户观看数据：利用校园资源深入了解年轻女性目标用户的关注点及行为习惯，用深度参与互动模式促进形成高黏性用户群体，内容复看率提高达 15%
☑ 搭建立体合作平台：对 30+合作平台做有针对性的研究，达成 10+平台的共赢合作关系
☑ 赋能内容创作团队：对视频进行深入数据分析，结合用户研究信息发现规律和创新点，反哺到内容制作中
☑ 建立竞品动态数据库：对优爱腾芒等平台内容做定期跟踪评估，且积累了信息渠道

运营策划/百度时代网络/201809-201909

☑ 参与导航页面娱乐内容运营
☑ 策划文娱热点事件和节目专题内容

天生我材必有用
每天都在成长

图2-30　较差的简历排版示例1

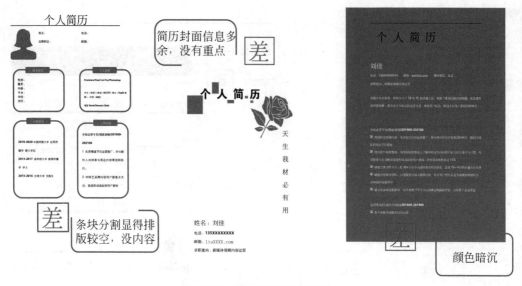

图2-31　较差的简历排版示例2

三、简历库

不同的情况下需要撰写不同的简历版本：同一家公司你可能投递了不同岗位，相同的岗位你可能投递了不同的公司；相同公司的相同岗位，一段时间后JD可能发生了变化或者是你的经历又有丰富，从而进行了二次投递……信息最全的全简历和不同目标岗位的JD简历累加起来，将是个不小的份数。因此在你撰写第一份简历的时候，就需要考虑形成系统，创建以不同公司名称命名的文件夹形成的简历库。当你面试的时候，你可以非常方便地调取到最新版本的简历，而且所有应聘经历都有迹可循，方便复盘。

在找工作的周期中，一位同学基本上要撰写超过20份简历，因此建立简历库及简历文件夹极为重要。文件夹可以依照公司、岗位、版本等维度来建立。依照公司建立的好处是当你接到临时要求的面试邀约时，你能够非常快速地根据面试官说到的公司名称找到你投递的简历（图2-32）。

四、容易被剔除的简历

模板错误：直接下载套用网申简历模板，简历封面展示冗余信息，表格式简历重点信息不显著、不突出。

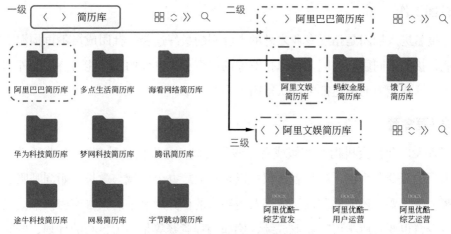

图2-32　简历库示例

内容过多：呈现信息过多掩盖了HR的重点关注目标，用全简历替代有针对性的JD简历，过多炫耀无关联信息会让HR判定你缺少聚焦能力。

内容过少：没有经历可写，需要丰富内容后填充简历；有经历但没有能力进行展开陈述，没有运用STAR法则充实简历内容。

编排失误：过于注重所谓的版式创新，色块呈现过多，例如自作聪明用微信对话方式展示简历，进行没有意义的编排；应聘平面设计等特殊岗位，自己的设计既无新意也不美观。

五、校招简历提升含金量

简历要过五关斩六将，就必须有含金量。如何强化自己、提升简历含金量呢？最佳方式是从入大学起就考虑起来，参加学校项目、社团工作、冬/夏令营、社会实习、兼职工作，甚至做起自己的工作室等。

1.学校项目

很多高校的老师教授都担负着社会研究及科学研究的相关工作和项目。如果你想在读书之外获得更多指导，赢得更多机会，参与到这样的项目中是为自己简历贴金的最佳机会。

2. 社团工作

报名进入社团是拓展专业之外的人脉圈的最好途径。社团成员不再拘泥于本专业，接触不同层面的同学可以拓宽你的视野、提升你的领导能力、接触外部社会……这些能力的描述都可以从社团入手。

3. 冬/夏令营

各大厂和社会机构在寒假或者暑假的时候，会推出各种冬/夏令营活动。以某大厂的夏令营为例，参加者不仅可以亲临大厂办公区域与学长学姐同呼吸、共吃喝、常玩耍，还能够和大厂内部及邀约来的世界级水平的大咖亲密接触。当然在夏令营也要有所学习、获取成绩，例如编程竞赛等是最为核心的计划，同时有机会赢得大奖。

4. 社会实习

强烈建议在学期间踏入社会，寻找实习机会。实习是检验目标工作是否适合自己的机会，是积累职场人脉与经验的机会，是学习专业技能的机会……寻找实习岗位的渠道众多，除之前介绍的综合招聘网站上会发布实习生招聘信息外，可以寻找到实习机会的还有下面这些渠道。

直接渠道　各大企业自有的校招公众号或官网都会发布实习招聘信息，如阿里巴巴集团招聘、腾讯招聘、字节跳动招聘、恒大集团招聘、中国工商银行人才招聘等。将你心仪企业的"名称+招聘"在微信搜索框中输入，相应的公众号就会被提取出来，或者登录官网点击招聘寻找"校招"页面。这些渠道发布的岗位需求信息都是企业最新、最直接、最有效、最准确的信息，能够快捷触达到目标岗位。

间接渠道　综合性公众号或者网站也可以提供相关信息，它们各有特点、各显其能，有的是提供机会更为多样，有的是内推资源渠道丰富，还有的是可以进行求职指导……各自优势不一而足。如实习僧（实习、校招垂直招聘平台）、刺猬实习校招（全球青年职业探索平台）、offer先生（校招信息发布及专业求职指导）、海投网校招实习内推（每天推送名企校招信息，分享内推资源）、应届生求职网（应届生求职平台）等。高校就业指导中心公众号或者官网也是发布真实有效信息的阵地。

应聘亲历：实习中做有心人

○晓悦：

虽然在实习中被安排做细节琐碎的工作更多，但我收获也很多。我遇到了一位好的师姐，她告诉我很多实习生实习都是做最基础的执行层面的工作，但放长远眼光看，如果是正式人员招聘，面试看人的标准就会很高，例如看你的逻辑是否闭环、思考是否系统、方案有无价值等，所以在实习的时候在做好基础工作的同时就要主动和师兄师姐要求学习系统工作方法。他们会好好帮助每一位用心学习的后辈的。

○谷雨：

现在互联网大厂常年开放实习岗位，有同学会以为实习后就能够拿到offer，其实不然。如果你实习的目的是拿到offer，就一定问清楚，尤其是在HR面试的环节，要问实习能否转正，如果不能，和你的目标有违背，就需要慎重考虑。真正进入到实习阶段，也需要注意时长的问题。如果你为了积累多份实习经验，一个月就换一个地方，会被怀疑不知道自己的目标是什么。熟悉工作内容到能做出一点事儿，起码要3个月，但能详尽地了解业务细节起码要6个月呢。

○黑帝：

之前实习的时候同事在看简历，让我也帮着参考，发现了同事筛选简历的标准。有一位同学的简历密密麻麻写了很多，那位同事就说一看就知道不是做的很核心的东西。另一位同学的简历有很多比赛经历，同事就很喜欢。还有一个受到青睐的是没有任何工作经验，但自己的自媒体运营得非常好，也被看中了。我发现就是要有一个特别的点可以让别人了解你。最后让同事帮我做简历优化，总结了两段信息，是挑选的有针对性的、有含金量的、面试中能够反映出自己的做事方式的经历写的。

5.实习/兼职工作

实习或者兼职工作，是最好的锻炼自己、促进成长、积累人脉的方式，也是没有人脉资源却能够被直接推荐到好单位就业的普通学子增加简历含金量的唯一抓手。你的简历能够呈现出你比同龄人想得超前、做得更多，你就拥有了促使应聘成功的利器。因此，在校期间要抓住任何能够接触社会的机会参与实习，即使这个实习机会看起来和自己的专业相去甚远，如果没有更为合适的机会，也要先把这样的机会抓在手心，因为各种机会串联在一起就会发生类似原子弹的核裂变反应。

一个实习或者兼职工作的好坏可以从两个方面考量，一是金钱收益，二是溢出价值。金钱收益是指你通过付出时间和技能而赚取的工资。溢出价值是指工作中能获得的新技能、积累的圈子人脉，甚至最后直接获得的offer。

金钱收益和溢出价值，如鱼和熊掌，两者能够兼得就最是幸运。但如果需要对比做出舍弃，就因人而异。如果你是需要靠自己打拼赚生活费的同学，就把收入考虑在第一位，例如家教就是一个单位时间收入比较高的工作。且做家教是向家长、学生输出自己的知识、考验自己的技能的复杂工作，能够提炼总结出的简历信息维度有很多。如果你亲爱的父母能够为你解决衣食所需，那么恭喜你，你有可以挑三拣四的资本，考虑溢出价值是重中之重。对于这样的同学，建议你可以多多关注并参与高品质的公益活动。能够在公益活动中相聚的，是有想法、有追求、人生有规划的一群人，进入这个圈子，通常会获取到人脉圈子、精神收获，甚至更多价值！

关于金钱收益，常有同学说"感觉自己被当作廉价劳动力！"。通常这种情况下，你只是看到了单一维度的钱的数目，你没有看到他人背后的资源贡献、智慧贡献、资历年限、额外付出，你没有看到过程中自己的资历收获、人脉积累、技能获得，仅仅衡量单一时间段的收入回报，未免有些视界过窄了。

市场上对于实习生的需求有两类。第一类，实习不只是实习，重点是为了校招转化，这种形式的实习生都是应届生，有严格的HC限制，进入门槛高、考察严格。这类实习定位清晰、边界清楚，实习生和公司双方都知道各自的目标，就是在有限的时间内让公司和候选人进行深度了解，然后在秋天给彼此一个结果。第二类，实习是实习，校招是校招，是完全不同的定义。这种形式的实习对毕业时间没有要求，一般情况下需求量很大，甚至全年滚动招聘。实习生不找工作也可以来实习，来实习也不一定就能留下，公司更多的是需要他们完成工作流中的相关任务。互联网公司的大厂，阿里、腾讯、华为的实习生基本上属于前者，字节、微软的实习生更多是属于后者。对于实习有不同期待的同学，要注意结合不同公司的情况选择自己的意向公司，一定在询问细节后再做决策。

6. 自雇工作

更高段位的工作，即生态链的顶端，就是自己给自己工作。

第一种，创办公司。可以联系做校园生意的外部企业做代理生意，可以发现社会需求做社会用户的生意，可以逐日积累个人品牌而后获取广告回报，等等。例如很多商家将有特定生意需求的大学生看作自己的目标客户，手机服务、英语学习班、演出服装租赁等，这些生意离不开与学生群体的直接接触，你可以从代理入手开拓自己的生意。

第二种，售卖产品。挖掘同学群体中高频购买的东西，提高价位售出，特别是新生入学的档口，是赚取差价的好时候。另外一个合适的时间是贩卖情怀的时刻，例如建校周年庆的时候，可以做有LOGO的服装，叠加情怀需求进行售卖。

第三种，自媒体。写小说、经营公众号、制作短视频等。

第四种，开店。开奶茶店、小卖店、餐饮店，摸准自己和同寝室同学的喜好，以民以食为天的高频消费为抓手，也是好的切入点。

第五种，发挥兴趣。将兴趣深挖到你是绝对的专家，成为这个领域的引领者后，你就可以在这个垂直领域里收获成功了。

7. 制造例外机会

对照以上的情况，很多同学发现自己无法在起跑线层面拔得头筹了，没能上重点院校，没能挤进热门专业学习，没能在开始阶段装上加速器。但若你后来居上，依旧有很多方式可以赢得战役。这个世界总会有特例发生。

💬 应聘亲历：门外汉的修炼

○ 从容：

我是在非重点大学学金融的同学，是文科生。我在学习过程中发现金融的数据之间有很多值得研究的价值，因此扎进了数据中，同时结合社会人文做了很多研究。我曾被同学笑称"不务正业"。就是这样的"不务正业"，让我在网店运营的用户行为分析层面获得了创新能力。2015年7月，阿里招聘数据挖掘实习生，我以"不务正业"的数据能力顺利争取到了实习的机会。在实习中，我付出了自己的各种时间，勇毅笃行，躬耕不辍，发现了自己对技术工作的强烈兴趣。于是我白天工作，夜间就在阿里技术夜校疯狂学习数据开发的技术知识。2016年7月，我终于正式加入了阿里，成为了应用算法运营团队的正式成员啦。

○ 花花：

我做过的事情很多，在公司实习过、自己做过新媒体账号、参与过直播、在导师推进的项目中担任策划……从大二起，我每个暑假和寒假都报班学习各种课程，即使没有报酬也找单位去实习，做各种兼职，后期、设计、书法、运营甚至摄影，都去接触、去感受。有一个阶段我不论公司大小都去参加面试，就是为了见多识广练就面试能力，在真正关键节点上心里不慌。另外还有小小的野心，是为了未来写小说或剧本而积累素材。有了相应的体能、技能和见识的准备，就不怕临阵的战斗。

8. 零基础同学求职救急准备

如果你没有机会如以上事例中的同学能够有各种储备和机缘，最为简单有效的准备方式就是完成一份大作业即作品集。大作业是找到实习岗位甚至拿到入职offer的有效敲门砖。互联网的运营岗、产品岗等是能够忽略所学专业背景，接受有深刻分析洞察能力、有自己独特见地、有产品运营用户视角的同学加入的。产品类岗位的大作业通常包含产品分析报告、竞品分析报告、产品需求文档等，运营类岗位的通常包括内容优化方案、活动策划方案、用户运营策略方案等。

大作业的准备从确定研究对象和方向开始，其次是根据JD分析岗位的能力需求拟定大作业提纲，而后在提纲框架下搜集信息。包括行业研究报告的信息搜集（研究行业大数据报告）、特殊关注内容赛道的信息搜集（聚焦输出观点信息及熟悉行业专用术语）、用户信息调研提取（分类型进行用户产品使用研究，确保自己一定是重度使用产品的有体感用户）等，最后撰写出有叙述、有分析、有结论的报告。

救急准备是在万不得已的情况下使出的招数，而最好的简历准备是提前进行职业规划性的准备，而不是牵强附会的拉扯式适配。早做规划，提前通过实习或者兼职实践找到自己喜好的项目和岗位，这样你的简历就有纯干货支撑。学历在线、经历丰富、能力超强，HR一定会发现你这个宝藏。

应聘亲历：投简历的份数

○宋鹏：

同学介绍了一个海投网，能够批量分发简历。一番操作之后确实有效果，但可怕的是批量投放了一些质量不太好的公司，反而形成了一点困扰。

○散散：

我从7月底就开始投简历，将近两个月，海投了几十家，就没有坚持到三面的。测评做一堆，面试没几个。我觉得投了很多无效简历。

○ 从容：

我在秋招季共投出56份简历，是我们宿舍投简历份数的中等水平。有一位同学投了100多份简历均石沉大海，但也有一位同学只投了6家，然后就拿到了4家的offer。拿到offer的同学是神级人物，目标感超强，因为聚焦做好了准备，每次面试从来不焦虑，所有需要交流的信息和技能都在他的脑子里了。我们投递几十家、上百家的，本以为机会会更多，但事实相反，反而迟迟拿不到offer，内心崩溃。所以还是需要前期就笃定目标，在时间和精力集中的情况下有备而来地参与面试，成功率反而更高。不想当秋招的分母，想要成功，前提就是做好充分准备。

因此，你的每一步都有可能争取到机会，只要用心了，就会有各种可能。特例就是在不断突破自我、不断关注变化、不断努力进阶中发生着！

六、社招简历撰写

校招仅是集中时间段内开展的招聘，更多的招聘是在社招中发生的。有很多同学虽然校招没有获得通过，但积累了履历、演练了面试，最终通过社招渠道找到了自己心仪的工作。

1.社招简历特点

和撰写校招简历一致，在社招简历的撰写中适配同样是最基本的要义。但社招与校招也有显著不同，就是社会人才招聘分了职级。校招虽然对应聘者的评定也有等级差异，但总体来看对人才有需求的是公司最低职级的、需求量最大的职位，因此职位描述相对统一。而对于社招，岗位职级划分仔细，需求能力显著不同，因此读懂JD描述中开展相应职级工作所需的能力极为关键（图2-33）。

图2-33 撰写社招简历流程及注意关键

① 分析 — 分析JD信息
• 提取关键词

② 解析 — 解析个人经历
• 提取适配岗位的个人信息
• 进行数据化呈现

③ 撰写 — 撰写JD简历
• 跨越申请人跟踪系统（ATS）
• 抓住HR眼球

例如以某电商平台招聘消费电子类营销人员为例，品类营销专家和高级品牌营销专家相比，招聘启事中的职位描述和职位要求会有明显的职级差异。对专家的要求是通过创意策划建立品牌的用户心智，而高级专家不仅需要具备专家层面的业务能力，还要在洞察分析、策略制订、业务创新、用户拓展、模式沉淀、运营体系建立等层面有所建树。因此在筛选投递简历的岗位时，精细分析所投岗位是否与自己具备的能力相匹配，在简历撰写中能够一一映射、完成对应才是最佳选择。

求职中另外会出现的情况是你的真实能力明显超出了岗位需求，但这一岗位又是你心仪的岗位，那就要在简历中"忍痛割爱"，将一部分能力隐藏起来。能力过高而低就的应聘者，会让面试官担心：一是这样的人屈就岗位，一定有什么重大的缺陷或者明显的短板没有表现出来；二是面对资历如此强的人，会对其聘用后的稳定性产生怀疑；三是担心薪酬不容易谈拢。基于这些原因，面试官会倾向于给出否定判断。这种情况下的优选是按照职位要求撰写简历，入职后再展现你的超级能力，通过内部晋升提升职级和薪酬福利。

举例来讲，你是行政序列的就业者，利用业余时间苦学了英文，但英文水平还不足以让你改变赛道，只能继续在行政序列求职。如果目标公司没有为外籍成员服务的业务领域，那么英文虽然是你的特长，但是公司不会因此而抬升你的职级、多付薪水聘用你，因为英文这一能力不能够为公司创造价值。

很多人投递之后简历石沉大海被现实无情暴击，最为直接的原因之一是想用一份通用简历走天下。其实找工作如部署一场战役，要有针对性地应战才可以。对方是陆地，你就要配备飞机应战；对方是海洋，你就要配备潜水艇或者军舰。不能够不管客观现实，只用一种招式、用一份简历就想通吃所有岗位，其结果必然是连一份面试邀约都不会收到的！偷懒的结果是让简历在HR的邮箱中或者是简历投递系统里成了垫底的炮灰，得不到回应。

社招简历与校招简历的撰写原则大致一样，全篇简历撰写的要义是"适配对应"，细节中每一类条目都要按照反复强调过的"STAR模型"进行撰写并体现出长期发展的愿景与能力。

简历信息必备3要素，你应当成魔咒一样深记于脑。

① 适配性。切记你的简历一定要做到一岗一份，与JD适配，千万不要千篇一律。

② 对应显性和隐性需求。有针对性地写出你具备的岗位描述中提到的对应能力，让自己的过往经历、拥有技能、核心成果、掌握工具等与岗位需求中的要求无限靠近。

③ 要呈现出看未来的能力。每一家公司在招聘层面所花的精力成本都是经过测算的，人员的替换成本即招新人换旧人的成本约占员工全年工资收入的三分之一，这还仅是如冰山一样浮现在水面上的成本。如果包含了新人适应环境、磨合人脉、领悟企业价值观等冰山下的隐性成本，费用就更是高昂。因此，公司一定期望你是一位可以与公司携手共同走向未来的人。

2. 社招简历内容

基础信息　包括姓名、联系方式等，呈现你的专属符号，让想联系你的人能够找到你。

个人简介　开门见山地表明"我就是你们正在找的人"，给HR一种"你的问题，我分分钟就帮你搞定"的感觉。目的是对标岗位、树立品牌。

工作经历　用过往的工作经历证明JD要求的能力你都具备，用"什么情况下、做了什么事、解决了什么问题、效果如何"的"STAR模型"进行呈现，目的是佐证你的能力。

项目经历　同样是用"STAR模型"表明你还干过几个大项目，比其他人更厉害。目的是给人一种"在应聘者中我是更突出的那一个"，"我未来的潜力无限"的感觉。

教育经历　用你的教育背景表明你的专业基础扎实，如果是就读于值得骄傲的学校，这项内容可以靠前呈现。

特色专长　介绍你拥有的与计划招聘岗位有关联的特长，表明你有可拓展性，你的知识和能力是复合型的。

（1）基础信息

① 功能。呈现你的基础信息，让需要联系你的人能够非常方便地找到你的信息。

② 写法。姓名和你的联系方式是最为基础的信息，联系方式包括手机和邮箱，注意你的邮箱前缀不能是昵称，要注册一个和你的名字有关联的正式的邮

箱。如果招聘岗位特殊标注了工作城市，而这座城市又是你的居住所在地，可以将城市信息标注出来，这样对于公司来说你后续入职的便捷性更大，可能会成为被录用的因素之一。如果你的个人品牌建设可圈可点，与职位有强关联的话，可以附上品牌信息链接，如微博、知乎、脉脉、LinkedIn等。特殊的领域，如你的应聘岗位是市场推广或者新媒体运营，还可以加上你的抖音或者小红书账号等显示你制作和运营能力的链接。

💬 示例：基础信息的写法

○ 应聘财务

金鑫

电话：138XXXX8888　邮箱：jinxinXX@gmail.com　钉钉：jinxinXX　现居城市：北京

○ 应聘综艺运营

金鑫

电话：138XXXX8888　邮箱：jinxinXX@gmail.com　钉钉：jinxinXX

小红书账号：jinxinXX（粉丝20W+）　抖音账号：jinxinXX（粉丝20W+）

作品集链接：https://******（提取码：****）

（2）个人简介

① 功能。用2~4个句子说明你是谁、你的竞争力、你的潜力、你的人格特质，简述你拥有的关键技能、达成的业绩和你能够为公司做出的贡献，呈现"我就是你们要找的人"的刻画描述。你的简介就如一部电影的预告片，告诉简历阅读者你的核心能力，让简历阅读者有了解你的欲望。后续的简历细节内容是用翔实的事例佐证你的能力。

简介也叫自我评价或"微简历"。招聘HR每天会查看成百上千份简历，在6秒内决策简历的去留，简介是节省HR筛选成本和快速凸显自己的重要内容，是让你的简历脱颖而出的关键。

② 写法。把简介当作推销文案打造，包含"了解岗位关键需求+总结匹配的经验事件+数据化展示论证"。要找到招聘岗位职责描述中最关键的点，明白目标岗位最需要的经验和技能是什么，然后找出自己可以胜任的经验和事件，最后用数据化的方式去证明，展现你的核心卖点。不要使用空洞的辞藻堆砌，避免出现"善于沟通、勤奋踏实、认真努力、正直善良、坚韧不拔"这种套话。

定位关键词　你的定位语，也可以是你应聘岗位的名称。

展现关键技能　与应聘岗位最相关的关键技能，至少3个。

能做出的贡献　表述你未来能够为公司做出的重要贡献，你可以为公司解决的目前面临的最大问题。用有程度形容词的自我定位或者数据证明你具有的能力。

💬 示例：个人简介的写法

○ 应聘地图算法工程师

详述：岗位名称+主要工作内容+工作结果

地图领域高级产品经理，5年成熟工作经验。熟悉包括出图时机、收图时机、调图策略、诱导方向等地图领域产品的敏捷看板开发业务。带领多业务板块团队成员，通过改变路线蚯蚓、更新底图引导模式、挖掘电子眼信息等手段，将使用用户占有率提升了6%。

简述：与关键需求相匹配的经验+数据佐证

5年地图领域高级产品经理工作经验，通过敏捷看板开发模式，优化用户使用体验，将使用用户占有率提升了6%。

○ 应聘互联网运营

详述：公司品牌部小组负责人，从无到有开发并运营公司公众号3年，通过优化标题、精筛选题、提升呈现效果、策划互动活动等方式，累计涨粉6w+。同时将工作经验总结为方法论，在半年内推出5篇阅读量10万+的文章，流量转化率达5%。

简述：运营过3年公司公众号，累计涨粉6w+，推出过5篇阅读量10万+的文章，流量转化率达5%。

（3）工作经历

① 功能。工作经历可以证明你完全具备了JD要求的技能，你是有足够经验的人，入职就能开展工作，直接为公司贡献能力。

② 写法。写出你工作过的公司名称、职位及工作时间，转行用段落描述你的过往业绩，包含你的工作职责或者完成的项目。

💬 示例：工作经历的写法

○ 应聘销售经理

网易　华北地区销售总监　　　　　　　　　　　　　2014.09—2021.06

－ 负责华北地区快消、3C、医药、日化等行业，组建公司销售团队、培养团队管理人员，带领团队完成公司任务，每年度KPI均完成超过20%的业绩增长，最高增长达到45%。

－ 服务奶类头部快消客户6年，带领团队实现奥运平台级合作以及品牌焕新、新品推广、创新形式、线下活动等多项合作，项目总额近3个亿，覆盖多事业部包括公关、品牌、液奶、奶粉等。合作案例多次获得行业内金投赏、艾菲、长城奖、金鼠标等多项大奖。

－ 服务IT、3C类行业客户，包括华为、三星、苹果、联想、英特尔、高通、微软、思爱普等，促成全年框架合作、资源位包段合作、平台级项目冠名、内容专题行业赞助、新品发布直播等合作形式。

－ 负责其他类目客户跟进及拓新，开展医药行业与健康频道的整合营销，包括修正、石药、天士力等医药客户，开拓如化妆品斯维诗、奥美医疗等新品类客户。

－ 在职期间大客户年增长率30%~50%，年均销售业绩1.5个亿。

（4）项目经历

① 功能。项目经历是你简历内容中最关键的部分，通过你做过的项目的突出成绩，表明在众多的竞争者中，你是优于别人的那一位，你是有成就的人，你比其他人更厉害、更能胜任岗位工作。

② 写法。项目经历依照"什么情况下、做了什么事、解决了什么问题、效果如何"的STAR模型呈现，且有数据为证（图2-34）。

图2-34 社招简历撰写注意细节

写出结果 成就部分的重点内容是你"做到了什么"，而不是你"做了什么"，一定要将结果和影响力呈现出来。结果和影响力的表述最好能够以数据的方式呈现：可以是绝对值的呈现，如销售额、团队规模等；可以是相对值的呈现，如完成率、增长率等；可以是时间点呈现，如时效、生命周期等；……量化呈现表明你是有KPI观念、有目标感的成员。

写出潜力 成就的表述还要能够体现出你的未来潜能。企业期待雇用的是能够和组织一起发展的人，能够为企业未来创造更大价值的人，甚至是能够升级为合伙人的人，而不是仅仅能做好眼前的事儿、被动接受任务的人。作为局外人，如何能够和应聘企业的未来挂钩呢？方法是看企业的使命、愿景、价值观。不同企业对员工有不一样的要求和期望。例如对于阿里来说，愿景是"构建未来的商务生态系统"，要找的是"聪明、乐观、皮实、自省"的人而不是童子军，是直接能够打仗的人，是在能力上准备好、在全局上有眼光、在自我突破上有冲劲儿的人，是可以在复杂体系中开展工作、用平常心做非凡事儿的人。网易致力于成为中国领先的综合性互联网公司，鼓励和倡导员工形成独立的观点和性格，拒绝洗脑口号，因此网易的企业文化是没有企业文化。对于腾讯来说，使命是"通过互联网服务提升人类生活品质"，寻找"正直、进取、合作、创新"的人才是腾讯的需求。若一位应聘腾讯程序员岗位的产品人，用自己业余的时间开发出能够检测自己家乡湖面水质的小程序，给家乡环境治理帮上了大忙。这一成就不仅证明了他在产品层面的能力，同时诠释了腾讯通过互联网服务提升人类生活品质的使命。这样的履历会让应聘者占得先机。

注意文字陈述 项目经历重中之重就是呈现你过往的成就，如何有力度地表述这些业绩成就？要义是文字陈述用动词开头，例如带领、负责、确定、创造、创办、管理、定义、牵头、筹备、制订、整合等，避免以名词开头。

示例：项目经历的写法

○ 应聘销售经理

旧表述：一年时间将XX省数据中心销售业绩从全国倒数后三做到全国前五。XX联通打破了2年友商市场垄断格局，重新引导构建省内数据中心框架并实现UPS（统一平台解决方案）首次落地。XX电信利用渠道代理商合作模式打破友商数据中心产品垄断，并实现UPS省内独家供货并超份额落地。XX省移动也通过与当地渠道商合作，上半年就实现第一批UPS落地营收。

新表述：落地销售额增长150%。改变旧有业务区块分割组织架构，创办跨部门协作专项小组，整合赋能目标一致的迅雷行动小组，重新引导构建省内数据中心框架并实现UPS全面落地，在联通、移动、电信三渠道均实现突破，一年时间将XX省数据中心销售业绩从全国倒数后三做到全国前五，以超预期20%的业绩全面完成销售额增长150%的计划。

这两个段落表述的工作内容相同，但表达的效果迥异。动词靠前的表述能够让阅读者感知到行动力强、目标感强、要性强的特质。

挖掘工作价值　有些岗位的成员对于找成就感到很为难。例如：我就是一个行政人员，就是做普通的服务工作，怎样讲述自己的成就呢？每一项工作其实都能够挖掘到深层价值，服务行业可以从带给其他团队的影响角度入手，例如优化时间管理、节约人效、激发潜能、团队赋能等。

示例：挖掘工作价值

○ 优化电梯管理

采用单双层交叉停靠方式，优化早高峰及午高峰时间员工乘坐电梯体验，使高峰期电梯等待时长由5分钟缩短至3分钟。节约电梯耗电成本超12万元/年，办公人效提升40%。

（5）教育经历

你的学历、学位、获奖信息等。

（6）特色专长

呈现上述内容无法包含但对于岗位来说有较强影响力的内容，例如行业协会成员身份、志愿者工作、语言能力、软件能力等。

第五、六部分的写法与校招简历的写法一致，不再详细赘述。

七、简历更新

目前在工作中的朋友，强烈建议每完结一个有规模的项目或者以时间为周期（季度或者年份）为自己的简历做一次更新。项目复盘的时候、季度或者年度工作总结的时候，不仅从项目和工作的角度总结，也同时从自己职业生涯设计的视角，做能力成长层面的总结，更新至简历中。

更新简历的习惯，不仅对未来找工作起到日积月累准备素材的作用，还有一个重要功能是检视自己有没有在持续进步。如果你发现在更新简历的过程中，基本上没有可提炼出来的有价值信息，那就要小心了，要看自己是不是陷入到了白兔工作状态中。白兔是指工作态度相当好，领导让到东就去东，领导让到西就去西，让他圆他不会扁。这就是没有自己主见的人，在团队内看似管理成本低，但其实最容易陷入原地踏步的境地。万万要警惕自己的白兔状态，避免在浑浑噩噩中不知不觉地落伍。

如果是工作年限更长一些、有了可圈可点资历的人，就要有意去和中高级人才中介公司也就是猎头公司对接，把自己增加到猎头公司的人才搜索库内。这样你就会不定时地收到来自市场上的人力资源需求信息，判断市场上目前哪些行业急需人才、人才的薪资水平、意向公司的用人动向等。那么如何引起猎头公司的注意呢？一是在网站挂出自己的简历并刷新让自己处于靠前的位置。二是注册脉脉、领英、猎聘网、精英前程等并填写自己的简历信息，留下邮箱。三是结识行业内有资历的人，被其介绍推荐。只要被一个猎头公司发现，以后基本上就会源源不断有猎头来找你。不过让猎头真正能够看上你的，除了和你沟通顺畅，最根本的是你要有足够的硬实力吸引到猎头，用成功的项目经验、出色的业绩、漂亮的履历证明一切。

每次投递简历前，更为优化的有效手段是请他人看你的简历，要求他给出至少三个层面的信息：一是看过简历后复述你有怎样的能力，看对方是否能够觉察到你想表达的信息；二是帮助检视简历中有没有明显的低级错误，如错别字、标点符号不当、表述不舒服的地方等；三是给出建设性的优化意见。经过重重打磨后的简历，就可以放心投递了。

八、简历投递技巧

精心撰写的简历要通关，还需在投递这个环节注意更多细节。

简历投递渠道包括推荐人投递（由内推人员帮助投递）、招聘网站投递（招聘页面一键投递）、公众号投递（模块引导填写）、邮箱投递（发送简历至官方邮箱地址）。

邮箱投递涉及主题、正文、附件等很多细节，需以细节取胜。

1.邮件正文撰写

示例：隆佳同学的第一版邮件正文

> 您好！
>
> 我是隆佳，今年7月自中国传媒大学应用传媒专业毕业。我是一个有责任心、能力非常强的人，我也是一个终身学习的信奉者，对未来充满信心。
>
> 阿里巴巴于我而言是神一样的存在！领略过阿里价值观背后的传奇故事、享受着阿里经济体的生活服务，启发多多、幸福满满！
>
> 非常期望能够有机会加入阿里，下附我简历的正文内容：
>
> ……
>
> 附生活照片：
>
> ……
>
> 谢谢您的宝贵时间，祝商祺！
>
> 隆佳

编辑邮件，隆佳也是十分用心了。其中的每一个段落都是有寓意的。第一段是自我介绍。"隆佳"是用文字做自我介绍，编辑邮件时一定要将名字呈现出来，很多人在口头自我介绍时会报上名号，在邮件中就容易忽略和忘记；将你引以为傲的毕业院校和对口专业写出来；标明应聘岗位是你的强兴趣所在，兴趣是最好的老师，未来定能全情投入工作；告知HR你是有经验的人，到岗就能开展工作，不是纯粹的职场新手；最后还要告诉对方你对自己是有要求的，是一个好学的人，会紧跟上发展的脚步。

第二段是对于应聘公司的感觉。标明你对这家公司是发自内心地感兴趣，有真情实感。

第三段是表达自己非常想和前辈学习的隐含意念。情感流露是可以让HR的心柔软一下的存在。

第四段是简历内容。将简历放在正文很重要，因为招聘专员收到的简历太多，很多简历都不会是下载了打开看的。确保正文就有简历，也确保了简历的被阅读率会大大提高。

第五段是加上一张美美的照片。人是视觉动物，图表、图片的感染力不可小觑，据说放上表现你职场气质的美照，面试概率会提高50%。招聘能力好的、精神气质好的，是HR的追求。

第六段是结尾。结尾一定不能忽略，要说谢谢或者写祝福语，邮件内容要有始有终，不能让邮件滞留一个结尾不去理会，会给人一种没有完结的感觉，容易让HR觉得这人做事儿不靠谱儿。

隆佳虽然花费了很多心思，这些背后的思考也都在点上，但这封求职信依旧有需要优化的地方。平铺直叙难以让一位陌生的HR通过邮件正文对隆佳产生兴趣，就是最大的问题点。不要让邮件正文和简历过于重复，缺少自我评价层面的感性信息，会显得应聘者干瘪、缺少灵气。只有呈现一个立体的、有情有义的鲜活人物才会引起注意。要用"自我评价"让自己丰满、妖娆起来。

自我评价书写的三个要点，可以用一个公式表现：JD+意愿+爱好＝生动的你（图2-35）。

第一，根据JD重点写。写与JD中的岗位职责相匹配的内容。例如拥有出色的文案撰写与用户运营能力，能高效开源节流——带来新用户、留住老用户。

第二，表明自己想加入公司的强烈意愿。我是阿里巴巴价值观的拥护者，强烈期望有机会一起践行阿里精神。

第三，写与公司业务相关的爱好。如果没有，写可爱一点的兴趣爱好也行，例如阅读、摄影、旅行、吃水果。

语义文采上要避免像写申请书一样写自我评价，空洞的词语，如遵守纪律、有责任心、学习能力强等，一概省略。除非JD中有提到的，那你可以写出来，但要用实际事例辅助说明。例如JD中有提到需要较强组织能力，那你可以自评说"拥有较强组织能力，在校期间担任社团负责人，组织创办了朗诵比赛等大型赛事活动，因而获得了学校的奖学金奖励"。

JD
能力匹配——我就是量身打造出来的那一个

意愿
目标明确——
我就想加入你们

爱好
需求契合——
我与公司的需求超级契合

JD+意愿+爱好=生动的你

图2-35　简历发送之刻画人物

💬 示例：隆佳同学优化后的邮件正文

○您好。

我是隆佳，今年7月自中国传媒大学应用传媒专业毕业，是一个对视频内容运营有高度热情和兴趣的人，且在实习过程中获得了充足的实践经验，拥有了出色的文案撰写和用户运营能力，我就是那位与岗位超级匹配的人。

阿里巴巴对我而言是神一样的存在！领略过阿里价值观背后的传奇故事、享受着阿里经济体的生活服务，启发多多、幸福满满！非常期望能够有机会加入阿里，也为阿里经济体做出自己的贡献！让我的个人爱好"阅读、摄影、旅行、吃水果"也统统能够在阿里经济体内得以实现。

下附我简历的正文内容：

……

职业照片：

……

期待能够收到您的回复。

祝

商棋

隆佳

2. 简历投递细节

可以发出邮件了。邮件发送同样需要注意细节。

邮件昵称　检查你邮件账户的昵称，要将"老鼠爱大米""风轻云淡""鱼懂水的心"等这样所谓个性化的炫酷名称改成你真实的姓名。

文件名称　应届毕业生的简历的文件名要改成"应聘岗位-姓名-学校"。如果是已经毕业的，学校的信息可以调整为个人特质元素，如"工作XX年"或"优秀码农"等，即"应聘岗位-姓名-工作年限"或"应聘岗位-姓名-职业特质"。千万不能叫"简历""个人简历""求职简历"等。换位思考，如若你是HR，面对无数的应聘者时，这样的简历名称就一定不会突显出来。

文件版本　简历编辑完成要记得生成一个PDF版文件（不要用WPS，容易乱码），上传简历附件时PDF版本和Word版本同时发。PDF版本更方便阅读，Word是以防HR电脑或手机打不开PDF而用，另外如果HR觉得你值得特别推荐，Word版本方便让他拷贝编辑，成为他和业务主管沟通的说明文字。

附加照片　切记不要选择你表情过于夸张的生活照，如张大嘴开心吃糖葫芦的照片、嘟嘟嘴的调皮卖萌照片、冷面无情的装酷照片等，要选用展现你精神面貌和职场气质的照片。如果没有合适的照片可以匹配，那么宁可舍弃，避免因照片不合适反而产生负面印象。

除了通过简历投递指导按钮在页面投递简历之外，最好的投简历方式是找到内部成员推荐，直接发送到HR工作邮箱次之。这样就直接跨越了ATS系统的约束。HR通常不会每天看招聘网站的简历（大公司招聘岗位众多且有专职招聘HR的除外），因为有其他事情要做。HR常采用的方式是每周固定时间集中筛选简历、集中通知面试、集中面试接待，工作会更高效。因此HR这样的工作习惯对于应聘者来说，最好的投递简历的渠道就是找到公司的招聘邮箱或者HR本人的工作邮箱进行投递（图2-36）。

邮件的最佳发送时间是周二或周三，预留出周四或周五，让HR有查阅简历和与你做第一轮沟通的时间。周一通常是开团队例会、处理上周及周末产生的待完成的工作，因此应避免周一发邮件。

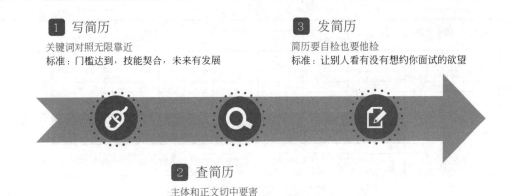

图2-36　简历的撰写、检查与发送

九、简历投递管理

秋招和春招是简历投递的高峰期。信息庞杂容易迷失了重点，用规划表格对自己的简历投递进行管理非常有必要。规划表能够帮助你筛选、确定自己的目标公司、意向岗位，并能够清晰看到进度更新。最为方便的是Excel表格，能够自动进行相关计算，帮助自己作信息梳理分析（图2-37、图2-38）。

春招规划表									
年　月　日	锲而不舍必有所得								
立个flag	春招我一定要拿到"xxx"的offer								
目标行业	目标企业		意向岗位	进度更新(可自行增减/修改相应环节)					
	梯度	企业名称		投递	网申	笔试	群面	个面	offer
互联网	第一梯度	腾讯	产品经理	√	√	√	√	×	×
	第二梯度	爱奇艺	用户运营	√	√	√			√
快消	第一梯度	欧莱雅	市场管培	√	√	×			
	第二梯度	蓝月亮	市场管培	√	√				
offer榜	哔哩哔哩		通过次数	4	2	1	1	1	
			总次数	4	3	1	2	2	
			*通过率	100%	67%	100%	50%	50%	

图2-37　简历投递规划表示例1

序号	秋招投过的简历（企业-岗位）	拿到offer	我走到了这里			个面（个面轮次可根据实际情况再添加）			备注
			网申	笔试	群面	第一轮	第二轮	第三轮	
1	腾讯-产品	×	✓	✓	×				
2	抖音集团-内容运营	×	✓	✓	×				
3	网易音乐-内容运营	×	✓	✓	✓	✓	×		
4	哔哩哔哩-运营	✓	✓	✓	✓	✓	✓	✓	
	通过次数	1	4	4	2	2	1	1	
	总次数	4	4	4	4	2	2	1	
	通过率	25%	100%	100%	50%	100%	50%	100%	
	失败率最高的环节是	群面							
	目前短板	1.群面：无法插进去发言，找不到适合自己的角色；2.面试问答：面对问题时无法迅速把想法组成语言表达出来，遇到不会的题，脑袋容易空白。							
	补短计划	1.重点攻克群面发言问题，找相关课程；2.找人练习问答，强化反应能力和语言组织能力。							

表头：秋招规划表 — 秋招小结 — 年 月 日 快到我的篮子里来

图2-38 简历投递规划表示例2

简历投递的规划、进度跟踪、复盘是在繁忙的应聘流程中跳出细节做系统管理的环节。你仅投心仪的公司、精力的主要投入点、过程中的总结纠错，都可以用规划或者小结的方式完成。

简历投递的进程要根据自己的能力情况、专业方向、目标公司做细节把控，避免分散精力和渠道带来相关损失。投递时间点的把握是赶早和赶晚都不要忽略，补录也有很多的机会。

应聘亲历：简历投递技巧

○默默：

和就业办的老师沟通，他提示说简历投递可以将公司分成两部分，一部分是你非常想去的，认真研究进行专项投递，另一部分放平心态做备选投递。投得太少，岗位有效HC加起来可能才个位数，成功的概率就太小了。从学校同学的投递公司数量看，投递多的，是一两百家起投的。我们学校今年的统计数据显示，优秀的同学，大约投递7~10个公司可以拿到一个offer。

○丹妮：

　　大家在秋招之后也要不遗余力进行简历投递。在一些应聘者拒绝offer之后会有很好的被补录的机会。我12月份终于上岸了。补录的技术面只有一面，有两个面试官参加，感觉比高峰期时段机会更大了。

○图图：

　　我是参加补录上岸的。我个人的经验是参加补录很明智，因为大部分人都不参加，都在准备论文。我是反其道而行之，秋招压根没投，在提前准备论文。同时又担心春招卷不过考研失败的人，所以就走了补录的"捷径"。补录阶段在招聘网站或者官网投简历会比较快，这时候基本上都是部门直接招聘了，免掉了在简历池里滞留很久的经历。

　　校招的时间窗口短之又短，更多人在职业生涯中要面对的是一次又一次的再定位，寻找人生经历中的全新可能，参与社招才是人生的主战场。

小结

· 挖掘需求：提取显性需求，探查隐性需求，整合出岗位能力的关键词阵。
· 关键适配：关键词适配，攻破机器筛选的关卡；岗位能力对位，跨过人工筛选的门槛。
· 能力呈现：用STAR撰写方式呈现自己的超群能力。
· 简历投递：做好投递的细节管理和系统管理。

金句： 简历撰写不是纸上功夫，而是实实在在的经历历程和能力印证！你在做每一件事儿的时候都是在写简历。

第三章

拿下面试：
面试官内心
全揭秘

优秀简历、敲开了通往心仪职位的大门，面试邀约如期而至。你，已经攀爬到了求职探索的陡峭斜坡阶段，势必气喘费力。

但是，如果已经完全了解了面试官的考察逻辑，解码了被提问问题的背后含义，掌握了机动灵活的应对策略，你就明晰了面试其实是一次主动沟通而不是被动审问。那么，这次的攀爬就是你携带了氧气瓶、手握了登山杖、脚踏了登山鞋的全副武装的从容攀登。

做个深呼吸，我们再启程。

第一节 笔试考查：打通面试第一关

"笔试"和"群面"是大厂在校招中采用的低成本筛选面试者的两个关键环节，通过率仅有10%~20%，竞争异常激烈，因此需要格外重视。

笔试通过是互联网大厂筛选候选人的硬性要求，若秋招和春招中有内推人承诺说可以免笔试，可以通过收取费用直通，千万不要相信。提高笔试通过率的方式就是了解公司对笔试的安排、刷题提升笔试技能。

一、笔试题类型

笔试题型包括专业题、行测题及性格测试题三类，依照难度来看，专业题>行测题>性格测试题。

不同企业、不同岗位考查的题型选择不一，有仅考查专业题或者行测题的，有专业题与行测题组合考查的，有三者均考的。笔试时间通常为60~120分钟。

笔试通过率很低，平均为15%，综合来看原因有二。一是笔试成本低，考试人数基数大。笔试采取线上答题考查形式，这一方式的成本低，意味着企业通常会放出较多的笔试名额，因此参与考试的人数基数就很高。二是面试成本高。线上考试的方式对企业来说多一位候选人基本不增加额外成本，而面试一个人的成本相对要高很多，因此公司可以用笔试这种低成本的看考分的方式结合简历情况综合考虑，决定进入面试名单的少数人选。

不同题型的考查侧重点不同，在体量、时间上也有差异，需要用不同的答题技巧来应对。

1. 专业题

题量　2~4题

时间　15~30分钟/题

考点　专业题是行业知识、公司知识、岗位认知这三类信息的随机组合。专业题是难度最高的类型，题型涵盖面广、划分细致，回答要求有行业认知深度。专业题分为技术类和非技术类两大类：技术岗以基础题为主，题目一般包含选择题、简答题、编程题；非技术岗的题型包括行测题、性格测试题和专业考查题，可以分成客观题和主观问答题。客观题主要考查对互联网的了解程度，主观题主要考查逻辑思考能力以及理解能力。

具体到运营岗，会有策划类题目（拉新、唤醒、促活、转化、品牌等），分析类题目（需求分析、运营策略分析、活动分析、用户分析等），文案类题目（描述题、推广题等），工作场景类题目（工作沟通、危机公关、用户投诉等）。

产品岗，会有产品设计题目（通用类产品、社交类产品、盈利类产品），产品优化题目（功能改进、增加、删减），产品分析题目（需求分析、产品或竞品分析、事件或现象分析），数据分析题目（数据分析、估算分析、优先级排序、数理逻辑等）。

技术岗，有很多细分，C++、Java、机器学习、计算机网络等，内容完全不同，需要专攻。

答题技巧　把控答题时间最为重要，15分钟就要把完整答案写出来，不然很难保证答完所有题。专业题的回答一看日常积累，二是用结构化陈述方式作答，答案要分主题、分层次、有观点。

2. 行测题

题量　15~30题

时间　1.5~2分钟/题。大多数行测采用线上限制单题答题时间的方式进行，且无法回退检查。也有比较人性化的是限制总体答题时间。很多同学在考试过程中对于闪烁的计时提醒很是心慌，规避方法就是多做练习增加自己的适应性。

考点　考查言语理解、数量关系、资料分析、图形推理、常识等。

答题技巧　行测的做题速度很重要，最好1分30秒做完一题，做不完也不要纠结，把握好答题节奏完成全部测试内容比单个题目拿分更为重要。

3.性格测试题

题量　不确定

时间　1小时内

考点　考查应聘者的性格与公司文化的匹配度。性格测试偏向于心理测试，所以没有标准答案。

答题技巧　根据自己的习惯答题就好，答案不存在对与错，只是看适不适合这个公司的企业文化而已。题目中会有证伪题、测谎题，要注意前后的一致性，因此出于本心答题最为稳妥。

综上，三类题目因岗位的不同而有所侧重，有仅考行测的，有行测+专业题的，有三种类型均会考到的。技术类岗位以专业题为主，通常包括选择题、简答题、编程题。非技术类岗位的题型包括行测题、性格测试题和专业考查题，可以分成客观题和主观问答题。不同公司也会选择不同的方式进行考核。

二、专业题解题攻略

在所有题型中专业题的回答难度最高，岗位针对性最强，且在成绩判定的权重层面重要性最高，因此重点攻克专业题目很是重要。其中的行业内容、公司知识和岗位认知各有侧重特点。

1.行业内容

行业内容既涉及宏观也涉及微观，如：行业细分情况，"列出10家游戏公司的名称"；行业新闻解读，"聊聊你对陌陌上线直播功能的看法"；市场份额观察，"对最常用的手机应用的市场份额进行排序"。可见，行业内容的知识信息错综复杂，想要做好准备需要有相应策略。一是要做好规划，二是要打好基础。

做好规划的核心是选定细分行业，避免精力分散。例如视频内容领域，你可以关注长视频、中视频、短视频，可以投腾讯视频、优酷、爱奇艺、B站、抖音、快手等，将你的精力全情投入至视频内容一个领域。但如果投两个行业，例如

60%的精力在游戏上、40%的精力在视频内容上，另外还想考虑音乐，这就太过分散、不聚焦，难以在面试中与行业权威实现平等对话，很难脱颖而出。

打好基础可以从分析近期热点开始。行业的热点话题很容易成为考查内容，养成看新闻的习惯，互联网行业成员常关注的有虎嗅、36Kr、人人都是产品经理论坛、PMCAFF产品经理社区、知乎等。每天花20分钟以上时间，做广泛的信息积累，为笔试和今后的面试打好信息储备的基础。

2. 公司知识

互联网公司大多以产品立身，公司产品、公司竞品、企业历史及文化是公司知识的三大层次。

公司产品是最基础的知识，一定要熟悉了解。例如真题"为微信设计一个新功能"考查的就是你是否详尽了解产品。因为实际工作的需要，产品功能优化迭代更新等知识点非常容易被考到，这样的题目出现频率会比较高。如果你事先不熟悉微信的功能，那么可能会出现"你设计的功能已经有了"的尴尬情况。

公司竞品也是高频考查内容。产品、运营岗都会考到竞品分析，因此对应聘公司及其同行业公司的产品都要有深度的了解，包括推广策略、举办活动有何可借鉴之处或者有何不同等。例如真题"对比分析一下天天P图与美图秀秀"，你可以从目标用户、推广策略等方面进行分析。

企业历史及文化内容常出现在考查范围内。这家公司什么时候创立的、什么时候上市的、业务模块有哪些、主要盈利渠道是什么、投资过什么产品、公司文化怎么样等都需要纳入你的知识库。

公司认知的储备可以通过用产品、看官网、搜资料来获取。使用产品获得最直观的用户体验，看公司官网、微信公众号、微博等掌握最新动态，搜公司年报及分析、看过往员工评价、浏览媒体报道等让你有多视角的积累。

3. 岗位认知

岗位认知包含基础知识、专业知识和实操知识。

岗位基础知识包括工作职责、流程、思维等。例如真题"在13个选项中，选出你认为对于一个运营人来说最重要的三点和最不重要的三点"。

岗位专业知识非常细分，比如产品岗可能会问到用户画像是什么、用户画像怎么做、如何做用户调研、如何做竞品分析、定性调研和定量调研的区别是什么、用户痛点是什么、如何解决痛点等。运营岗会问到市场规模及定价预估、市场分析、竞品分析、核心产品功能等。系统性搭建知识体系、给出完善的有逻辑框架的答案是回答专业知识的要点。例如真题"什么是用户画像？如何建立用户画像？"。

岗位实操知识考查你应对解决真实问题的能力。产品端容易考到的内容是写竞品报告、功能化原型等。运营岗要求直接做推广方案、活动方案、品牌策划案等。例如真题"设计一款盲人手表"。实操知识部分通常需要日积月累，要建立完整系统知识架构才能够应对自如。

岗位知识的准备需要更为下沉的信息。对目标岗位负责的相关产品一定要熟悉了解，要深度使用，总结复盘使用经验，将个人使用经验叠加他人评价信息，结合形成自己的产品观点，大众的普世观点和个人的独特观点一个都不能少。

岗位认知的储备需要真金白银的时间投入。汇总自己题库、借助他人题库、梳理过往工作、有针对性地刷题是高效必经路线。

汇总自己的题库是岗位知识的体系化建设最有效的方式。在积累和研究了一定数量的题目后，依照分类沉淀自己的题库，你会有一通百通的感觉，且每次考试时复习和浏览考题的时效会大大提高。

借助他人的题库也是一种累积信息库的方式。博客、网站、微信小程序均能够找到前人的题库资源。

对过往工作进行复盘梳理是最有效的学习方式，用感同身受的经验辅助答题最有深度。过往读书经历、实习经历、工作经历、面试经历……凡是和应聘岗位相关的，一定要整理出来，重新复盘，系统化梳理内容。

有针对性地刷题是提高岗位认知的快捷途径。在做题后总结发现哪种题型是自己的弱项，有针对性地强化练习，攻破弱点，补齐短板。

参加笔试与备考一样，需要进行学习研究和知识储备，做好系统整理而不单单是知识堆积。

三、岗位题解题攻略

互联网企业校招最热门的五大岗位是运营岗、产品岗、市场岗、管培岗、研发岗。运营岗和产品岗以专业题为主，包含分析题、解决方案题、估算推导题、行业热点题、情景模拟题等。市场岗以行测为主，包含常识判断、言语理解与表达、数量关系、判断推理和资料分析。管培岗以行测题、数学推理题以及岗位专业题三类为主。研发岗的题目主要考查编程能力、基础编码能力、算法运用以及数据结构掌握能力。

1. 运营岗

运营岗题目集中考查需求提取、问题解决、文案撰写、活动策划、拉新、推广、促活、变现、转化思维、体验思维、产品运营分析、运营策略规划、行业敏锐度、逻辑推理、沟通、危机处理等能力。

💬 示例：运营岗例题

○ 转化类题

你是某个垂直领域的运营，请想办法提高播放量和收入。

○ 行业热点题

电影《哪吒之魔童降世》，上映20天，票房破37亿，位列中国影史电影票房总榜第四，你认为是什么营销手段让"哪吒"大火的？

○ 岗位能力题

用一段话向小孩子解释什么是AR。

○情景模拟题

某小众品牌由于明星推荐，产品销售量上升。因其采购国较多，各国版本不一包装也不相同。顾客因为网购的产品与其在免税店网购的产品不一样而投诉假货，并拒不接受版本不同的解释理由。如果你是运营，你该怎么办？

2.产品岗

产品岗题目除了考查与运营岗相类似的思维、方案、策略等内容外，更集中于考查基础知识、沟通表达、潜力可塑性、业务能力等。

示例：产品岗例题

○竞品分析题

请自行选取一款"即刻"App的主要竞品，并对这两款App作比较分析。

○解决方案题

快递员平时的主要工作是接受取件送件任务，联系客户，收发快递并将记录发给公司。你作为快递公司的产品经理，请设计一个App，可以减少快递员的工作量，并能在该App上完成快递员的主要工作。

○估算推导题

以你现在所在高校为例，估算一下目前校内手机商品交易市场的容量（含线上线下的所有交易额）有多少？请写出你的估算思路，并给出初步预估的计算过程和结果。

3.市场岗

市场岗通常以行测为主，含五大题型：常识判断、言语理解与表达、数量关系、判断推理和资料分析。因为言语理解与表达、判断推理和资料分析题都有规律可循，而且所占分值比例大（大概75分），所以如果单题不限时可以跳答的话，建议先做这一部分的题。而常识判断和数量关系所占分值小（25分），且难度很大、耗时多，可以后做。合理控制时间，不至于影响到总分。建议的做题顺序是：一判断推理、二资料分析、三语言理解与表达、四常识判断、五数量关系。

网上有很多这类题的题库，在准备笔试前，你可以搜索准备一番，多做一些练习题，找找感觉，总结解题经验，会对笔试很有好处。

4.管培岗

不同的公司对于管培生的定位不同，可能是储备干部、可能是临时人员、可能是实习生等。因此考核层面广泛，要看具体招聘公司的考查要点。

`····` 示例：管培岗例题

○情景模拟题

你们公司每个季度都会组织一次各部门leader及主管的培训分享会，分享会工作由HR部门培训主管负责组织和安排，由每位leader不定期地作工作总结和业务知识分享，公司层面很重视这样的培训，希望通过这样的形式推动部门间的交流、核心管理层的成长以及问题的及时解决。你作为培训主管，负责安排这个季度的培训分享会，联系到某部门leader请他准备这次培训分享。在沟通时，对方再次以工作太忙没时间为由拒绝了，前两个季度都是同样的情况。而本周一HR例会的时候，人力资源总监刚跟你强调过要杜绝此类情况的发生，除非是极为特殊的情况。请问你要怎么处理这个问题？

【解析】可以从"时下需要解决的问题"和"未来如何解决问题"两个层面考虑。时下解决问题的方式有二。一是找到该部门leader太忙背后的真实理由，了解他真正不想参加的原因，换位思考，最大的可能是前期准备需要消耗的心力比较大。解决办法可以是找他的助理帮忙准备好资料或者你有能力帮他准备资料，他仅需要在出场时露面，降低他参加分享的门槛成本，解决问题的要害。另一个解决办法是找其他部门领导补位，或者请该部门领导指定其他核心成员骨干参加。时下问题解决了，还要考虑长远，因为同样的问题已经发生两次了，需要考虑后续彻底解决问题的方案。培训分享会是否需要成立培训师团队？参与培训是否要列为部门leader的考核指标，每年必须完成多少场讲演？培训教材是否需要统一标准，使无论谁拿到教材都能够完成讲演？……制订完备的方案可以长效解决问题。

5. 研发/数据分析岗

研发/数据分析岗的题目主要考查编程能力、基础编码能力、算法运用以及数据结构掌握能力。

示例：研发/数据分析岗例题

假如附近有一家饮品店，如何测算这家饮品店一个月的收入约是多少？

【解析】这类估算问题是费米问题，最经典的是芝加哥有多少钢琴调音师，类似的问题还有一辆校车可以放入多少高尔夫球、一个正常成年人有多少根头发等。费米问题的解法是将这个问题的根基逻辑关系进行拆解，将大问题分解成一些便于操作和认知的小问题，根据猜测和假设进行估算。这类问题考查应聘者对复杂问题迅速拆解、进行假设并提出解决方案的能力。考查能力维度是框架思维能力、逻辑思维能力、缜密思考能力。同时也考量快速思考和反应能力以及对数据的敏感性。此例题的问题拆解思路可以从供给端和需求端分别进行。

供给端月收入：按饮品品类分别作以下计算，之后作数据加总。

供给端月收入＝月销售的饮品量×每杯饮品的价格

　　　　　　＝（工作日每日卖出饮品量×22＋周末每日卖出饮品量×8）×

每杯饮品的价格

=（工作日每小时卖出的饮品量×日营业时长×22＋周末每小时卖出的饮品量×日营业时长×8）×每杯饮品的价格

需求端月收入：将饮品店周围覆盖的人群划分为三类，喝茶的人群、喝咖啡的人群和喝饮料的人群，而后加总计算。以购买茶饮的人群为例，将人群细分为每日消费一杯的人群、每日消费两杯的人群和每日消费三杯的人群，分别计算消费额度后加总：

茶饮月度消费＝月购买茶饮一杯的人数×客单价＋月购买茶饮两杯的人数×客单价＋月购买茶饮三杯的人数×客单价

同理计算出咖啡及饮料消费人群的信息，而后根据人群比例乘以相应百分数后加总得出月度消费总额。

四、笔试亲历

笔试在线上进行，容易发生各种各样的小意外。应聘者的亲历经验让你能够了解到更多细节信息和需要避开的坑。

应聘亲历：笔试经历汇总

○瑾萱：

我在秋招时海投了众多公司，参加了无数笔试。笔试时长五花八门，搜狐90分钟，有道产品100分钟，网易云120分钟，网易互娱40分钟，雷火120分钟……做得时间最久的是唯品会的笔试，一共在2天内完成，包括五大职业性格测试138道不限时，语言推理15道题20分钟，数字推理15道题20分钟，逻辑推理10道题17分钟，职业驱动力112道不限时。

被很多学弟学妹询问关于笔试的题型、时长等信息，于是问了一圈2022年参加各种笔试的亲历者，汇总如下。

字节跳动：产品运营，行测，无主观题。

腾讯：行测＋主观题，90分钟，对数学不好的人来说很难。

阿里巴巴：运营岗，行测。

拼多多：写作文，中文800字、英文150字，共60分钟。

京东：行测。

唯品会：运营管培岗，行测＋性格测评，40~80分钟。

得物：性格测试＋10道左右行测＋6道语言理解，可刷猎聘题库。

小红书：行测＋主观题。

快手：运营岗，30分钟，可刷北森题库。

B站：产品岗，进行综合能力测试，全是行测题；游戏岗，除行测外要写游戏文案。

百度：行测＋简答，简答会考与本公司产品相关的题。产品运营岗除行测外有主观题，且题目量很大。

携程：行测＋游戏化测评。

58同城：运营岗，要考产品设计，还要画产品框图。

YY：主观题＋北森题库的行测。

巨人网络：3道分析大题。

恒生电子：专业知识＋编程。

欢聚：行测＋简答。

米哈游：计算题＋游戏类型题。游戏类型题为主观题，七选一，考核对游戏行业了解度。

华为：性格测试＋技术笔试（编程题）＋英文测评。

OPPO：非技术岗，行测＋简答题；产品岗，选择题＋简答题。选择题是专业题＋行测，简答题是一道产品分析＋一道行测的资料分析。

高露洁：文字分析题，可刷智鼎题库。

美的：性格测试＋行测。

蒙牛：行测。

银行：技术岗，考网络基础，主要包含数据结构、计算机网络、操作系统、计算机组成原理。

应聘亲历：笔试的方方面面

○李力：

参加某大厂运营岗的笔试，取得了不错的成绩但还是被淘汰了，我怀疑笔试只是走过场。后续询问得知，最后通过是需要"简历+笔试"的综合分数通过才可以。首先简历关键项如学校、实习、项目等的得分，加上笔试客观题的考分算出分数，之后分数靠前的，进入人工笔试阅卷序列，再被选拔出来的，最后进入到面试。所以我明白了，一是要看自己的实力，二是要看有多少人和自己竞争！

○湘兰：

笔试也考英语。收到某企业的第二轮笔试邀约，其中有一道题要求用全英文回答。有些意外，后悔没有好好学英语了……听一位想进入快消头部公司的同学说，他们甚至要求英文口语面试。所以在学习期间就要把英语学好。关于英文的笔试或面试，有的企业可能会问一个英文题目看英文水平，其他用中文考查，而有些企业群面和单面全都使用英文呢。

○云霄：

笔试中还涉及评价与测谎题。应聘某公司，笔试提交后蹦出来的性格测试必须做，不然笔试不成立。然后就直接看到我的个人优势、劣势、适合岗位和建议，评价还说我没有人情味。其中有的题目是测谎题，问有没有背后说别人坏话。如果回答是没有，就是说谎了。

笔试测评和简历筛选是应聘中的第一道门槛，拥有最高淘汰率的关卡顺利通过后，你就能够来到开阔地带，进行面试的筹备。笔试的知识储备也是未来面试中会用到的"弹药"。

小结

· 笔试感知：笔试通过的要诀是刷题，做10套以上就会有感觉了。

· 消除短板：总结分析短板，进行针对性练习，补充短板。

· 笔试当场：注意控制时间，非单题限时的以先易后难的方式解答。

金句：每攻克一个难点，你就又向成功迈进了一步！

第二节 | 面试流程：你不知道的内部安排

当你接到面试邀约时，恭喜你，你的简历撰写能力超出了绝大多数竞争者，笔试成绩也脱颖而出了，接着你需要准备好迎接面试。

面试的过程如相亲，核心要义就是双方看对眼。面试是双向选择，面试官考察你的过程，同时也是你通过审视面试官挑选企业的过程。记住，你和面试官是对等的身份，没有高下之分。

大厂面试可谓是过五关斩六将，面试官除判断你的水平能力与当下岗位需求是否适配之外，还会甄别你在该岗位中的水平级别，这与你之后的薪酬待遇、职级福利有关。优秀的面试官还在考察你的潜力，他期望能够找到比他更优秀的人才，这与你未来的晋升有直接关系。

一、面试流程及考量维度

简历筛选看了专业、学历和工作经验，进入到面试阶段将会看得更深入。群面，看角色担当、思维方式及业务能力，与竞争者相比较；一面即专业面试，一般由业务主管进行考查，看专业硬技能及沟通合作等软技能；终面，由直属领导或领导的领导进行，看软技能、个性特质、价值观和动机；HR面，沟通薪酬福利及进行抗压力测试等。评定级别超出一般水平的明星同学还会有交叉面试等更多轮的安排。过程中每一轮的面试官都会将你的能力与公司的人才层级进行对标，思考评判你的层级标准。经过各位面试官独立评估后，面试官会进行共同对焦，最终作出录用决策。

最复杂的面试程序包括一面、群面、二面、交叉面、终面、HR面，其间会穿插考试和测评。一面和群面的先后顺序可能根据公司的好恶会有变化调整。考试往往安排在最前面，是针对岗位专业知识而设的考试。测评是对面试者进行聪明度及价值观的评测，通常要在终面前完成（图3-1）。

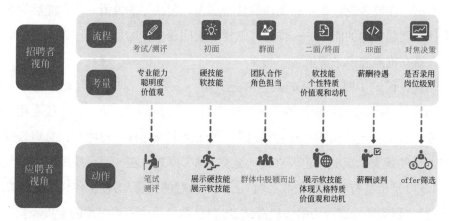

图3-1 面试流程及考量维度

每一轮的面试官都会有自己的工作方式方法，但核心目标是通过提问与沟通挖掘、辨别候选人的隐藏信息，全面了解候选人的真实情况，精准反馈、判断出候选人的水平段位。我们来看一位面试官给应聘者准备的SOP（标准作业程序），可以从面试官视角反推出应聘者应该准备什么（图3-2）。

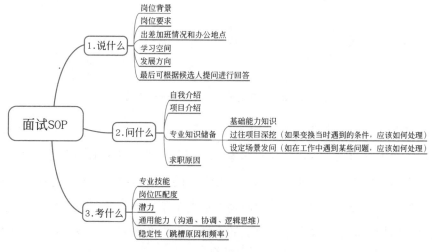

图3-2 面试官的SOP

125

可见，面试官的面试是极有针对性的，他要找的是完全适合岗位的候选人，而不是一个看似优秀但与岗位不匹配的人。面试中面试官看什么？看企业需求的人才标准，包括你的硬技能——经验，你的软技能——个性，你的价值观——态度。

面试中你要表现什么？表现你的黄金三角，包括你的价值——你能够为企业解决什么问题，你的能力——你能够怎样解决问题，你的目标——你未来的职业目标、潜在价值和未来价值。

因此，面试中需要避开的误区有三：第一，突出"我优秀"而不是"我匹配"；第二，只讲"自己想讲的"而忽略"面试官想听的"；第三，生硬套用"面试经验"而不是灵活运用"迁移信息"。在交谈中人会有一种冲动，总想表现自己有多么的优秀，因此一定要在内心建立起VS模式，在"面目模糊的优秀年轻人VS各段经历具有积累和关联""自己认为得意的经历VS在工作岗位上成功了的事情""别人的面试经历的经验总结VS自己的经历中值得提炼的宝贵经验"之间选取后者，因为找工作不是评选三好学生，要看的是匹配度，适配才是绝对的唯一标准（图3-3）。

图3-3　面试通关的不二原则——适配

优秀面试官的招聘理念是寻找比自己更优秀的人。面试官不仅是为今天招聘，还要为未来招聘，因此除常规考察你的能力与当下工作任务是否匹配之外，还要考察你未来的成长力即潜力如何。看潜力的方法是通过追问"为什么"来挖掘你行为背后的动机和驱动力，从而判断你的未来发展前景。因此，通过候选人冰山上层的行为动作而看出冰山下层的个性、动机及价值观，是优秀面试官修炼的目标。

二、面试应对方式

每一位面试官的性格特征会有差异：有的面试官会站在应聘者的角度考虑，尝试让对方在放松的心态中充分表达自己；有的面试官善于制造紧张氛围，期望应聘者在抗压力测试中能够沉着应对；还有的面试官会让渡出自己的角色，让应聘者充分表达，以挖掘、判断应聘者在脱离面试场之外的更深层面的表现……应聘者只有在面试中游刃有余，才能够在流程中充分表现自己的适配特质。要点有三：首先要做好充分的心理准备，在日常生活中就要进行贯穿始终的自信心建设；其次要做好面试前的细节准备；最后是面试当天的沉着应对。

1.心理准备：增强自信

面对面试考核的复杂性，要有强心脏予以应对。面试一次就过的可能性极小，因此在反复申请岗位、多次面试无果时，人容易出现挫败感。如果你带着自我怀疑的心态去面试，在不知不觉间就会被面试官感知到，就又增加了不被录用的可能性。因此强化心理素质，从容应对面试，以平等的视角与面试官沟通交流，是赢得面试的法宝。

增强自信的小练习能够让你充盈自己，强化自信形象。

（1）5分钟复盘

每天花5分钟时间给自己做小小的复盘总结。拿出一张纸，沿中线折叠分为两部分，左边写下你怀疑自己有缺陷的地方，右边写下至少两条反驳理由来证明你并不是这样的。

质疑：	反对：
我无法胜任这个运营岗位的工作。	我足以胜任这项工作因为我足够年轻，我了解年轻人的内在需求和想法； 我足以胜任这项工作因为我有非常好的视觉设计能力和欣赏能力； 我足以胜任这项工作因为我的学习能力超强，能够很快掌握相关技能； 我足以胜任这项工作因为我有很好的沟通技巧，所以能够找到贵人相助； …………

完成后将纸沿中间撕开，将左边的一半烧掉、碎掉或者撕碎冲走。右边的部分放在冰箱门上、镜子边上、出入门的背面、办公桌的隔离板上等你经常能够看到的地方，强化你的优势思维，塑造更自信的自己。

这种积极心理暗示的强化练习确实能够产生作用是有心理学研究基础的。美国心理学家罗森塔尔和雅各布森来到一间学校做"未来发展趋势测验"，他们以赞许的口吻将一份"最有发展前途者"的人员名单交给了校长和相关老师，并叮嘱他们务必要保密，以免影响实验的正确性。数月后，罗森塔尔和助手们对那名单上的学生进行复试，结果奇迹出现了：凡是上了名单的学生，个个成绩有了较大的进步，且性格活泼开朗，自信心强，求知欲旺盛，更乐于和别人打交道。但其实这些学生是被随机挑选出来的，是赞美、信任和期待的能量让他们变得自信、自尊。这就是著名的皮格马利翁效应或者也叫罗森塔尔效应。同理，自己对自己的充分肯定也会达到自我激励的效果（图3-4）。

1个谎言和2个事实	
1个谎言（负向信息）	2个事实（正向信息）
我对找工作没有信心	我对找工作非常有信心，因为我有毕业证和学位证。
	我对找工作非常有信心，因为我每天都在做准备。
我好像不太能胜任这项工作	我能够胜任这项工作，因为我具备工作需要的软件技能。
	我能够胜任这项工作，因为我具备工作需要的沟通技巧。

图3-4 善用皮格马利翁效应进行自我激励

（2）回顾高光时刻

在接近面试的时间里，和朋友一起回顾你们或你个人的胜利开心时光。可以是一起玩耍中获得过的灵感，可以是实习中成功完成的项目，可以是做公益时获得的快乐，也可以是密室逃脱中巧妙地破解了机关……只要是让你感觉有成绩或者获得过快乐的事件，就都可以回顾回味。

（3）完成计划并庆祝

在找工作期间，给自己确定一个擅长的且每天都能够完成的事务，可以是画一幅画、完成一个编织、做一餐美味的饭，甚至是开拓一个新的爱好。每完成一项，就和自己的亲朋好友进行分享，进行一个被肯定的小小仪式，例如吃一份甜点、和好友畅聊、进行冥想等，让自己沉浸在欢愉自信的情绪当中。

这种日常化的练习和阶段式的总结，能够让你的优点在头脑中反复被强化，继而你也会向着自己期待的方向转变，结果就是会充满自信。

2.细节准备：确保安心

面试前你需要做好所有准备从而能够充分自信地应对面试，避免因为一件小事儿未考虑周全而形成涟漪效应，影响到关键时刻的关键表现。

信息梳理 把你前往面试地点的各种方式及路线梳理并打印出来。开车、骑车、乘坐公共交通的路线都备好，预防电话断电、找不到地点，或者原计划路线遇到意外。

打印简历 将简历打印在有品质的纸张上，如高品质的合同纸、出版纸、铜版纸等，在第一个交接物件中就能够让面试官感受到你的水平。带足够份数的简历，1人面试带3份，3人带5份，以防公司安排更多的人加入面试。这些细节可以给面试官带来心理上的影响，判定你是一位对事务有基本品质要求的人，做事是有备选计划的人。

准备纸笔 记下在面试过程中对你有用的信息。多准备一支笔，万一面试官觉得你的信息需要被记录下来，你就可以从容地递上备用纸笔给他，也避免只带一支笔却恰好写不出字的尴尬。

应急物品 准备充电宝、湿/干纸巾、口香糖、牙线、梳子等。

佩戴手表 合理安排时间，尤其是参加群面计划要担当时间规划者时用得到。

水和小吃 放在包里充当补给站，可以是能给自己补充能量的能量棒，可以是让心情愉悦的巧克力，也可以是缓解紧张情绪的坚果、香蕉等。

携带现金 带点现金，以备不时之需。

提前踩点 非常陌生的地方建议提前到面试地点进行踩点。

确认时间 面试前一天可以和HR再次确认时间，让HR感觉你是一位超级靠谱的人，也避免对方因临时调整了时间而忘记告诉你的尴尬。

当你的内心笃定地知道所有可能出现的麻烦都有解决方案的时候，你的内心是踏实的、应对是沉着的，面试成功就是可期待的。

3. 沉着应对：力保效果

面试如上战场，知己知彼百战不殆。因此要时刻保有必胜的心态、详尽了解应聘的企业、熟悉你将面对的面试官及分析透彻当下的自己。

（1）调整心态

面试不是闲聊也不是答辩，要善于用故事传递信息。将面试作为一次业务沟通或者商务对接，让氛围保持轻松和对等。

（2）搜集信息

面试前搜索更多关于公司的信息，熟记它在业界的位置、与竞品的差异，知晓公司中优秀员工所具备的素质是什么。面试官会通过对比你和优秀员工是否吻合来判断你是否就是那个他最愿意要的人。到脉脉、领英等网站看应聘公司其他员工和过往员工的工作背景、专业背景、工作经验、观点看法，向相关背景靠拢。

（3）了解面试官

要尽全力了解面试官的背景，在脉脉或领英上查询面试官的工作经验、毕业学校、参加过的活动、发表过的文章、报道过的新闻，引导产生共鸣。面试官会对你熟悉他的点滴留下印象，而你感觉是在和熟悉的人沟通也会更为自信。

（4）了解你自己

思考面试官问题背后的逻辑，运用冰山模型探求本质；将答案分层次进行要点阐述，运用STAR模型、金字塔原理建立结构化的答案。不同思维出发点下，对同一个问题会作出不同的回答。

📟 示例：不同思维模式触发不同的回答

问题
你是做什么的?

A回答（站在自我角度）

我是会计。

B回答（站在别人想了解我的角度）

我对数字、细节非常敏感，我喜欢解决经济管理活动中的问题，例如我非常擅长用XXX方法解决XXX问题。我非常开心能够从事这一行业，并相信自己一定能够成为行业内的佼佼者。

因此要有意训练自己在回答问题时找准回答的对象，避免鸡同鸭讲。在回答中要采用模型化表达，一语中的地表达信息。面试场景最常用的三个模型/原理有冰山模型、STAR模型、金字塔原理。这三个模型/原理是构建结构化表达的最常见思维方式，分别对应了不同的场景，相互交叉发挥作用。

你能够鞭辟入里地回答面试官的问题，很可能在起跑线上你就已经胜出了。例如每年的大厂招聘，同一年毕业的学生，会被划分为不同档级，字节跳动有2.5、3、3+、3.5的区别，阿里有阿里星、A+、A、B+的区别，腾讯有S、A+、A的区别。在第一个阶段都能够被划分在顶级，那么在后续的职场进阶中就相当于自带了助力器。面试者要争取在面试环节结束后面试官做出分级决定时，能够被划分在较高级别线上。

① 冰山模型，理解面试背后的逻辑时使用。冰山模型是美国心理学家麦克利兰提出的模型。模型将个体素质的表现分为表面的"水面以上的冰山部分"和深藏的"水面以下的冰山部分"。冰山上层的素质层级易于测量，是外显的部分。冰山下层的素质层级难以测量，不仅不容易被其他人发现，即使是自己也未必非常明晰地了解这部分素质，是藏在水面下的非常隐秘的部分。

公司面试的背后逻辑就是运用"冰山模型"考察你与岗位的适配性。要考察的系统层面包括知识层面，能力层面，价值观及性格、动机层面。第一层面是最容易探查和呈现出来的，通过题目测试就能够基本搞清楚。第二和第三层面的能力考察渗透在面试问题中，也是被面试者在回答问题或者采取行动时容易忽略的层面。无领导小组讨论、1V1面试、交叉面试等，都是公司深挖被面试人能力和动机的过程。在一群人中你的站位如何、面试中应变能力如何、回答问题时表象答案背后隐含的动机如何等，都是面试官见微知著的考察内容。作为被面试者，要做好被深挖冰山之下隐含信息的准备（图3-5）。

知识——在一个特定领域所获取的信息。

技能——将事情做好所表现出来的行动。

自我意识——价值观、心智模式、认知、态度、自我形象。

个性——一个人的认知、情感、意志和行为上表现出来的心理特征，包括气质、智商和逆境商数等。

动机——驱动行为的深层次动力。

图3-5 冰山模型

💬 示例：运用"冰山模型"回答问题

问题

你的简历我们已经看过了，能否请你亲自讲一下你的经历？请突出两个重点，一个是过往经历中你最得意的一件事情，另一个是你失败的经历。

A回答

我的经历很是平稳，没有太多的跌宕起伏……说说在上学期间做的一个公益项目吧，成功和失败都在这个经历中有所体现。成功是因为我们从0到1搭建起一个公益项目公众号，失败是这个公众号最后获得的阅读量很低，最后停止了运营。

B回答

人生的经历丰富多彩，成功和失败永远伴随左右。我先来说成功的事情。大四的时候，我担任社团团长组织了一次成功落地的活动。上学的时候，我和同学们都有一个困扰，大家在日常尤其是假期期间，想找到适合学习的地方比较难，图书馆比较拥挤且有时间限制，而在家容易不自律。后来社会上兴办起了共享自习室，同学们很喜欢到这些地方去学习，但是也出现一些问题，比如到了自习室发现没有位置可用，同学们有很多抱怨，办自习室的老板也很头痛。于是我就联合社团中懂技术的同学一起研究做出了一个小程序，和周边自习室的老板沟通将位置信息等资源整合到一起让同学们用预约座位的方式确定自习室的使用。这个小程序在开发过程中遇到各种困难，例如自习室老板的不信任、产品开发时间不够、最初没有多少同学知道这个产品等，但所有困难都被一一克服了，因为这个

产品确实是同学们的刚需产品，使用频率超级高。自习室的使用效率提高了，老板高兴；同学们再也不会遇到到了现场却发现没有座位的情况了，同学高兴；我和社团同学的付出有了价值，我们也高兴。所以这是一个成功经历。这个过程对我来说收获很多，从发现问题到解决问题，从见老板心中忐忑到拿着方案侃侃而谈，从推广小程序觉得丢脸到转变自己的心理认知"这是给同学解决烦恼"，等等，在表达方式、沟通技巧、心理成长等各层面都收获多多。感谢勇敢、坚持、突破的自己！

接下来讲一个挫败的经历是关于研究生考试的，非常遗憾到复试阶段没有被导师选中。那个过程非常痛苦，开始怀疑自己无能、怀疑社会不公、怀疑运气不好……好在虽然有很多愤懑，但我依旧没有改变每天读书、听书的习惯。那时我听了一本书叫作《少有人走的路》，我明白了没有哪个人的人生是可以完全轻松顺畅地度过的，各种坎坷、问题、挫折是生活的常态，向下一个路口看，总会找到出路。所以现在我努力地带着还不错的本科毕业作品成果希望开启新的可能。

解读

面试官的这个问题，不是想了解你具体经历过什么成功和失败，而是想看隐藏在冰山下的你的自我意识、个性、动机，看你的业务总结能力和方法论沉淀，看你的抗压能力和从错误中学习的能力，看你的价值观是盲目维护自我还是有建设性地寻找突破……B回答恰如其分地展现了面对复杂问题时如何分而治之地予以解决的技能，以及遇到挫折如何自我调节甚至激发了更多潜能的应对能力，渗透出即使现实残酷但依然勇往直前的人生动机。

② STAR模型，回答项目或情景提问时使用。STAR法则是用讲故事的方式讲述基于一个"情景（Situation）"下、被分配了什么"任务（Task）"、当事人采用了怎样的"行动（Action）"、最后取得了什么样的"结果（Result）"的法则（图3-6）。

在简历撰写中曾经提到过STAR模型，在面试中面试官也会

图3-6　STAR模型

暗用STAR模型来衡量和检验你的能力，并判断你是否是他想找的人，面试官把这个方法叫做"行为面试法"，通过你在特定场景下采取的行动来作考察。

STAR模型是回答世界500强企业面试题的技巧法则，备受面试者成功者和HR的推崇（图3-7）。

图3-7　STAR模型应用方法

运用STAR模型的核心要义是面对面试官的问题一定要对应一个经历过的具体场景做相应回答，而不是泛泛地设定一个想象的答案，回答我应该怎样做等。

示例：运用"STAR模型"回答问题

问题
在工作中遇到冲突怎么办？

A回答
我之前还真没有遇到过什么冲突。如果以后遇到了，我就会努力地想办法解决。我的解决办法是坚持做对的事情。

B回答

解决冲突有各种各样的方式，我的处理原则是不怕事儿、能了事儿。举一个具体的例子，我在之前的工作中遇到一位看起来不那么喜欢我的女同事，她在会上经常有意忽略我的发言，还在食堂和别人说闲话议论我。我决定主动出击，用平和的态度与她交换意见。当然在和她沟通之前我是做了充分的分析准备的：我和她沟通交流想达成的目的是什么？之前我有在什么地方冒犯到她吗？她的背后动机是什么？这些问题我都一一做了回顾和分析。我和她沟通想达成的目标是，终结目前这样的境况，争取未来能够实现相互关照与支持。这样我确定了目标，也反思了自己是否有需要调整的地方。之后我就在没有其他人在场的时候问她我们是否可以单独沟通一下。我们找到一个安静的地方，我问她我曾经是否有冒犯她的地方，也讲了我在会议和工作中的感受，并提出了期望，希望后续我们能够避免不愉快的情况再次出现。最后她为自己给我带来的困扰做了道歉，我们两人达成共识，今后工作中会充分尊重彼此。这就是我处理冲突的方式，有目标、有反思、有结果。

解读

这两个回答的不同点在于，A的回答都是空洞泛泛的语言，而B的回答既有真实场景，又有过程描述，还有结果呈现，且在一开始就明晰了自己的处事原则。运用总分总的逻辑框架做表述，充分表明了当事人在面对冲突时用恰当方式处理得当的智慧。

在每一个要表现你的能力的模块下都准备一个STAR模型的故事。故事不需要高大上，吻合了有逻辑、有冲突、有画面、有价值四个要素就是好故事。下面以举办"爱老活动策划大赛"为例进行详细说明。

有逻辑 故事线流畅，说得有条理。比如你要讲述参与举办大型比赛如何解决报名人数不理想的问题，那么首先你应该说清楚比赛初始背景，导致项目出现问题的原因。其次你做了什么事扭转局面，结果如何。最后从中学到了什么（图3-8）。

每一场面试要准备10个故事做素材，可以是6个通用故事加4个与岗位JD相关的故事。将故事按照STAR模型理顺逻辑，每个节点用一句话表述，最后加上一句心得体会。这样用故事搭配不同的心得可以讲出很多花样。

| 举例证明：你的一个创意曾经对一个项目的成功起到关键的作用。 |
| 考察要点：提出创意并对成果产生明显影响。 |

Situation	我参与举办"爱老活动策划大赛"，负责宣传工作。目标群体是经济管理学院大一到大三的学生。
Task	起初我用张贴海报的方式进行宣传但效果不理想。
Action	我觉得需要调整为有趣的宣传方式，通过发放小礼品，动员已报名参赛的同学将手机热点名称改为比赛名称，以此加强宣传。
Result	报名率提升了3倍，一天内吸引到512位同学报名。

图3-8　STAR模型应用示例

有冲突　好的故事一定要有出乎意料的冲突感，具体可以指人物之间的冲突，也可以是情感上的冲突。很多人讲故事有逻辑，但平铺直叙，很不出彩。故事要想打动人，必须在现有框架上套一个更加高阶的框架。

例如在爱老活动策划大赛中，你在运用海报方式宣发但效果不理想的时候被其他人质疑了，你内心有很多委屈，因为你非常的努力却被吐槽了。伙伴们甚至说出来"干不好就走人，别挡路"的话。你忍住情绪爆发想回呛的冲动，要求再给一次机会，体现出你不是一个轻易放弃的人。

有画面　如果你能将故事讲出画面感，让人产生想象空间，就能给面试官留下更深刻的印象。比如你在设计海报的时候，会忍不住拿起手机翻看奶奶的照片，想象这次爱老活动中会有和奶奶一样的老人受益，就很开心。因为你从小和奶奶一起长大，虽然现在上大学没法和奶奶经常见面，但爱屋及乌，所有与老人有关的活动、能够给老人带来福利的活动你都会参与，所以这次绝不会因为被质疑而退出。有这样的动机，你苦思冥想、绞尽脑汁进行创意，最终解决了问题。有生动画面感的故事能够触动人的情绪。

有价值　故事不是讲完就算了，一定要传递一些正面价值和伟大精神，最好符合面试企业的价值观。接续以爱老活动策划大赛为例，你在这个过程中学到了辛苦推进工作与做好了工作不能画等号，获得成果拿到目标业绩才最为重要。"为过程鼓掌，为结果买单"是你在日常关注公司信息时学到的企业价值观，在这个项目执行过程中有了深刻体会！

基于STAR模型的故事讲述，能够同时激发面试官的感性认知和理性认知，形成深刻印象（图3-9）。

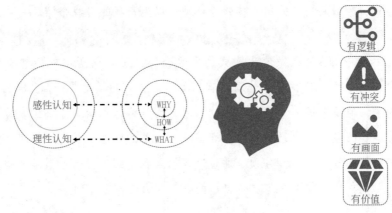

图3-9 STAR模型故事结构

③ 金字塔原理，群面中运用较多。金字塔原理是结构化思维中最为重要的原理，它的核心要义是结论先行、归纳分组、上下对应、论据支撑、逻辑排序。通常运用金字塔原理解决群面中的常见问题能够产出最为有效和全面的结论，面试中也适合用金字塔原理来进行自我介绍，突显你和招聘岗位需求的贴近性。

示例：运用"金字塔模型"回答问题

问题
请介绍一下你自己（应聘互联网设计岗位）。

A回答
我叫XXX，是XXX年毕业于XXX学校的，获得了XXX学位。在公司实习中我做过XXX项目……

B回答
我是XXX，非常高兴能够获得今天的面试机会。我觉得自己非常适合目前应聘的岗位，原因有三：一是基于我的专业能力，我曾经负责订房版块的页面设计，其中的核心关键成绩是将订房的转化率由之前的20%提升到了30%；二是我有很强的业务推动能力，我发现有很多同学在球赛期间想一起看球但没有合适的地方，我把这个信息及时反馈给leader并通过沟通协调推出了"看球房"的订阅，实现了这一类业务面的零的突破；三是我的学习能力极佳，我会时刻关注行业设计动向，并向团队同学做输出，以此推进相互学习。我定义自己是一位带着

商业头脑的、有团队精神的用户体验设计师。以上是我的自我介绍。

解读

以上示例中的A是在做流水账式的重复介绍，说在简历中就能够看到的信息，白白浪费了通过自我介绍让面试官深入了解自己特质的机会。B是一个自我介绍的高手，他没有简单重复简历中的信息，而是将信息做了深加工。他在介绍中充分渗透和凸显出了自己的岗位任职资格、之前的职业贡献度、做事儿的独特优势，这样的回答一定是加分项。通过这样的自我介绍，面试官很可能会马上追问其他问题，更便于你进一步展示自己的资格实力（图3-10）。

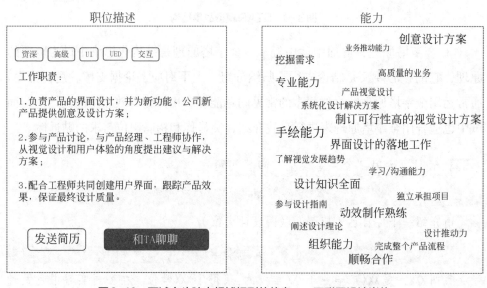

图3-10　面试官头脑中想捕捉到的信息——互联网设计岗位

三种模型能够让你具备与面试官思维全衔接的维度。细节准备让你有了一切尽在掌握的心理优势，心理准备让你日积月累了超级自信心，问题准备让你有了反映自己各层面能力的故事库。一切准备浑然天成，面试成功不在话下。

小结

· **心理准备**：面试过程繁复，竞争激烈，做好打持久战的准备。

· **增强自信**：展示自己的"价值""能力""目标"，让对方觉得你就是他想要的人。

· **运用模型**：让冰山模型、STAR模型、金字塔原理帮助你在关键节点表现优异。

金句：优秀的面试官为企业找的人才既为今天又为明天。

第三节　面试形式：形式背后隐藏的秘密

在应聘过程中你会接触到各种各样的面试机会，如何从细节中判断这样的面试及公司是否值得花费时间和精力去准备和加入呢？

首先，我们要根据细节信息判断是否要参加面试，特别要甄别你通过海投简历的方式获取的面试机会。确定第一次面试时间时，不能够商量面试时间的岗位建议不去，一般是海选会，除非这个岗位是你极为心仪的岗位；另外在周末举办的面试通常是流程化的宣讲会，也可以忽略；如果电话邀约面试那头的人只会说"XXX，请你在XXX时间来面试，我就是通知你这件事情，其他信息不知道"，那么也不用考虑，这样的公司每个业务板块都是机械化流水线似的操作，不进入也罢。如果你处于找工作的初始阶段，想多一些面试练习，就可以忽略以上的苛刻标准。

其次，面试的过程不仅是用人单位考察应聘者的过程，也是应聘者反向考察公司的过程。应聘者可以通过考察面试官、考察员工的精神面貌、考察企业的办公场地等方式判断这家公司是否是值得你加入的单位。优秀的面试官非常明确岗位招聘的人才标准，礼仪态度得体，能够围绕岗位能力直切主题提问沟通，跟进询问具体细节，控制时间尽量让候选人多阐述信息；工作场地中的员工忙碌但愉快地开展工作；办公场地有序且温暖。如果是与此截然相反，那么这样的集体就不值得你浪费时间进入。

面试的形式同样多种多样，电话面试、视频面试、群面、单面、答辩面试等不一而足。因每种面试营造的环境不同、考察的维度不同、应聘者的可施展空间不同，所以面试的应对技巧也不尽相同。

一、电话面试

HR招聘专员通常是第一个打电话给你的人，也通常是筛选你简历的人。他能够把你挑选出来，说明他觉得你的基本能力和岗位是匹配的。他打电话给你的目的，一是通过电话了解你的基本情况，确认你写的和实际的信息是相符的；二是如果证实你与他的基本判断是吻合的，就会邀约你进行面试。

这样的电话通常是在"出其不意"的情况下打过来的，因此当你发出简历后的一定时间内，要随身携带你的四件宝贝（图3-11）："全信息的简历"一份，"带有笔的记事本"一个，可以解放双手的耳机一副，以及大容量的充电宝一块。

有了这四件宝贝，可以确保听电话的时候从容自信应对，回答信息与简历一致，随时记录下重要信息。

全信息的简历　　　带有笔的记事本　　　解放双手的耳机　　　大容量的充电宝

图3-11　电话面试四件宝贝

全信息的简历包括你撰写的全简历，以及所有可能会被问到的问题及答案。

有同学会觉得第一个电话除了让自己开心，因为投递有了回音、知道了面试地点和时间，其他就没那么重要了。实际恰恰相反，接听第一个电话非常重要。这个通知面试的电话就已经是在"电话初试"了，HR在电话沟通中初步判断应聘者的软技能，比如沟通能力和逻辑思考能力。如果软技能也通过了筛选，接下来招聘专员会将简历给到业务负责人，由业务负责人判断是否能够进入到正式的面试。业务负责人这里通过了，就会进入到正式的面试通知阶段。

接面试邀约电话要做的动作是"记"和"问"。

记：打电话来的是哪家公司？打电话来的是谁？他告诉你的重要信息都有什么，例如面试时间、地点，迅速检查时间是否和你的安排有冲突？记下对方的联系方式，以防万一有变化好做沟通，也是储备了一个圈子内的潜在资源。

问：是否需要提前做准备？问进门需要注意的事项，如是否需要带身份证或其他资料，有无着装特殊要求？诚恳地请对方给一些面试建议。最为重要的是问清楚和记下来面试官的姓名、部门名称，确认招聘岗位。这个信息是接下来你付出百倍精力做准备的源头信息，所以万般重要。

1. 电话接通

HR "你好，请问是XXX吗？我是XXX公司的HR，你在XX月XX日给我们公司投递了简历，职位是XXX，我想通过电话简单地和你交流一下，请问你现在方便吗？"

考察 求职者对投递的职位是否有印象，由此判断求职者对于公司及职位是否重视。

应对 如果有印象，就直接说出公司和职位的情况。记不住也没关系，可以和面试官说"麻烦您等等，我查一下记录"，取出记录本进行查阅。

注意 如果时间恰好方便，直接进入沟通。如果你心神不宁或者所处环境不适合接电话，要马上告知对方"请稍等，XX分钟后联系你"。熟悉你手机的录音功能，将通话进行录音，方便后续分析和确认信息细节。

2. 进入主题

HR "我在你的简历上看到……"
考察 简历内容的真实程度。
应对 打开专用简历，据实回答。抓住重点，简明扼要，善用数据和事例以加深印象。
注意 一定要等对方把问题问完再回答，必要时可以复述对方的问题，确认清楚。

3. 电话结尾

HR "请问XX月XX日XX时XX分，你是否有时间到XXX参加面试？"

考察　确定你对岗位依旧抱有强烈期待。

应对　认真记录面试的时间、地点，询问下一次面试官的姓名、职位，以及是否有着装要求和需要携带的资料。确认会准时参加面试，结束前表示感谢。如未通知下一次面试，一定要争取一下面谈的机会，对你来说可能只是多说了几句话，但HR很可能就会为你提供一个机会。例如："非常感谢您的来电，更谢谢您的认可，我非常希望能加入贵公司，也非常希望能有机会与您面谈，有任何问题欢迎您随时来电话询问。"

注意　等对方先挂断电话，而不是自己先挂电话，避免自己仓促挂断错失HR想要补充的重要信息。

4.电话挂断后

及时提取录音，分析自己的回答，不断完善和提高。最好的一个练习方式是面对镜子进行模拟电话面试，在镜子中询问和审视自己，镜子练习能够让你在实际应对问题时充满信心。

5.电话初面要掌握的原则

电话初面可能是正式HR与你沟通，也有可能是大厂的外包HR团队负责。外包团队的沟通相对简单直接，通常是业务主管通过了简历初筛后，转由外包HR通知面试、邀约时间。

初面的原则是呈现自己与岗位的匹配，软技能层面上表达逻辑清晰到位，表达对加入公司的期待。初面不宜过多传递专业细节上的信息，这些在与业务面试官见面时可再详细介绍。

在电话初面中要争取当面面试的机会，实在不成要求视频面试也是好的。因为信息传输表达有以下的公式：信息的全部表达=语言（7%）+声音和语调（38%）+肢体语言（55%）。

可见，人际交往过程中信息沟通只有7%是由语言进行的，电话仅能够把语言、声音和语调做部分传递，超过一半影响力的肢体语言无法通过电话呈现。即使你的声音和语调经过了专业训练，那么不见面也会减损一半以上的非语言交流信息。损失了55%的信息传递可真的有些大，所以要尽量争取当面面试（图3-12）。

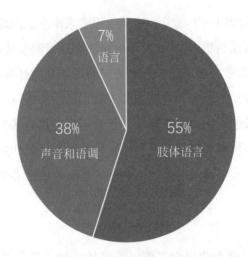

图3-12 信息传输表达占比

不过如果最后因为时间或者费用成本等原因只能电话面试，那就发掘电话面试的优点吧。

① 可以"照本宣科"。你可以大大方方地将写下来或者打印出来的严谨斟酌后的文稿明目张胆地拿在手里，以条理清晰、信心满满的方式表述出来，从容发挥书面文字辅助给到的红利作用。

② 消解了"口头禅"。有文稿的协助，可以极其简洁、高效地传递信息，避免了临时组织语言的满嘴跑火车，同时口语的啰唆、口头禅、思维无以为继等都可以在文字的帮助下解决掉。

需要注意的是，"照本宣科"绝对不要演变为机械地念稿子，而是要练习到能够熟练地将纸上的文字"翻译"成为熟练的口语，让电话那头的人感觉到你是在侃侃而谈地对话，而不是朗朗上口地念书。

6.解决电话面试对象感缺失的技巧

电话面试容易让人困窘的地方是对着生硬的机器说话，不容易产生对象感。一面镜子可以解决你的困境。找一面镜子，看着自己进行电话面试练习。在电话沟通的情况下，最容易出现的问题是少了聚焦点。镜子可以施加改变，一是避免精力无意识地游走涣散，二是你可以随时注意自己的体态，不要懒散松懈下来，你的声音会透露出电话那头的你是什么样的精神状态。

最后要语重心长嘱咐一个细节，这是个很多人不在意的地方，就是电话面试也要考虑礼仪！你可能会想："什么？不就是听个声音吗？要讲"礼"，有那么一点点道理，"仪"就没有必要了吧？！对方又看不到我的样貌。"不不不，千万不要忽略。关于电话面试的妆容和着装很多人有误区。有人觉得电话面试可以放轻松了，不用好好化妆、不用西装革履啦！千万不要有这样的想法，无论是电话面试还是视频面试，一样需要精心装扮自己。你在样貌上的塑造，会潜意识地关联到你的语音语调中，自信满满的语音语调一定是和外貌相关联的。

二、视频面试

在互联网时代，就企业层面来讲，已经越来越习惯了线上处理问题，线上视频面试也同样如此。同时企业会发现视频面试大大降低了面对面面试的成本，因此会有越来越多的企业将视频面试纳为常规的招聘形式。形式发生了变化，相应的应对也要发生变化，切切注意不要忽略任何可能带来影响的细节，细节决定成败。

1.视频面试细节

视频面试前，检查你的所有相关准备是否到位。

（1）设备

PC　与屏幕保持一只手臂的距离。这个距离取景时，人像在视觉上最为舒适。

手机　如果你选择使用手机，要准备手机支架或者找到可以将手机固定放置的支撑物，解放出双手。一是避免手持镜头产生摇晃，二是避免被手持手机的负担僵化了身体和头脑。

软件　提前测试好你要用的软件，避免临场软件出现问题而错失良机。关闭面试用不到的其他所有软件，避免信号被干扰，也避免跳出来的提示信息扰乱你的思路和语言表达。

高度　"镜头（摄像头）"与眼睛同高或者略高于眼睛，保持视线和摄像头一致或略低，而非过高或者过低，这样你在屏幕中呈现出的是有精气神的样子。注意这个说法的细节，眼睛和"摄像头"保持水平或者眼睛略低过"摄像头"，参照物是"摄像头"而不是屏幕中对方的眼睛位置或者其他位置（图3-13）。

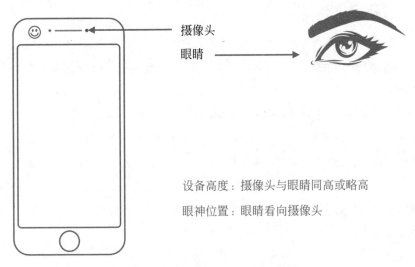

摄像头

眼睛

设备高度：摄像头与眼睛同高或略高

眼神位置：眼睛看向摄像头

图3-13　眼神与摄像头的位置关系

（2）人

脸　化淡妆。

眼　眼睛盯着"镜头"而不是屏幕，这样可以确保眼睛有神且有交流感。你的面试视频可能会被录像转给其他人看，如果你看的是屏幕，你就失去了用正视的眼神说服看你视频的面试官的机会，而往往这位面试官可能是你能否进入下一轮或者被聘用的关键决策者。人总会不自觉地要看向屏幕中面试官的脸，这是千百年来基因淘汰替换决定的习惯，如何解决这个超级难题呢？诀窍是在镜头旁贴一张笑脸贴纸，对着笑脸讲话，有了目标感，你就会释然、自然了。

手　不建议在视频面试的时候写笔记，因为你需要与面试官有眼神的接触。

着装　服装按照当面面试的方式穿着，特别是不要忽略下身的裤装或者裙装。一是正装让你的思绪和大脑进入到工作交流状态；二是避免万一出现不可控、未预期的问题（咖啡或者水被打翻）你需要站起来时，下半身就会被妥妥地暴露出来……

💬 **应聘亲历：视频面试着装失误**

○云游：

我刚开始面试的时候，外面天是亮的，就没有开房间的灯。结果面试的过程中，外面开始打雷下雨，天黑漆漆的，这时视频里的我就只被电脑的光照着，跟女鬼一样。然后HR就跟我说可以去开灯。但我不敢去，因为我就只穿了上身的衬衫，下面穿的是睡裤。我就语无伦次地说："没事儿，雨马上停，省电……"那个HR说："你倒是挺节省的"。更加尴尬的是，外面在闪电，我的脸时不时就会被闪电照亮，我还戴着眼镜，从眼镜还能看出来我面前放着一台电脑。结束的时候，那个面试官还说了一句："你是我今天面试的这么多同学里面，打光最特别的……"所以朋友们注意，视频面试要全副武装，不能只注意上身的着装哦。

姿势　关于坐着还是站着面试，用你自己觉得舒服的方式就好。切记不要使用转椅，因为人在焦虑紧张的时候容易不由自主地转动。你可以想象一下镜头那边的人看到的是什么画面，一个左右晃动着的人体会让人感到心神不宁、无法亲近从而被否定。也不建议用文字提示，镜头能够放大一切细微动作，你的微动作和微表情在镜头中都能够被一览无余，因此去看文字提示会被面试官解读为缺乏自信。

（3）环境

光线　使用光线柔和的面光，注意是面光而非顶光或侧光。如果是顶光或者是一侧的强光，都会在脸上制造阴影。光线可以是从窗户进入的自然光线，或者使用现在很方便、很便宜就能够买到的直播拍照补光灯，或者就是用一盏台灯放在正前面补光也可以。

背景　整洁而非杂乱无章，使用干净的墙面或者整理过的书架作背景就很好。

杂音　控制外界的声音。如果是在家里，要避免宠物乱入、家人切菜、旁人尤其是有孩子进入房间。如果是在宿舍，请提前和室友及左邻右舍打好招呼，避免尴尬出现。

2. 视频面试核心

在设备、人、环境等细节都准备好的基础上，反复练习并进行预演。录制下来自己的反应，分析改进，以保证胜券在握（图3-14）。

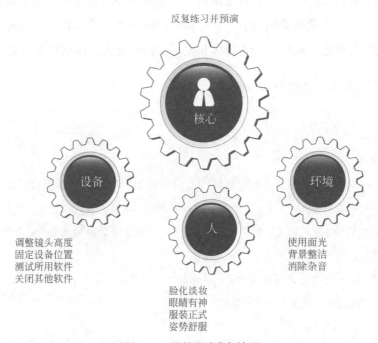

图3-14　视频面试准备技巧

3. 规避镜头弱项

由于画面镜头能够放大表情和肢体信息，因此人在视频面试中会被镜头突出呈现弱点。为避免弱点被暴露，面试者需要甄别自己的类型，以规避掉镜头弱项。人在镜头中的过分表现可以分为两大类，一类是激情者，另一类是静观者。

激情者，在镜头中超级活跃，呈现出指手画脚的形象。镜头那边的面试官会很容易被上下舞动的手势干扰。激情者需要控制自己的肢体，用一只手抓住另一只手的手腕，或者将手坐在自己的屁股底下，或者在日常不戴首饰的手指上戴一个稍有分量的物件、绑一个橡皮筋。在想要动的时候，这些细节安排能够及时产生抑制作用，能够有效避免肢体的过度夸张动作。

静观者，在镜头中非常沉静，难以从面部读取到信息，木讷的表情很容易让面试官觉得你是处于郁闷或者生气状态。静观者需要注意保持微笑。调整情绪的方式是在镜头旁贴一张幽默的小表情贴纸，提醒自己在镜头前保持微笑。

面试中要观察面试官在镜头前是否可以归类到以上两种类型。如果是，你就要相应调节你自己的状态。对方是激情者，你就不要是完全相反的静观者。对方是静观者，你就不要是激情四射、欢呼雀跃的激情者。两人在一个屏幕中呈现完全不同的两种状态，面试官会觉得你和他不是同一类人，面试很有可能不通过。

应聘亲历：视频面试小便签

○海伦：

视频面试我找到了一个小窍门，我会提前思考面试官有可能提到的问题，然后把答案的要点列出来，用小便签贴在屏幕上，这样回答的时候会心态沉稳。面试官喜欢逻辑清晰的回答，而且会追问你这么做的目标或者背后目的是什么，所以便签不仅要准备答案内容，还要想为什么要这么做和做到什么程度。但也需要注意放置的位置，若你的眼神飘忽不定，有可能会被识破。建议模拟面试录屏看一下自己是否自然哦。

面试有时候很不可控，你以为做了很充分的准备，但依旧有可能出现各种意外。

特别提示不要在面试中尝试作弊，所有的作弊行为在屏幕中都能够被一览无遗。面试官对线上作弊花样了如指掌，例如提问算法题，应聘者一开始支支吾吾，过一会儿就开始闷头写，写出的代码和某网站提供的答案还极其相似。问基础八股文的时候也是，嘴上说的我会但却说得不着边际，然后一会儿又开始说标准答案，问一些深入的就不懂了。这都是明显在作弊。候选人面对着两个电脑屏幕，一个用来面试，另一个屏幕受到协助人的操控。协助人在身边的情况下，两人共用一副耳机或者外放声音，面试官问的问题两个人都能听到。协助人使用自己的电脑和候选人的作弊电脑建立会议连接，共享屏幕之后搜索面试官的题目或者代码共享给候选人进行作弊。还有一种远程作弊的方法，候选人佩戴两只外形一致的耳机，一只开着面试房间，一只打着微信电话，将面试官的声音传到微信电话里面。协助人听到之后将答案通过耳机反馈给候选人，候选人说出答案。这样的情况会造成面试者神情慌张、回答结结巴巴。

很多公司在了解这些作弊方法之后，要求进行双机位面试，并且要求候选人的手机处于可见状态，使用有线耳机防止作弊。

公司一旦判定面试者有作弊行为，此人就会被记录在系统的黑名单中。这种摧毁式的冒险行为还是不要做为好。

三、群面

目前群面被应用得有些泛滥，但从本质上来讲，一个人加入一个组织，一定是要在团队中开展工作的。因此HR创造这样的虚拟场景，就是要在这样的场景中甄别应聘者。一个层面是考察应聘者的工作能力，包括对于特定问题的分析能力、理解能力、策划能力。另一个层面是考察应聘者的软技能，包括思维能力、沟通能力、效率能力及人际关系等。且群面是一个完美的抗压场，对于其中的任何一员，都是一次抗压能力的测试。除个人表现外，面试官还要检验整个团队的产出是否有效。

💬 *应聘亲历：如何通过群面*

○不香：

群面时要尽量多说话多表现。我之前一直秉承着要理性、有缝隙时再发言的原则，群面的通过率就极低。后来自己做总结，发现重点是看说的内容，只要是言之有物就是好的，即使是需要插话说出来。有意见就是要表达。表达的方式是结论先行，再说论据，避免话太多让人抓不住重点。所以后面的群面我调整了方式方法，通过率就大大提升了。

○上联：

感觉群面能通过的有两类，一类是多给意见，另一类是梳理框架进行总结。总结可以不用太多，但是一定也要输出观点。

○图图：

优秀的群面面试官会关注到所有人。如果目标岗位的素质要求能够接受不爱说话的人，面试官群面后会单独点名与没有讲话的人沟通。当然如果岗位的需求就是需要你在群体中勇于发言，那没有发言也不用后悔。群面没过，说明你与这个岗位的性格需求不符合，也不一定是坏事。因为如果被聘用到了一个不适合你的岗位上，你会很难受，会工作得不开心。

1.群面考察的能力

分析能力：包括产品分析、市场分析、用户分析等，以此来测评面试者在产品定位设计层面的认知。

理解能力：包括竞品分析、产品定位、用户群定位等，以此来测评面试者对产品、对用户的理解和判断。

策划能力：包括产品策划、宣传渠道策划、活动包装等，以此来测评面试者对全流程的熟悉程度和组织能力。

思维能力：包括结构化思维、批判性思维、创新思维甚至是战略思维。

沟通能力：包括清晰高效表达、营销传播自己观点的能力。

效率能力：包括时间规划、团队管理等能力。

人际关系：包括关系搭建、人际拓展、合作共赢、协商谈判等能力。

2.群面的组织形式

群面的形式包括无领导小组讨论、分组辩论、Presentation（演讲，小组成员分别陈述自己的方案后相互提问）等各类形式。

（1）无领导小组讨论

无领导小组讨论是最常见的一种群面形式，几乎占据了80%的比例，流程也比较固定（图3-15）。很多大厂如腾讯、百度、京东，很多时候是将非技术岗，包括产品、运营、市场等放在一起考察的。所以无领导小组讨论的题目往往是比较开放、好入手的，不管面试什么岗位，都能够从你的专业角度去对这个问题发表一些看法，但是切入容易深入难。无领导小组讨论的组织目标也比较一致，是一个小团队为了一个共同的目标做事情，所以体现团队合作能力非常重要。另外，它的传播环境相对复杂，因为你的发言会受到队友的一些影响。

图3-15 无领导小组讨论的流程

（2）分组辩论

分组辩论的流程更为复杂，且增加了直接交锋的自由辩论环节，对面试者的语言组织能力、情绪控制能力要求更为严苛（图3-16）。

图3-16 分组辩论的流程

分组辩论考察成员的思维判断能力、语言组织能力、影响说服能力、应变沟通能力、面对不同意见的处置能力等。以"亮出观点、给出论据、实施论证、重申观点"为串联主动积极发言，这样不仅可以给面试官留下深刻印象，还有可能用你的观点左右其他人的看法，形成你的核心影响力。

辩论中想要说服对方要伺机而动，不要在对方极其激动和观点尖锐时正面出击，无谓的争论于事无补。要寻找合适的气口，先表达你对对方观点的认可，让对方可以在轻松的心态中继续接受你传达的信息，这样你发表反对信息的时候对方也能够平心静气地听进去。在辩论过程中记住抓住问题的核心本质，立场鲜明，语气坚定，真诚阐述，不被常规概念上的"辩论争输赢"所左右。当然如果过程中你发现自己最初的观点有纰漏，不妨坦诚承认，调整自己。

分组辩论容易陷入的坑是为了辩倒对方而咄咄逼人、无所不用其极，忘记了对于一个组织来说，重要的是完成最终目标，要在求同及妥协中达成目的。因此不要将应聘中的分组辩论当作电视节目中的辩论大赛，避免让求胜欲妨碍了自己团队合作意识的发挥。

（3）Presentation演讲

Presentation的流程相对更为友好，有前置准备时间，少了辩论场的激烈交锋（图3-17）。

图3-17　Presentation的流程

Presentation演讲的素材是你提前准备的，传播环境也比较简单，一般只需要你一个人讲，面试官和其他面试者一起听，并且提问题。

这种演讲加提问的方式具有可准备性，文案、展示方式、可能被问到的问题等都可以提前演练，找自己的好友做自己的监督官，反复演练，直到自己满意。

应聘亲历：群面技巧

○云狐：

群面中不敢讲话，结果就总是被淘汰。有一位面试官曾经问我，是不是觉得这个面试不重要……其实我在群面中觉得别人说的都挺对，要很突兀地插一句说我认同你们的观点就觉得很难受。室友说，对就要赞同和补充，要把自己的想法表达出来。我觉得补充会很乱，本身大家的观点就都不一样。但他又说讨论和沟通本身就是需要听到不同的观点，如果我觉得大家说得有道理可以整理思路和框架，把大家的观点都写进去，甚至是投屏展示框架，让大家一起根据框架往里面填东西。受教了之后调整群面中的状态，果然能通过了。

○平胡：

有一次群面全组共8人，另外7人都不同意我的观点，但是我的观点才是题目要表达的，最后全组都跑题了。我当时采取的方式是继续说我的观点，有一点发生争执的感觉。最后群面没过，面试官还问全组为什么没有采纳我的观点……之后请教学姐，我学到了正确的处理方式。她说如果是她的话，会先说自己的观点，说2次，尽量向自己觉得对的引导。但最终改变不了就顺从，同时表达"其实我有不同的见解，但是我尊重你们一致的意见，毕竟我们是为了一个目标去努力"，这样一般就不会被淘汰了。

3.群面前中后

群面是直面竞争的场合，脱颖而出成为赢家是终极目的。每一个环节的精心准备都可能让你超群出位。

（1）群面前

① 准备表格。一张纸分割为四个象限，顶部记录面试问题。

第一象限和第二象限分别写面试官和群面成员的姓名及提示信息。例如：陈晨，蓝围巾，运营岗；孟庆辉，蓝T恤，英国留学生等。

注意，这里记录姓名不必追求字的对与错，欣或新都可以，重要的是通过这个人的外貌特征对应他们的名字发音。这样在后续发言交流中、最后环节被提问时，你能够通过记录准确地叫出来对方的名字，说到他们的特征，你的表现会惊艳到在场的所有人，一定会为自己的面试加分。如果面试官向你提问，你回答问题的开场就可以精准地用到"对于刚才XXX同学的观点我是非常认同的。他的英国留学经历带给他看问题的不同视角……"，"对于XXX同学的看法我感到很新奇，学习到了一些看问题的不同视角，谢谢你对我的启发。但其中有一点我有不同看法……""谢谢我的老乡XXX的提问，对于这个问题我是这样想的……"等加分句式。

需要提示的是，现在很多企业倡导员工不论职位大小，从CEO到新入职员工，都直呼其名。在介绍过程中或者你在查企业信息的时候是会知晓这个企业文化的。面试这样的企业，你直呼面试官的名字没有问题。如果是没有这一企业文化背景的，请称呼"XXX总"或者"XXX老师"。

第三象限，记录建设性观点，也标注上自己增加的提升性意见等。第四象限，记录不同意的观点。在这两个象限的提示中，可以将"认可观点＋激发观点＋表达不同观点"的标准话术呈现出来。需要提示的是，你在群体中，除了完成清晰表达、输出观点的功能之外，要注意洞察激发出更多内容，在人际沟通上实现团队效益，达成合力共赢的效果（图3-18）。

面试问题：＿＿＿＿＿＿＿

群面成员信息	面试官信息
白琳：盘头，吉林 李可：寸头，篮球，北航 黄子豪：格子衬衫 孟庆辉：蓝T恤，英国留学生	许鑫怡：左一，短发，HR 陈晨：左二，蓝围巾，运营 许欣：左三，格子衫，技术牛
建设性观点 表达认同：是的，我非常同意刚才李可表达的观点。我自己在考虑这个层面的信息时还想到了……有没有在这个层面有新的补充的同学？ 澄清观点：白琳同学能否将刚才你说的信息做一个解释？听起来是很有价值的想法，能够解释得更为细致一些吗？ 关注未发言者：孟庆辉同学，刚才大家讨论得太过激烈，你是否没有找到发言的机会呀？你有啥看法呢？	不同观点 表达异议：谢谢黄子豪提供的想法，很有新意。但我对这一点有不同的看法……我觉得用这个方式处理会更为高效。

图3-18　群面观点记录示例

② 准备细节。群面前有两个重要细节需要准备。

一是提前知晓信息。在被通知面试的时候，HR有可能没有仔细标注你接下来要面对的是群面，因此很可能出现你到达现场却无人接待的场面。为了避免出人意料的情况出现，你在接到面试通知的时候要记住询问通知人"下一个面试是什么形式"，这样可以提前知晓信息从而做好相应准备。

二是准备自我介绍。群面的自我介绍和单面的自我介绍有很大区别。群面自我介绍的目的是让在场的所有人瞬间记住你，要用最有特色的方法介绍自己。单面则是聚焦在面试官考察你的视角，将自己与岗位和公司匹配的信息融合后介绍自己。无论什么形式，自我介绍都要提前准备好1分钟版本和30秒版本。

群面的自我介绍形式可以多种多样，例如"我叫XXX，我是3A同学。第一个A是因为我的英文名字叫Amy，第二个A是因为我非常想加入Alibaba这家头部公司，第三个A是因为我做事喜欢力争团队最优得A。在这个场里大家可以叫我Amy或者就叫我3A。谢谢！"这样的介绍，非常容易让别人瞬间记住你，且在后续会非常愿意和你有交集，因为和你打招呼没有千方百计想名字或者需要先看名牌提示的障碍。

（2）群面中

① 关注评价维度。群面中HR会给面试官准备好打分表格，各项考察要点在打分表格中呈现得一目了然（图3-19）。打分表格的考察点涵盖了冰山模型中冰山上和冰山下的内容，虽然具体内容可能存在差异，但基本分为三个层面。

表现评价维度	5分	4分	3分	2分	1分
工作中所需专业技能与知识 中英文交流技巧，包含听说读写					
创造力和适应性 有创新见解 能表达想法 积极追求目标 视变化为进步机遇并积极准备迭代					
人际与团队关系建立技巧 对新的环境有良好的适应性 能在团队中高效工作					
决策中的判断力 主观能动性 保持高效水平并能坚持不懈					
领导力 确定目标并能够完成目标					
稳重性 自信可靠 具有专业形象					
个人发展 找寻进步和学习的机会，愿意刻苦工作					
职业兴趣和义务 对职业有真正的兴趣和献身精神					
总分					

图3-19　群面打分表格示例

第一个层面是工作中所需要的技能和知识，例如双语语言能力及交流技巧、了解国家人事政策深度等。

第二个层面是能力层面，包含创造力（有新见解、新发现），适应力（视变化为进步机遇并积极挑战现状、对新环境有良好的适应能力），高效工作能力（反应能力、决策判断能力、沟通说服力、执行能力）等，评分表格中呈现的可能是"是否提出新见解和方案"，"是否善于说服别人调解争议"，"是否能推进讨论议程"，"能否准确清晰表达自己的观点"，等等。

第三个层面是价值观及性格、动机层面，包含主观能动性、坚持不懈的特质等，评分表中的呈现可能是"面试者参与有效发言的次数（考察积极主动性）"，"是否能做到随机应变（看沟通中的变通能力）"，"能否倾听别人意见"，"是否具有团队合作能力"，等等。

你在群面中的表现要有的放矢，命中打分表中的核心评价维度，最终就会凸显出你的优势，获得高分。

② 做好细节准备。正所谓知己知彼，百战不殆。关注细节让你离成功更近一步。

一是熟络人脉，提前20分钟到达面试现场。有的同学可能会问，明明都是竞争对手，为什么还要熟络人脉呢？其实，群面的大忌就是把一起参与面试的人都看为对手。让这么多完全陌生的面试者统一观点已经很不容易了，一旦互相树立起敌意，讨论就更难进行。面试者进入群面现场，面对陌生的环境和竞争对象，自然有紧张情绪出现，这时候主动上前沟通了解，一方面缓解了双方的情绪，另一方面相互熟悉了解之后，在群面中双方自然会减轻敌对意识，促进互相帮助合作，对于自己的观点输出和说服力提升也会有帮助。同时，如果在这个时候记下一两个面试者的名字，在群面中必然会为自己加分。

二是观察对手，主要指风格猜测和角色猜测。比如你看到某个面试者戴了手表，那么他很有可能想要自荐做时间规划者，而如果你也有这个打算，就可以先发制人。又比如你看到一个面试者积极地和周围人侃侃而谈，那么他可能想成为leader，可以主动上前交流，便于场上合作。

三是制作铭牌，这一环节尤为重要，是让面试官记住自己的重要因素。提前制作一个易于辨识的铭牌，既提高你在面试官眼中的存在感，又体现出你对这场面试的重视程度。就算企业提前为你准备了铭牌，你也可以用马克笔做一个与众不同的或者就干脆拿出自己事先准备好的，成为在一开始就脱颖而出的那一个。铭牌的两个面都写上名字，方便面对你以及和你坐在一排的人需要时都能够看到你的名字。这种出挑的方式也需要视应聘企业的文化背景而调整。如果公司是低调传统的风格，那么融入环境就好。

四是选择位置，如果公司没有指定位置，那么尽量选择中心位置或者靠近面试官的位置，可以产生更多影响力。

应聘亲历：群面题目

○木木：

大多数群面是直接给出题目，但也遇到过抽取题目的情况。无论是直接给题目还是抽取题目，对于应聘者来说效果是一样的，都是现场开题，没有差异。

应聘亲历：群面团灭

○大圣：

我经历过一次线上群面团灭的情况，感觉遇到了五个大麻烦。第一个是大家疯狂吵架，有四五个人同时试图当 leader，经常两三个人同时说话，听都听不清楚，还跑题。第二个是相互打断，有一个女生，别人说话她就说没时间了，先放下。她说的时候，别人让她先别说这个了，她完全当没听见一样继续说，心定如山。然后两个人同时说话，比音量，这个女生盖过了劝她别说了的。第三个是有一个人很喜欢说"我最后再来说一下……""我最后再补充一下……""我最后再提一点"，每次都用"我最后"堵住了别人的话口。第四个是有一个人直接怼别人，说"你知道公司想要的是什么样的面试吗？""这才是面试官想要看到的面试！"。他还呛所有人："你们知道这个产品之前的调性吗？在这里开始讨论有什么意义。"最后还和另一个吵了起来，现场就只能够用混乱来形容！第五个是有一位因为信号延迟，出现了他听不到大家说，但大家能够听到他说的情况。每次讨论正热烈的时候，他就说："你们能听到吗？喂？喂？"最后大家都感觉是团灭了。群面真的是看运气，不过自己也有了收获：一是看到了别人的问题，自己后续能够避免了；二是线上群面需要在一开始勇敢站出来给出规则，避免一团乱麻导致团灭。

○火钳：

群面中太过强势什么角色都抢的，在喜好老实做事儿的公司就会被认为不够团结。若有两个超级强势的争论吵起来，就会有团灭的可能。

③ 打造高分时刻。群面呈现的就是"发现问题——分析问题——解决问题"的过程，在任何时候都可以打造自己的高分时刻。

第一表现职业，遇到问题冷静思考。想成为主导，就在解题时抓住关键点，迅速组织思路，形成框架概念，运用模型思维解题。在每个模块下提取你的知识和经验、梳理你的思维和信息，最后做系统总结，而后分配讲演、给出展示，要紧扣题目不游离。

第二自信展示，回答提问交流为先。目光从注视提问人开始，逐渐转移到其他人，让所有在场的成员都能够感觉到你也在和他们进行交流，而不是仅仅关注提问人，最后将目光返回到提问人身上，作为完结。直视他人是展示自信的最直接简单的方式，关注群体内的所有成员充分表明你的集体影响力。

第三有效沟通，关注他人重视合作。在群面的情境中时刻提示自己，这不是真正的工作场景，是面试场景，因此要把握坚持原则和随机应变、角色定位及转化补位、勇于担当和奉献牺牲的微妙关系，不要过于激进好斗。群面是团队共同完成相关题目，不是个人秀。因此在过程中听和说同等重要，关注到他人也很重要。

第四影响他人，调节提问环节气氛。于团队而言，影响他人的方式可以是形成对话、可以是赞许他人观点、可以是询问有没有不同意见、可以是提示没有发过言的人阐述观点、可以是和有不同观点的人探讨问题……有任何这样的表现，都会是加分点。于自己调节情绪而言，如果出现问题太密集、气氛窒息的情况，可以用喝水润喉或者记笔记的方式制造一下暂时的停顿和放松。主动采取行动控制节奏，缓解整个群面场的紧张气氛，有利于所有人更好地发挥。

④ 明确角色定位。群面中通常有领导者、时间规划者、观点提出者、组织协调者、总结者等多种角色。

领导者　领导者是整个讨论过程的引导人，负责带动全场面试者的讨论气氛和方向，也要在一些冗长的对话后做要点总结。这个角色看起来是全场最出彩的但也是对能力要求最高的，是考验面试者的组织能力、协调能力、逻辑能力等。如果不是群面老手，建议不要自荐做领导者，避免没有将自己的长处发挥出来、反而暴露了自己的短处。领导者担当着挖掘团队成员智慧的责任，可以以提问的方式要求团队成员给出反馈，也可以将自己在实习或者实际工作中获得的经验作为有效例证进行输出。

时间规划者　时间规划者是整场讨论节奏的控制者。由于面试官只会给出总体时间，因此讨论时间和总结时间的分配及进程控制变得格外重要。时间规划者要在开场时做好时间分配，比如前10分钟每个人轮流陈述，中间15分钟自由讨论，最后5分钟留给总结者梳理讨论结果。时间规划者承担着带领全组在限定时间内完成既定目标的任务，所以切记要在重要的时间节点提醒全场把握进度。因此，一块手表对于时间规划者而言格外重要。这个角色考验面试者的时间观念、协调能力和规划能力。如果你不善言说，时间规划者的角色是不错的选择。

观点提出者　观点提出者是除了担当角色以外的其他面试者。观点提出者可以根据自己的理解和思考提出方案，也可以针对其他面试者的论点进行延伸和反驳。你可能会觉得观点提出者相对处于弱势，其实，一个观点出色、逻辑清晰的观点提出者往往有很大概率通过群面，毕竟其他几种角色虽然出彩，但也承担着暴露个人弱点的风险。

组织协调者　组织协调者主要负责在观点冲突时对观点进行协调和融合。协调者需要有敏锐的洞察力和逻辑能力，在讨论中能发现冲突点并快速疏通逻辑，协调沟通，从而推动讨论继续进行。协调者并不是每场群面都会出现。担当协调者的人需要在讨论推进中交换各角色之间的信息，确认你听到了别人的意见并能够作出推导，话术可以是"关于刚才的问题，XXX呼应了XXX，我觉得可以作这样的推导……"

总结者　总结者是最终向面试官汇报讨论结果的人。总结者需要在每段讨论后记录下大家的想法，梳理成一个相对统一的答复，并清晰地向面试官表述。这一角色考验面试者的逻辑能力、理解能力和演说能力。有些时候，总结者和领导者会是同一个人。

⑤ 明确角色担当。找到适合自己的角色，展现个人能力，发挥个人魅力，在竞争中取胜。

角色确定　事前对自己作SWOT分析（一种分析优劣势的工具），确定适合自己的角色。虽然担当领导者角色的候选人容易有更多表现机会，但如果你不具备领导的才能，就不要在群面一开始就急忙认领，并不是抢到这一角色就可以最大化地展现自己，只有在自己最适合的角色上做出最大的贡献才能获得面试官的青睐。适合的才是最好的。有些同学一开始就争抢领导者的角色，结果在群面的整个过程中并没有负起领导者的责任，既没有把握好整体节奏和方向，也没有让群面有序地进行下去，最后非常混乱地结束了面试，可能就会导致全组团灭的状况发生。

角色转换　群面中大家是竞争者也是合作者，问题会层出不穷。事先自己可以有基本角色设定，但在现场时不要把角色看得太重，角色只是为了进行面试指导而划分出来的。在现场各个角色可能会交互穿插，是自然而然的试探摸索，不是说谁要做领导者那么他就是领导者了，可能有比他更合适的人跳脱出来。只要能够推进小组顺利完成任务，你可以游刃有余地变化角色。事项推进过程中，其实没有严格的角色分配约束，在适当的时候展示你的能力和魅力就是最佳。不要被设定的角色所束缚。

角色配合　避免为凸显自己而明显地抢功邀功。例如团队中有明确的时间规划者在计时，你就不用计时，但可以偶尔提醒一下，问问还剩余多少时间，看看大家讨论到哪个阶段了，侧面反映你有时间观念就好。团队中不是说只有时间规划者才能有时间观念，而是可以相互提醒、相互补位。

面对争议　群面的题目大部分会有争议，有争议是正常的，因为候选人专业不同、性格各异、阅历有差、见识不一，创新的思维、批判的思维、深度的思维等不一而足。遇到和自己观点不一致的，或者你觉得别人的意见平庸无趣，不要急着反驳，也不要情绪激动，或者是不屑一顾，等对方表达完观点再补充你的观点和意见。事情都有正反两面性，问题的关键在于全小组的成员达成一致的结论和结果。群面一方面考察你的工作能力，同时也能体现出你的风度和教养。礼貌的言语措辞，落落大方的举止，这些都会成为面试官眼中你的加分点。如果组内发生争吵，一定不要参与争吵，要及时进行协调，安抚组内成员情绪，矛盾如果激化，很可能造成组内没有讨论出任何结果，导致整组被淘汰。

角色之外　不要忘记在群面场中还有面试官们的存在。在沟通过程中可以适当抽离，汇总确认大家讨论沟通的问题是否是关键点。你可以有一次或者两次这样问："为了避免做出无效动作或者走偏，关于这个层面我们是否要请教一下面试官确认我们接下来要做的事情是正确的？ XXX老师，请问我们目前的思考路径对吗？"让面试你的人注意到你在认真注意问题、理解问题，你是好的听众，你知道过程中需要纠偏，这和实际工作中需要反复和领导确认你完成的任务是切中要害的有效行动是一致的。在汇报环节，就算你不是总结者，也可以尝试对观点进行补充，这个阶段没有人会打断你的发言，而你的发言也会成为全场的焦点，这是可以把握的绝佳表现自我的机会。你也可以在适当的时候鼓励总结者的发言，以表现出你的团队意识。

💬 **应聘亲历：群面给自己挖的坑**

○萌萌：

群面开场自我介绍，别人的介绍震撼到了我，百万粉丝KOL（关键意见领袖）、四国语言国际大奖、四家大厂实习经历……我瞬间觉得自己与别人差距很大，群面发言也失去了底气。结束了之后和闺蜜寻求安慰，她开导我："你别担心，你要真的差很多，他们也不会安排你们坐在一起讨论的。"我豁然开朗，心里想："对呀，我也不差，否则就不会参加群面了。后续要增强信心。"

○奈瑞：

有一次参加群面，他们竟然让我总结！其实怪我，前期一直没有找到机会发言，中后期好不容易逮到发言机会，就总结了一下他们的观点，然后他们就开始说不然让我总结发言吧……其实还是怪自己没有把群面的所有角色都考虑周全、练习到位。因为在群面中，你根本不知道自己会遇到什么样的队友，所以还是要都准备起来，从一开始就进入状态。

⑥ 群面中的加分技巧。组织想要的是团队合作而不是单打独斗，将所有群面场合里的人都裹挟进入你的交流场，是能够为自己加分的表现。

运用"我们"而不是"我" 一个组织希望纳入的人是为团队贡献智慧的人，而不是单打独斗的人，帮助自己和别人一起完成集体智慧的输出是现今社会的需求。

不要一枝独秀 不要想压倒某个人。在群面中，公司不是要选择谁是最好的，而是选择谁是合适的。

充分交流 和团队中的所有人做目光交流，不要仅仅和雇用你的主管或者是高职位的leader交流。如果你太过紧张，可以用到的技巧是与问你问题的人对视，而不是只和高职位的人沟通。

认可他人　认可别人很重要，对他人作充分肯定，认可有价值的信息，在你认为有价值的信息下深入思考。

尊重所有人　要尊重在场的所有人，包括面试官和参加群面的候选人，不要仅仅注意到leader，最终的决策是否通过是集体的决定。让每一位成员感觉到你对待他们是平等的。

凝练语言　小组面试中通常容易犯的错误是话太多，提前练习精练回答，聚焦结构化回答技巧。

表现谦逊　表现出你在群体中的谦逊态度，以达到沟通效率的最大化。

⑦ 总结后。群面总结陈述后还有可能进行面试官提问环节，这个环节的问题通常是涉及群面中的表现，例如"你在群面中的感觉是什么？""请评价一下团队的表现。"等。面对这样的问题，你要有结构性地、有层次性地表达你的观点，且是乐观积极的表达，可以先讲团队的优点优势，而后反思需要提高的地方。

> **应聘亲历：群面后的提问**

○静环：

参加群面后被直接留下进行1V1的沟通。当时我非常紧张，因为我完全没有做单面的准备。所以感觉脑子里想的和说出来的不一样，表现得不是很好。想想还是自身不够强大，欠缺真功夫，什么时候需要就什么时候上，那才是真的行。

○珍珍：

群面结束时被提问："你觉得你们今天谁表现得最好？"我整个人尴尬住了，社恐人的噩梦。据说有的企业还会问："你觉得谁最差？那淘汰他可以吗？他应该怎样改进？""你觉得谁最好？留他淘汰你可以吗？""你能对今天群面做个整体评价吗？"还听闻某大厂真实场景："如果让你选两个人淘汰，你会选择谁？为什么？"所以群面过程中也还要关注其他成员的表现。

（3）群面后

群面之后，场面总是异常混乱，纸、笔、水杯散乱在桌上，白板上写满字，椅子也被拖得七零八落。这时候要晚一两分钟离开，帮面试官把桌上的垃圾收拾干净，与面试官确认后可以擦掉白板上的字，把椅子放回原处，最后礼貌地向面试官告别。

自始至终准备到位的你如果顺利通过了群面，那恭喜你哦！接下来就是单独的面试环节了，你有了更多的机会去展示个人能力、才华、气质，向实现目标又迈进了一步。

（4）一对一面或者一对多面

前期做了电话面、视频面、群面的各种准备，那么一对一或者一对多的面试就不是难题了。深挖可能涉及的问题及考察点是需要真正下功夫准备的部分。

一对一或一对多的面试既需要提前做好准备，又需要临场灵活应变。

💬 应聘亲历：面试要随机应变

○杰西：

感觉1V2的面试或者1VN的面试要比1V1难很多，因为问题会很密集。所以在这种面试之前，最好能提前找两个特别喜欢追问问题的同学，和他们就模拟的问题做模拟面试训练，这样面试的时候就不会太过紧张。

○河神：

面试中被问未来规划，感觉这个问题要根据不同的公司做不同的回答。有的公司是喜欢有长期规划稳定的，有的是喜欢规划灵活有冲劲的，还有的喜欢不断挑战自我实现成长的。所以要根据不同公司做不同规划。

○小桔灯：

　　我有一次面试技术岗位，本来觉得准备得超级充分了，但还是被又强又有魅力的面试官征服了。他极其专业且温柔地点出我的问题，让我觉得很受用。我最后转变了面试思路，由想用我的能力说服他接受我转变为和他说："我好想与您这样的优秀的人一起工作，一定能学到很多东西。"最终我通过了这一轮面试。

○云菲：

　　面试最后面试官问我打不打游戏，和我聊起了王者荣耀。那时我心生疑惑，这是面试官用闲聊释放情绪吗？结束后和室友说起来这个奇怪的话题，他点醒了我，说："这有可能是看你喜欢什么角色，要判断你在一个团队中会做怎样的担当呢。"

面试中需要关注到的细节层面是，在一对多的面试中，与群面情况一致，当面对多位面试官时，要照顾全局，而不能只顾及职位高的成员。

（5）多对多面试

有的公司在集中招聘的面试阶段会安排双选会进行多对多的面试，尤其是技术岗位、设计岗位的招聘。企业将所有用人部门的 leader 召集在一起共同面对通过了面试流程的候选人，进行双向选择。

双选会的流程基本上由流程介绍、用人部门介绍、志愿填报、结果公布等环节组成。用人部门介绍部门业务及优势，吸引候选人考虑加入。候选人进行志愿填报，最后调配后进行结果公布。

进入到双选会的环节已经是很大的胜利了，不过依旧存在最后无法拿到 offer 的情况。有的公司的双选会会要求候选人在众人面前做讲演推销自己，所以接到双选会的通知后要记得沟通面试流程及细节，避免临时发现需要做的事项没有做好准备而功亏一篑。

（6）AI面试

科技的发展，让面试的形式也有了变化。很多公司例如银行、咨询公司、快消行业公司等，开始启用AI面试的方式，以节省人力资源。

AI面试采用人工智能方式，全方位模仿人类面试官的观察、分析和理解能力，记录面试者的回答内容，对其进行心跳检测、微表情分析、语音分析等，从而"明察秋毫"，从一颦一笑中分析候选人的性格、情绪、动机等，判断候选人素质和表达的一致性，帮助企业高效地对大量应聘者进行初步筛选，节省人力资源工作者的时间。

为了确保面试系统的有效性，确保进入下一轮次的面试者都是企业心目中的理想人选，AI系统录入了超过15000个"特性"对面试者进行分析，包括你选择的单词、你眼睛怎么移动、你的语速、你声音中可能透露出来的"紧张"以及你表情透露出的情绪等，这些都会从算法上进行解读（图3-20）。

图3-20　AI面试原理及流程

AI面试采用问答和做选择题的方式进行。问答会从你对岗位的了解、自身优势、坚持做的最久的事情、做这样的事情的收获、工作中遇到的危机、面对危机如何做等层面进行考察。每道题会有10秒、15秒或者30秒的思考时间。思考时间开始倒计时之后，有一个和蔼的智能机器人一直盯着你，向你点头示意，点头是一种鼓励、一种交流，让面试者回答问题看镜头时不至于太尴尬（提示：与视频面试一样，看镜头而不是看屏幕，效果会更佳）。每道题的回答会限制时间，2分钟、3分钟或者5分钟，回答完可以点提交答案。如果超时，系统会自动回收答案，超时没有说完的部分不会被收录。问答结束后，有可能会紧接着要求你做选择题，选择题直接在手机上勾选作答。

AI面试总时长不定，有10~15分钟、15~20分钟、20~30分钟等。在你接到的面试通知（一般以短信方式发送到手机）中会有相关信息提示。

AI面试会自动录制视频，所以要注意着装和妆容，不要觉得是机器人就可以忽略外形。和参加有真人面试官的面试一样，确保设备电源充足、网络稳定，使用手机的话准备好支架。预判可能会问到的问题并进行反复练习，确保面试效果优秀良好。被AI面试筛选通过的，公司可能会回看你的视频做进一步的判断。

面试，特别是校招季的面试，形式多样，竞争激烈。你需要做的是正视现实，做好准备，拥抱挑战。成功就是给不畏困难者准备的结果。

小结

- 电话面：在找工作的周期中内心时刻准备着，接起电话就是进入了面试阶段。
- 视频面：在镜头中为自己加分，无限靠近面试官的气质类型。
- 群面：超高淘汰率的群面需要你面面俱到的表现，注意面试前中后的准备，以细节表现贯穿全程，拿下得分点。

金句：面试不仅是当场的表现，高光时刻需要全方位的细节衬托。

第四节 | **面试前中后：
丝毫不能忽略的细节**

在面试流程中，有4种身份的人决定你是否被雇用，他们从不同视角看你是否符合他们的要求。这些人包括招聘HR、直接主管、间接主管和权力者。

一、面试关键人

招聘HR　通常招聘HR手里有一个列表，负责根据简历判断你的基本信息是否符合岗位需求，初面沟通再次判断你是否符合岗位画像。他们的工作很不容易，前期需要与海量的简历打交道，协调面试官的各种时间等。

直接主管　通过了HR初筛的人选进入到直接主管筛选阶段。直接主管除了复核你的基础资格是否符合外，还要在知识技能层面做细致考察。在面试过程中很可能会采用突然增加笔试、写感想等测试的方式进行真才实学的能力判断。业务能力水平是直接主管的关注核心。

间接主管　包括多种类型的人，最可能的是主管的主管，也可能是你未来工作过程中会接触到的交叉部门人士，可能是你的推荐人，可能是业务的前主管，还可能是行业内的信息灵通人士……总之一切能发表间接意见的人，都可能是这个环节的间接主管。大厂对重要岗位候选人都会安排交叉面试，交叉面试中出现的面试官们也是你的间接主管。未来潜力是间接主管关注的重点。

权力者　也叫终极面试官，是最终有一票否决权的人。这个人有可能是间接主管，也有可能是HRBP（人力资源业务合作伙伴），还有可能是公司领导。权力者要看的是你的价值观、工作动机、工作态度、稳定性、薪酬福利需求等（图3-21）。

招聘HR

与海量的简历打交道
协调面试官的各种时间

直接主管

复核你的基础资格是否符合
对知识技能层面做细致考察

间接主管

看未来潜力

权力者

看价值观
看稳定性
看薪酬福利需求

图3-21　面试中的四类关键人

面试/招聘委员会　不同的公司对招聘有不同的设计，有的还设有面试委员会或招聘委员会（Hiring Committee）。以谷歌为例，前序面试结束后，HR会收集每轮面试官的反馈，提交给招聘委员会决定是否发offer，委员会由谷歌资深员工组成。谷歌采用全球通用聘任制度，也就是你可以在全球任意地区参加面试，面试通过后适配全世界所有的办公地点（涉及出国工作签证政策者除外），双方选择相互合适的办公地点，offer最长可以保留一年。

单面是找工作至关重要的环节，下面我们来做切片化分析，确保每一个步骤能够精准掌控。

二、面试前：模拟面试

你知道了面试官要考察什么、做好了细节准备、对自己信心百倍，是完成了面试准备的前半程。真正能够让自己在面试中完全适应的方法就是进行面试练兵。就如高考上考场一样，反复的模拟考试能够让你在特定情境下保持稳定发挥甚至激发出最好的状态，提升成功率。

模拟面试的方式有朗读练习、颅内练习、镜子练习、录像练习和真人练习。

1. 朗读练习

写下你觉得可能会被问到的问题及答案，大声读出来。训练你的大脑和记忆，将面试回答问题转变为自然而然的事情。人类每天做的70%左右的事情由习惯驱使，所以会下意识做很多事情。当你大声读你的答案直到你自己觉得无聊、觉得烂熟于心、觉得做梦都会冒出来时，这些信息就已经融入了你的记忆中，你就不会在面试的过程中有任何的紧张感。

2. 颅内练习

用图像化的信息想象你在面试的时候沉着冷静、应付自如，面试官对你微笑并予以充分肯定，让你的内心感受到面试是令人愉快的、积极的、有成效的，那么在真正的面试场景中，就会给自己积极的心理暗示，因为你的头脑已经帮助你记忆了良性信息，因此你的语言、行动、潜意识都会帮助你一起达成目标。

3. 镜子练习

对着镜子模拟面试作答情景，你能够观察到自己讲话时的状态和表情，思考如果你是面试官是否会录用镜子中的自己。用第三视角审视自己，不仅是准备面试的好方式，也是演练汇报、演讲、谈判的好方式。

4. 录像练习

充分利用我们的手机，将面试练习录下来，回放、审视、检查满意及不满意的地方，将不满意的层面提取出来进行强化修正练习。再录制再检视，一点点修正到满意。

5. 真人练习

和你的同事或者朋友进行练习，但不要是家人。因为你的家人和你关系太近，因此他们在和你进行模拟练习的时候，容易走两个极端，要么会非常苛刻让你觉得一无是处，要么是过度赞誉，无法提点让你提升。朋友或者同事会给到你中肯的反馈意见，能够让你获得提升和改进。

你可以找一位甚至是几位你的师长或者朋友，给他准备好所有相应信息，尤其是要包括所有的难以回答的问题。然后让他扮演面试官与你进行模拟面试。准备信息的过程是一次系统梳理的过程，和面试官替身一起反复练习是让头脑形成类肌肉记忆的过程，这都能帮你减轻心理负担。最好的方式是找到专业的模拟机构进行面试练习，场景更真实、反馈更有针对性、能力提升得更快。如果能够找到你想要加入的公司的员工做模拟，练习就会更有效。

所有练习方式交叉利用，是克服临场发挥有失水准、避免产生紧张情绪的最好的方式。练习能够让你处于最佳的沟通状态。你什么都感知过了，什么都准备好了，即使遇到了不在你准备范畴之内的问题，也因为万变不离其宗，总能够整合出来满意的答案。尤其是当你的面试需要使用英文时，就更需要通过模拟面试进行练习。

最好的练习是实战中的练习，不断积累经验。提升面试的通过率。

应聘亲历：面试通过率

○单纯：

我感觉我投大厂投得太早了，大厂都用来练手了，所以后面面起来就很熟练了。前期投的基本上20家公司拿1个offer，10月份之后基本上5个公司就能拿到4个offer。

应聘亲历：学面试经验

○海昌：

多去双选会，面试流程很快。前期即使不想去的企业，也可以去参加面试，能学到很多面试经验，这样在面试心仪的公司时就不会那么慌了。

三、面试中：掌控氛围

面试中最容易出现的问题是情绪紧张、发挥失常、失了水准。如果你能够掌控氛围，就更容易将自己的能力充分彰显出来。因此先要从心态上调整自己，告诉自己应聘者与面试官是处于同等位置的，是我有真才实学、他有人才需求，因而我们想沟通达成合作的关系。应聘者要在面试过程争取主动，营造你主导的面试情绪和氛围，让沟通场中的气氛轻松，尤其在时下所谓抗压能力测试流行的时候，你可以通过反问融洽气氛，以结交行业朋友的心态面对面试。

如果你面试初期感觉紧张，也完全没有问题，因为这是人类在至关重要的时刻会产生的应激反应。回想你从前经历中超级自信的场面，或者回想某一次与朋友愉快的谈话，将愉快体验移情到面试场景中，甚至是刻意练习让嘴角上翘，都能够帮助你转换心情。讲故事也是能够缓解情绪的方式，准备与你的履历相关联的经历或故事，需要时就调用出来。

你在面试中时不时显露出来的或眼神坚定，或幽默风趣，或微表情提气，或肢体语言辅助等，面试氛围就会定调为得体、契合、满意，导向的结果也就离成功越来越近。

应聘亲历：学面试经验

○手表：

我发现了一个规律，如果我面试之前是非常放松的心态，就会发挥得很好，轻松的表现会让通过率更高。

○原声：

面试过程中直视面试官与其交流很重要，不要眼神游移，会让人感觉你不够自信。

○含束：

面试了许多公司，都没有什么结果。反而在一次聊得非常开心的面试中顺顺利利地通过了。所以状态很重要。

面试流程通常由自我介绍、沟通问答、反向提问组成。

1. 自我介绍

当你被要求做自我介绍时，需要明白面试官不想听你照本宣科将简历中已经写明的事实复述一遍，因为在决定面试你之前面试官已经对这个层面做过充分地了解了。自我介绍背后隐含的要点有三：一是你对应聘岗位的态度？二是你是否适合此岗位？三是你计划为公司做怎样的贡献？换句话说，就是满足面试官想知道的"你过去做过什么？你现在能够做什么？你未来计划做什么？"。好的自我介绍就是进行自我画像，让所有信息表述完成后能够与HR或者面试官头脑中想找的人完全匹配。自我介绍视场景不同可以有长、中、短三种版本。

（1）长版自我介绍

长版的自我介绍可以详细解构为三大部分十个步骤，常出现在一对一面试中。

① 营造良好气氛。开场调整自己情绪，营造轻松的面试氛围，充分呈现你为人处世的方式。

问候 微笑着以"您好""老师好""XXX总好"等为开场，轻松展开沟通谈话。

感谢 真诚感谢面试官给予的机会，如"非常感谢您能够给到这样的机会介绍我自己"。这个步骤是可选项，当你感觉紧张没有完全消退，可以用这句话作为过渡，缓冲压力。如果你可以直接开始介绍了，就跳过这个环节进入下一步骤。

② 展示个人信息。介绍你的能力、自我认知及你与目标职位的关联度。

姓名　自豪地、清晰地讲出自己的名字，如果你的名字有特殊含义且与工作职位有关联，可以解释你名字的意义。例如你应聘销售岗位："我叫李冠军，冠军这个名字缘于我父母期望我能够在人生路上处处胜利，但这个名字也给予了我超级大的压力，小学同学曾经嘲笑我徒有虚名，于是激励我要证明给别人看。这种不服输的冠军劲头让我顺利考上大学，也取得了优异的成绩……"这样的介绍将你抗压、努力、有目标感的特性体现了出来。

岗位能力　从时间最近的、与目标应聘岗位最贴合的内容说起。将简历中无法详细介绍的你的特长、你的专业性细节用讲故事的方式融入其中。要确定你提到的信息是与目标岗位有关联的最重要的信息。如果你之前从事的工作内容与应聘岗位没有直接关联，就抽取通用能力信息进行表述。例如，你在社会实践中曾经做过校园销售，给同学代购物品，而你应聘的目标岗位是运营，那么可以抽取的通用能力信息就是"研究用户需求"，"如何吸引用户的关注"等。

资质　介绍你毕业的院校及专业、你拥有的证书、你曾经取得过的最特别的业绩，以上内容可以证明你完全能够胜任岗位工作。如果你经历简短，这部分内容可以和"岗位能力"的内容合并陈述。

专长和技能　介绍你拥有的可能能够为开展工作起到加持作用的专长和技能，例如视频剪辑、H5制作、数据分析工具运用、语言能力等。

品质　享受在团队中开展工作，思维开放、信心坚定、有创造性、方向明确、易相处……

兴趣爱好　这一部分简短介绍，目的是让面试官知道你是一位有自己独立标签和特点的人，而不是寡淡无趣的工具人。或者若面试官的兴趣爱好和你有相同之处，你们的沟通就又多了一个通道。

家庭　这是可选项，可说可不说。例如你的应聘岗位是商品运营岗，你有曾经帮助父母运营网上商城的经历，那么这样的家庭介绍就值得呈现。

③ 呈现未来发展。介绍你计划为公司做出的贡献。

结束语　表述你为什么来参加这次面试，可以谈你未来的规划、你与应聘公司的联结。结束语是最为重要的部分，也是最容易被忽略的部分。预留出悬念让面试官有更多兴趣听取你能够为他带来怎样的价值贡献。

示例：长版自我介绍

各位好，我叫张斌。父母给我起这个名字有明显的寓意，就是期望我文武双全，我也如他们所愿获得了文学硕士学位和武术的银龙段位。

文学硕士的学习，是我选的既对又错的专业。"对"在于我的语言天赋被充分发挥，对写作、演讲、辩论能力的开掘，让我在团队活动中总能够成为核心成员。"错"是我发现自己容易爱挑毛病，总有想纠正别人的冲动，因此被冠以"锤王"的绰号。不过这个"错"在关键时期发挥过重要作用，曾帮助一家初创公司避免了财务上的重大损失。我的朋友创业，要与一家公司签订价值百万的合同，他兴奋地让我看合同，和我一起分享他的喜悦。就在那份合同中，有一个条款是约定定金。那个定金的定有两种写法，但其实语义却大相径庭。后续时间容许的话我再详说细节。

我的特点是善沟通、技能丰富、目标感强。我身边的朋友上有耄耋老人、下有七岁孩童，除了武术我还涉猎对琴棋书画。进行过各种尝试之后，大家都觉得我是用户杀手。我现在目标明确，用户运营会是我有兴趣也能够做好的职业，尤其是在年轻用户的熟悉度上我会更占优势，因为我本身就是年轻用户。

这一介绍表明了你是一个有感恩心态的、有趣的、有好奇心的、已经锁定了目标的、与岗位要求相匹配的人，反馈了能力、表明了态度，且用蓄而不发的小技巧在细节上留下悬念，让面试官对你感兴趣想接着沟通下去。

（2）中版自我介绍

中版自我介绍以"礼貌问候"加"我是谁"的内容进行准备，可以以回答问题的方式进行。中版介绍可以在一对多面试中使用。

经历是什么？介绍学习、工作信息，一定要把亮点说出来。

自身有什么优势？陈述优势，最好是别人很难达到的。

为什么能胜任这个岗位？讲出独特点，为后面详说留出伏笔。

为什么对这个岗位有兴趣？搭建情感连接，而不是单纯为了工资而工作。

对未来工作的期待是什么？展现热爱，即你不是为了打发时间而找工作，而是为了热爱和激情。

[···] 示例：中版自我介绍

> 非常高兴有机会和您面谈！我是张斌，我的经历可以分为工作和学习两条线。工作上，我经历了从一位记者到编辑、到责任编辑、到制片人、到监制、到评估人的成长过程。学习上，我给自己定的目标是终身学习，先后学过生物学、新闻学、人力资源管理、烹饪艺术、心理学，每一次学习的背后都有既定的计划目标，若有机会再和您详说。通过对众多招聘信息的筛选，我觉得我非常适合这个岗位。原因有三，一是视频领域的深耕让我具备了足够的专业能力，二是招聘岗位的技能要求我完全匹配，三是我是贵平台的忠实粉丝，在观看内容期间不仅获得了娱乐而且想通过自己的专业能力影响到更多的人。我对未来的设想是成为业内更有影响力的一员。

这一介绍将自己的成长性跃然呈现，充分表述了对未来的展望，且为面试官深挖简历留下了伏笔。

（3）短版自我介绍

短版介绍言简意赅，在群面中适用这一形式。自我介绍=我是谁（与职位相关的关键特征）+我与你有什么关系（与现场的人寻找工作上的关联）+我对你有什么用（与目标岗位对应的价值）。

[···] 示例：短版自我介绍

> 各位老师和同学好。我叫张斌，外号张文武，简称文武。为了配上我的名字，我在校四年学习中文，课外十年练习武术，所以辩论打嘴仗和雪天打雪仗大家都可以找我。我的标签就是好学、积极、自省。今天我能够用一手漂亮的字记录大家的发言。谢谢。

这样的介绍能够让所有在场的人轻松记住你的名字，在群面的沟通中，你的名字越多被叫到，你给面试官留下的印象就越深。你陈述了你的特长，幽默中大家在第一时间就知道了你能够给团队带来的价值。这是一个包含了"我是谁＋我与你的关联＋我对你的价值"的全信息的自我介绍。

自我介绍的时间长度视面试场景不同而不同（图3-22）。在一对一面试场，时长可控制在2~3分钟之内，加入生动的小故事进行情景带入，与面试官侃侃而谈。在一对多面试场，时长控制在1分钟左右，表现你干脆利落、重点突出的一面，以留出更多时间与多位面试官做更多的有针对性的交流。在群面场，时长控制在30秒之内，群面的自我介绍是为了让在场的所有人知道你姓甚名谁，因此介绍围绕"名字的特点及属性""能让人记住的特点""能为在场群面的人做出的贡献"三个重点层面开展。自我介绍的语言调性应该是自信的、兴奋的、目标感强的。

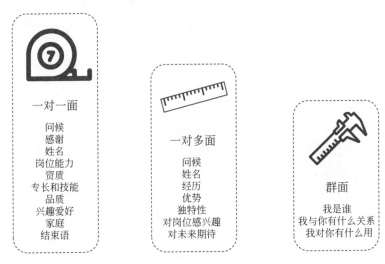

图3-22　不同面试场景下的自我介绍框架

自我介绍是面试的开场，和接续进行的沟通有很大关联度，自我介绍的信息很可能是面试官后续发问的内容。所以，介绍中说到的内容一要与岗位适配，二要做好进一步解释的准备，提到的内容都要有相应的具体事例辅助说明。例如你定义自己是善于学习的人，那就要准备好后面沟通中有可能被问到"你是如何学习的？"，要能有具体的事例呈现出来。

2.沟通问答

面试问答的要义是依据面试官的身份给出恰当回答。在每一个流程都需要注意面试官要把握的重点。有针对性地沟通应对，引导面试沟通话题，做到知己知彼、一举拿下。

应聘亲历：面试中掌握话题主导权

○秉秉：

我的面试窍门就是尽量将话题引导到自己擅长的方向上，不然面试官可能会开始问专业问题，会让我感觉超级有压力。有时候面试官问我的经历，我可能会保留一些可以深挖的事情，如比较专业或者比较难一次性描述好的，这样面试官能继续挖，我就可以继续讲，就不会产生一次性答完没话讲了的尴尬。我很怕面试官觉得差不多经历讲完了就开始追问业务题，因为这种题目很可能会是我没有接触过的。

○愉悦：

我的一个面试窍门是为我准备过的题目方向去作铺垫，比如他问我为什么有这两段工作或者实习经历，我解释的同时会说我有明确的职业规划，那下一个问题他大概率会问我的职业规划是什么。

○杰西：

面试准备就是在三个层面下功夫：一是自己过简历，深挖所有细节；二是了解公司业务，特别是面试岗位所涉及的业务，调研都问过什么问题；三是看最近的发展重点、产品动态和用户群体、竞品情况、公司年报、领导公开讲话等。回答问题时向这些你知道的信息上靠拢，面试官也会围绕这些话题与你沟通。

面试问题从类型视角看是关于"能力——匹配，稳定——长久，团队——协作"；从时间视角看是"过去——学历和履历，现在——专业和能力，未来——意愿和志向"；从考察维度看是"能力类有硬技能可以独立开展工作，素质类有软技能能够在团队中发挥建设性作用，价值观有开展工作的内驱力"。

（1）回答问题的总原则

所有问题都用积极的反馈开始，用积极的态度结尾。

问题1 请问你未来的5年计划是什么？

解析 你的计划仅做了两年，没有做那么长，但你的回答也不能是抱歉，我并没有5年计划。你可以说，这真的是个好问题，启发我思考更多。我现在思考成型的是一个两年的计划……

问题2 请问你最大的缺点是什么？或者你最不喜欢自己什么？

解析 你的回答不要直接从缺点开始，可以从表达对缺点的认知开始，例如每个人都有自己的优点和缺点，我觉得这是客观事实。我也有自己的优点和缺点，这个和我的处理事情的方式方法有关。我是一个结果导向的人，所以行动力强，善于与他人合作。但结果导向有时候也带来了负面影响，我太注重结果，给一些人的感觉就是很强势，有时候也会给一起合作的同事带来压力……认识到了这样的缺点，我就会多花时间在和项目伙伴加强沟通上，共同推动项目完成。

问题3 请问为什么离开上一家公司？

解析 面试官抗压力测试的本质背后不是想知道具体答案，而是想通过你的回答判断你是一个怎样的人。这时你的回答要坦诚，闪烁其词的答案会让面试官对你产生怀疑。因此坦然告知原因，例如发工资不准时、组织结构调整裁员、自己不满意现在的环境等，但切记不要把一盆脏水全泼到上一家公司身上，对前公司进行彻底批判，这会给面试官传递一个非常不好的信息，那就是你是一个不好对付的人。其实，正常来说，一个人的离职原因，面试官心知肚明，或是报酬有问题或是发展不顺利，客观陈述就好。要注意的是，回答结尾要从对现在应聘公司的仰慕出发，说说它在你的职业发展目标中扮演什么样的角色。最后的定调是因为这家公司吸引了你，而不是因为上一家公司耽误了你。

（2）回答问题的三要义

一是剖析面试官询问问题的背后潜台词。二是思考他为什么需要你，你能为企业贡献什么，为什么你最合适。三是每一个层面的回答都需要准备事例佐证。

（3）问答考察的核心点

除提出专业问题考察你的硬技能之外，面试官在沟通中核心考察的软技能包括六项，即适应能力、贡献度、团队合作能力、领导力、成长潜力、认知能力。这六项能力是高潜力候选人和优秀员工一致拥有的技能，因此面试官的问题基本上是围绕着这六个层面开展的。

① 适应能力问题

问题 请讲一讲你被要求与难以合作的人一起工作的经历，你是怎样应对这样的情况的？

考察视角 职场中几乎所有工作都在团队中开展，遇到难相处的人是常事，懂得怎样和不同脾气性格的人相处是职场的必备技能。此题要看你的合作技巧如何，和人相处过程中你的敏感性如何，是否是迟钝得得罪了别人还不自知的人。

回答视角 回答这一问题要表现出你是用积极心态面对问题的，且你也不是遇到问题绕道而走的人。抱怨这个难相处的人解决不了任何问题，你可以坦诚地找对方沟通、商定相关的工作原则，以互助的心态面对对方。例如有挑剔的人、有好斗的人、有爱邀功的人，你可以选择一个事例讲述如何解决了问题，同时双方都有所成长等等。最后要表明你的职场态度，和不同类型的人好好相处是优秀员工的最基本的能力，否则对组织具有极大的破坏性。

回答这个问题的误区是应聘者容易将主诉定位在人上，你需要转换思维，找到一件事情进行分析描述，而不是主观臆断一个人怎样。

回答 我的领导曾要求我们在3天内完成一件实际上需要7天来处理完的任务，这给我们带来了很大的困难，还有同事抱怨说和这样的领导相处太难了。我建议同事和我一起梳理这项业务的细节流程，约领导进行一次深入沟通，让领导知晓其中的难点。沟通后领导知道了实际情况并表示理解，但因为公司要求加快进度，所以最后以5天时间为限，我们加班加点完成了工作。经历这件事情后，我意识到有时候难合作是因为信息不对称造成的，遇到感觉难相处的人，找到背后的原因症结，去解决就好了。人和人之间有许多不同，多元思考对工作更有价值。

同类型问题 举例说明你在工作中被要求做一项从未做过的任务你是如何应对的？谈谈你曾经必须应对的最大的变化是什么？你是如何适应这种变化的？

② 贡献度问题

问题 你觉得是什么让你在目前的角色中获得成功的？请给一个事例。

考察视角 要考察你的核心竞争力，你的加入对于公司来说要付出工资、福利、税费、管理成本等，要看雇用你是否能够带来相应的回报。

回答视角 将你与应聘岗位相关联的优势特别强调出来。例如你是销售人员，最为重要的考察维度就是确保在既定的时间内、在一定的成本预算内完成既定的销售任务。除了陈述你完成的相关项目事实，即你采取了什么措施、运用了什么有效方法、创造出了怎样的效益。另外要反馈出是内驱力驱动你全力以赴投入这项事业的，是内驱力促动了你的努力。

同类型问题 在一份工作中，于你而言最重要的因素是什么？举例说明你在上周工作中最满意、最有活力、最有效率的一个时刻。当时你是在做什么？

③ 协作能力问题

问题 如果有一位非常热心的人来找你，请求配合支持他完成一项不切实际的工作，你会怎么做？

考察视角 考察你面对人情世故时处理问题的态度和方式，以及处理事务的优先级排序。

回答视角 "不懂拒绝"往往是"照顾他人感受、同理心强"的一种表现。但没有原则性地帮助他人、不顾优先级排序会成为按时完成任务的阻碍，因此需要在具体事项上做具体判断。

回答 您提出的问题有两个细节要点：一是请求我的人是非常热心的人，因此要拒绝这样的人非常有难度，需要有强大的心理承受能力；二是他要求配合的事情是一项不切实际的工作。面对这样的情况，我首先会将自己的工作任务做紧急及重要象限的维度分析，在不耽误自身工作任务推进的情况下，和他做详细沟通，帮助他分析事情的实际情况而不是盲目加入进去一起开展工作。有效沟通是处理这种情况时我把握的原则。

同类型问题 举例说明如果需要与一位非常难以相处的人合作，你是如何处理和此人的工作互动的？哪一段经历、哪一个人让你感觉合作最顺利？这个人吸引你的点是什么？

④ 领导力问题

问题 你觉得是什么值得让你为一家公司全情投入工作？你最喜欢目前公司的什么？有哪些可能会让它变得更好？

考察视角 考量你判断一个公司好与坏的出发点，你是从企业的优势角度思考问题，还是从你需要的高薪酬、高福利角度思考问题；你是否对一家公司能否长期健康发展有准确的判断能力；你是有积极的感恩心态还是消极的甩锅心态；你是否有想积极解决问题的态度；你是否是善于思考的人。

回答视角 真正好的公司是有未来前瞻性的公司，是有价值的公司，是解决了社会问题、承担社会责任的公司，是有良好信誉的公司，是吸纳了优秀人才的公司。事先要了解应聘公司的愿景、定位、价值观，表现出你想成为最优秀的公司中最优秀的成员的意愿。你要感谢老东家为你提供了进入行业的机会，促进了你的成长。你期望自己做提升，而不是指责前一家公司让你失望的原因。你要思考公司问题所在，有主人翁心态，能够给出高出自己职级的思考建议。

同类型问题 面对一个对你的安排非常不理解的人，你是怎样和他相处的？举例说明你在某种情况下如何以身作则、用榜样的力量来领导他人。你做了什么？别人有什么反应？

⑤ 成长潜力问题

问题 请讲述一下你曾经犯过的最大错误是什么？你是怎样应对你的失败的？

考察视角 考察面对错误时你的心态，你从错误中学习的能力，是否心态积极向前看，你的抗压能力等。

回答视角 第一，要注意人都有或大或小的失败经历，不要否认自己失败过，避免给面试官留下你过于自大、不懂自省的印象。第二，回答这个问题不要是懊悔的心态，而是客观淡定地简述事情的经过和结果，表现出你用积极的心态将失败作为绝佳的学习机会，你愿意通过分享失败的经历反省自己，且愿意帮助别人规避失误，你是能抗压、能成事儿、愿意成就别人的人。第三，讲述内容集中于"一个事件的一个层面"而不是"一个人多个事件"，避免不知不觉中给自已贴上太多负面标签。第四，分享中要将重点放在总结失败的经验教训以及后续如何调整层面，而不是讲述事件的详细经过。第五，最终落点放在看未来上，例如针对这个事情反思采取不同的措施和行动是否会获得不同的结果，最后强调虽然自己失败了但并没有被打倒，而是总结了教训继续前行，且后续的工作中再没有犯过类似的错误。

回答 在刚入职的时候接手了一个项目宣发任务。我按照之前的经验利用关系找了相关渠道进行免费投放，在用户中产生了效果，但大领导却将其定义为一个失败的项目，因为我找的渠道忽略了行业阵地的信息传递。这一次的失败经历告诫我在执行项目的过程中，一定不能仅靠经验行事，环境变了，做事方式也需要调整。因此我马上梳理了不同项目的宣发需求节点及各节点的落地标准，形成了一套SOP，不仅自己在用也深受团队伙伴们的喜爱，后续就再也没有发生过类似的问题了。

同类型问题 请描述一件事儿，即你主动承担了职责范围之外的但你认为很重要的工作？有客户急匆匆过来寻求帮助但你并不是这个项目的参与方，你会怎样处置？

⑥ 认知能力问题

问题 如果我询问你的工作合作伙伴，你觉得他们会如何向我描述你？

考察视角 考察你的自我认知，工作中你会是什么样子，你和别人有什么不一样。

回答视角 这个问题是一个容易走偏的问题，你容易将自己对自己的评价反馈给面试官。回答这个问题的要点在于你要用第三方视角看自己如何能够更好地开展工作，在团队中如何成为帮助合作伙伴一起成功的人。公司开展工作一定是团队推进，而不是培养个人英雄。

回答 我的团队伙伴会说我是一个乐于助人的人。无论是工作中的具体问题还是生活上遇到了困难，伙伴们都会愿意询问我的意见和建议。我的这些间接赋能能力为顺利开展工作起到了巨大的助推作用。

同类型问题 你的伙伴对你最大的误解是什么？他们为什么这样认为？举例说明你感到压力很大、应接不暇的时候你是怎么处理的？

所有这些考查能力层面的答案请一定要写下来，在面试前反复润色练习，让这些问题与答案深入于心。具体的方法是把自己准备的问题都写在卡片上，找人进行练习，让他们抽取问题卡片你来回答。找朋友陪练、找同学相互练、面对镜子自己练，甚至可以找面试陪练公司练。只有没到位的练习，没有多余的练习。作用不在于让对方判断你是否答对了问题，而是训练你的大脑对被随机提问这种状态觉得习以为常，当你面对面试官的随时发问时能够从容不迫地应对。

前文只是对常见的面试问题进行提示，切记在面试前要结合具体应聘的公司做有针对性的答案调整，而不是全部用刻板的背书方式准备面试。

案例和故事的说服力极其重要，切记不要在面试过程中反复使用一个例子，避免面试官认为你的履历过于简单，你的思维过于单一。回答每一个问题的时候，要思考一下面试官问话的目的是什么？面试官想了解的是你的硬实力、软实力还是价值观。回答问题时要让面试官感觉未来喜欢和你这样的人共事儿，而不单单聚焦于你的技能。

⑦ 问答误区

面试没有通过可能是业务能力不匹配，更可能是在回答问题时透露出的细节让面试官感觉不爽。最容易出问题的有8个层面。

误区1　忽视对岗位常规操作需求的掌握。

这一类问题会让很多应聘者临阵出糗，因为很少会有人觉得这种流水账式的问题会被问到。所以应聘者一方面要对应聘岗位做基础研究，明白以一周为周期都要做什么。如果你是职场新手，最后可以补充说这是我研究了解到的，也许不完全正确。另一方面是要谈到周期性的计划制订、周期性的复盘回看，代表你不仅仅是一个环节的螺丝钉，而是有能力、有愿望去做更多的事情。

误区2　讲自己能够应付所有局面。

你能够应付所有局面吗？这一题目的命门是自我认知。切切记得世上没有超人，回答这个问题的要点是你自己无法应付所有局面，但是团队可以应对的局面就更多，将自己融入团队中做考量。

误区3　谈论对上一家公司和领导的不满意的地方。

一般面试中都会不可避免地被问到前公司的一些情况，最佳的回答方式是讲客观事实，而不是针对人。不要对老东家指手画脚，而是客观反馈相关状况，有精彩有失败，对事儿不对人。

误区 4 过于自大。

靠实际取得的业绩显示你的工作能力，不要夸大其词。讲过去取得的成功，但不要让人感觉是在吹牛。搞明白自信和吹牛的界限，自信是建立在过往成功经验的基础之上，吹牛是空中楼阁之上的夸夸其谈。

误区 5 说我非常想得到这个工作以便赚到工资。

想找到工作的境界有三层，一是为了赚取工资养活自己，二是有责任担当为家庭成员付出努力，三是对这个行业和岗位有激情和热爱。公司最想找到的是第三层次的人，所以应聘中要充分表述你对于这个岗位的兴趣，期待能够做出的贡献。

误区 6 说你是由内部人推荐来的。

面试官对于被面试人主动曝光是被内部人推荐来的行为比较反感。推荐可以让你有机会来面试，但不等于你就获得了这个职位。你曝光引荐人，如果职位比面试官高，则涉嫌以权压人。如果推荐人与面试官之间有成见，更是对你有不利的影响。有必要的时候，内部推荐人与面试官之间会接洽谈论对你的认知，而不应由你主动曝光相关信息。

误区 7 向后面面试官评论前面面试官的情况。

很多岗位的面试，尤其是大厂，要经过多个轮次。当你参加后面场次的面试时，不要评论前面场次面试官的表现。尤其是当你询问和请教面试官时，你问出同样的问题，不同的面试官可能给出了不一样甚至是相反的答案，不要试图当场对证。可以用前一位面试官回复的信息作为请教内容，来甄别和判断你采信哪个层面的信息。遇到这样的情况，你要判断这家公司是否值得你加盟。

误区 8 被动等待提问。

很多人认为面试是被动等待面试官提问，但真正的高手会把面试定位为建立关系、相互沟通的场合，会主动打造交流切磋的面试氛围，而不是单向地被提问和被动回答。如果你能够和面试官聊到业务探讨层面，特别是应聘工程师等专业技术岗位，那么你离成功就一定不远了。

3. 反向提问

面试官决定是否录用员工，70%由回答问题决定，30%由反向提问决定。因此当面试官提到"你有什么问题问我吗？"，千万不要回复"没有"，而是需要提前做好充分的提问准备。如果面试官在结尾时没有给机会让你提问，一种原因是面试官感觉你并不理想，所以没有必要再消耗时间作进一步沟通。另一种原因是面试官对于已经百分之百通过的面试者也会省略此环节。问这个问题，通常是面试者已经拿到了60分，但面试官尚无法做出最终判断、有些纠结，就要用这个问题作为抗压能力测试把人区分开。可见，好好回答这个问题有多么的重要。

（1）提问的细节考量

首先，展示出来你是有准备的。在被问到这个问题的时候，你可以翻开你准备的问题页，勾掉其中已经在面试中获得了答案的部分，并把你这个动作的含义隐晦地传递给面试官：我准备了很多想知道的问题，看看还有哪些在刚才的对话中没有获得答案。这一举动能够让面试官对你的印象加分，因为他有被重视的感觉，他知道你是认真的，这很重要。

其次，在你决定问出问题的时候，细心体会最后这个环节所处的情境：面试官对你基本满意吗？他还有多少耐心想继续和你聊下去？他的时间还容许他接着和你聊吗？在职场上他和你是同等类型的人还是和你有差异？……根据这些信息你能够综合判断出你适合问两个问题还是多个问题。有些面试官是开放型人格，喜欢和人交流并给出意见和建议，而有些面试官比较保守，不太喜欢释放信息，一切应视具体情况进行决策。

最后，问能够让对方回答出来的问题而不是给出一道难题。如果你的面试官是HR，你问过于专业的问题就不是他能够解答的，且显得你不谙世事。如果你的面试官是垂直领域的专家，你问公司战略问题，对他来说也是一道难题。

好问题的衡量标准有三：一是解答你的疑惑，询问你想知道的内容，包括职位和行业信息；二是为面试做最后的加分，利用峰终定律原理，在面试结束的时候给面试官留下能够追加分值的好印象；三是反向面试面试官，确认你是要找一个适合你投入时间和精力工作的地方，而不仅仅是为了找到一份工作。这一环节问不出好问题的应聘者，面试官会判断他大概率海投简历、四处面试，对这个职位没有势在必得的决心，相应的，面试官当然也就没必要给他机会。

你准备的问题可以遵循这一原则：基于对方、与我有关、双方双赢。

基于对方　问题要基于你做功课查询到的、应聘公司最新的或很有亮点的信息。这就要求你在面试前对应聘的公司有充分的调查研究，做好功课，准备好融合了自己的思考和观点的问题。

与我有关 你要阐明自己为何对此问题有兴趣，这个问题一定和你自己未来的岗位、职业发展有关，不能问大而空的问题。如果校招毕业生说想了解公司的战略，就显得好高骛远、不切实际了。

双方双赢 问题的本质要积极有正能量，反映出双方目标一致、和谐双赢的姿态，而不是以八卦等心态为出发点。例如公司最近有负面消息，你求证是否属实就显得不道义了。

（2）4C类型问题

① Connect链接。问题示例如下：

·我了解到，您的职业生涯中曾有过比较重大的转变。我觉得您的经历对于我这样的职场晚辈很有参考价值，因此想请问您可否分享一下当初那些转变背后的考量？

·是具备了怎样的素质和条件让您能够在这里工作？

·在这里工作让您最享受的是什么？

问题逻辑 于面试官而言，他会非常乐意分享自己的得意之处。于你而言，是了解你的面试官的好机会，可以拉近你与面试官的情感距离，表现出你的钦佩和认同。

② Culture文化。问题示例如下：

·最近被录用的最为成功的员工做了哪些工作？他是因为什么成功的？

·公司对优秀员工的定义是什么？能否告诉我公司在创建优秀团队层面都做了哪些工作呢？

·能否聊一聊最近最为失败的入职者？他为什么不太称职或者失败了？

·如何评价一位员工是否做出了积极贡献？

问题逻辑 让面试官感知到你是一个追求卓越和优秀的人。通过面试官的回答你能够知道这家公司的这个团队的工作理念是什么，知道公司对你的要求是什么。如果他只强调说这个员工每天工作将近12个小时等，你就要考虑一下是否要到这家公司工作了。在第三个问题的答案中，如果他们提到的失败因素恰好也是你的短板，你也要考虑是否加入。同样，对于第四个问题，如果一家公司没有明确的评价体系，也要做慎重考量。

③ Close 贴近。问题示例如下：

·你觉得我需要增加哪些技能或者经验会更加适合这一工作岗位呢？

·接下来的招聘步骤会是什么呢？还有什么我可以帮助做的事情吗？

·我相信如果我有机会加入这个部门，也很难再有和您深入交流的机会，我想借此机会了解一下您对团队未来2~3年的整体规划。

问题逻辑　第一个问题可以让你感知这次的面试是否能够符合他们的要求；第二个问题表达了你密切关注进展的心情；第三个问题表现你已经准备好了期待进展到下一个步骤。

④ Challenge 挑战。问题示例如下：

·目前企业遇到的最大挑战是什么？这个岗位如何能够帮助跨越挑战？

·有报道称公司未来在数字化转型层面会做大量的投入，想请问对于开展基础工作的同学来说，数字化转型意味着什么？员工需要做什么准备来适应这一变化？

问题逻辑　这些问题表明你是一位不畏挑战、前瞻未来的人。

当面试官回答你的问题的时候，要做记录，一定要让面试官看到你的认真和诚意，而不是让面试官感觉你的提问是在作秀，你是在让面试官欣赏你的面试表演。

应聘亲历：面试官的积极反馈

○离烟：

"在你看来如果我有幸能够就职于这个岗位，以我现在的能力和面试表现看，还有什么需要提升的地方吗？"自从采用了这个问题后，我比之前问"您能给我提一些意见吗？"获得的反馈要多很多。

（3）反问中的避免

一是说："哦，我没有什么问题。"

二是想让面试官对你进行面试反馈，这个问题要审慎进行。如果面试中你觉得彻底没戏了，询问这个问题有价值，真诚的面试官会热心帮你分析问题，如果你的面试进展顺利，就不要问这个问题，你的询问会激起面试官的两点不爽。一个是他在面试你的过程中已经消耗了很多心力，被这样一问他会觉得和你打交道比较累。另一个是他为了给予你指导，会追溯面试过程中觉得对你不满意的地方，这一思维强化了他对你的负面印象，对你来说是大大的不利。因此，非必要不要在这个问题上涉险。

三是在知晓了有几轮面试的情况下，在最后一轮再询问有关薪酬、奖金、福利待遇等层面的信息，不要在最初的一面或者二面时就问出这些问题。

应聘亲历：面试中的尴尬

○憨憨：

第一个岗位面试失败后，应聘公司电话通知我可以面第二个岗位。我的第二个志愿岗位是销售策略，自我介绍后面试官说其实他今天招的是运营，可面试前一天HR和我说要面的是销售岗位……这样的企业还是慎重选择吧。相似的情况发生在我隔壁宿舍的同学身上，一开始想要面试的是市场管培，HR给他换了部门但并没有通知他，然后面试官盯着他说："那你是不是投错了？"真是一言难尽。

○粉红：

我有三份实习经历，都是互联网运营，偏线上的。面试了一个零售行业的市场营销策划，涉及线下的活动策划，被问到一个问题："你过往的实习经历与这个岗位不同，你觉得你能接受和承担这个工作内容吗？"我想到的思路是谈谈两者的共同之处，展示个人能力能够胜任的地方，最后总结。我就侃侃而谈说共同之处，但讲着讲着，发现面试官在强调不同，我就被唬住了。面试结束后反思，他是会强调不同，但我可以证明我的能力通用呀。后续还是要注意灵活变通。

四、面试后：做足工作

1.复盘总结

面试后要做细节复盘和经验总结，提升后续面试的成功率。

要复盘每一次面试：发现面试中遇到的问题，为接下来的面试做好矫正，不放过每一次成长的机会；总结面试中成功的层面，为后续提供借鉴。尤其是校招和海投简历的同学，招聘时间段内的面试复盘，会给下一次的面试带来重要的影响。

复盘包括根据线索分析自己的表现：记录面试时长，发现时间规律；记录面试问答信息，总结优秀的问答和失误的问答；判断面试官的水平，例如他的面试问题准备得是否充分，提问是否有针对性，他们对你的回答回应如何，是否追问细节，是自然的沟通还是强势的逼问等，你对面试官的印象可以用分值或者星级进行记录。这些信息对于后续决策是否接受 offer 至关重要（图3-23）。

面试复盘记录			
姓名	XXX	面试类别	业务面一面
面试时间	2022/09/16	面试地点	视频面试
面试公司	腾讯视频-综艺运营		
面试前的准备情况			
1.整体准备了求职综艺行业的理由、选择优酷的理由以及岗位相关经历的挖掘：			
2.招聘信息没有明确写清楚是内容运营还是用户运营或者是互动运营，做了全方位的准备整理。			
面试背景及流程			
面试官介绍：2位面试官，没有详细介绍个人背景，其中一位是健ané的小姐姐，自然交流，另一位旁听记录。			
面试流程：1.确认设备及网络情况；2.开始面试；3.面试结束（大概30分钟）			
面试问答			
问题	答案回顾		自我评价和感受
1.请进行自我介绍	思路：跟面试官打招呼，介绍个人基本信息、面试岗位、对公司的认知，提及一段强相关实习经历 答案：面试官您好，我叫XXX，毕业于XXX大学。我的经历非常丰富……		自我介绍简单明了，表明自己对公司的了解和行业的兴趣，提及一段强相关的实习经历，引导面试官提问
2.硕士读的专业是电视艺术，那你今后的工作选择是怎么考虑的呢？	思路：面试官主要想考察跨专业求职的动机，判断行业匹配性 答案：职业规划这部分我个人的想法是进入长视频领域并深耕其中，原因主要有三……		面试官想要了解我跨专业求职的原因，了解职业规划。这个问题没有回答好，少讲了电视艺术学习中心理学、行为分析等与运营有关的信
3.在芒果TV的那段实习经历中，对于综艺项目的参与深度是怎样的？	思路：考察实习经历中对综艺制作的参与、所学及贡献 答案：我当时主要负责节目的艺人统筹，在与总导演总编剧的合作学习中我……		面试官对于芒果TV项目是如何开展运营的很是关心，我分享了在项目中与运营小姐姐一起就项目维度做细分的经历
4.简历中有提到粉丝运营，这个是工作还是个人爱好？是工作的话加那多吗？	思路：粉丝运营和目标岗位有相通的能力诉求，重点提炼能力模块，找相同点 答案：综艺生产的特性决定项目需要考量的是按时上线，每个人的时间安排都是根据项目进行的……		没有想太多，对自己而言就是因为喜欢所以简单。所以加班不是问题，为什么加班才是问题。面试官听了这个回答不断点头了
5.看你的履历介绍之前有参与过数学家教的产品设计，我们这个项目组是做少儿项目的，所以看到你的简历觉得很匹配，现在跟你介绍一下详细的内容	思路：在听面试官进行长篇大论的讲解时，不停地记笔记去挖掘关键词，理清产品是做什么的 答案：将自己笔记中的重点挑出来，讲述产品、用户、岗位工作内容和工作目标		面试官对于自己项目组的工作和产品的描述非常的冗长，不是特别有条理，记笔记比较难，但可以重点关注的几个内容，挑出来跟面试官进行深入交流
7.你有什么想问我的？	请问您能否分享一下您是通过怎样的路径成为现在这个岗位的leader？ 想了解一下运营同学工作的一天是什么样子的？		用到了之前学到的请面试官分享她的成绩的提问；另外问了典型一天，表达了自己非常愿意了解更进一步的情况，对职位非常感兴趣等
面试困惑和未来需要补足的地方			
1.面试官在介绍业务的时候用了很多话术，如NU、ARPRU等，没有搞懂是什么，后续需要对行业话术做更多了解；			
2.面试时没有被问什么难题，这种情况是说这个岗位急缺人才，还是说本身对于候选人的要求就不是特别高？这个问题可以请教师兄做个咨询。			

图3-23　面试复盘记录示例

2.持续沟通

你可能会问，面试都结束了，还需要沟通什么呢？事实上，面试虽然结束了，但是你和面试官之间的关系才刚刚开始建立。从面试这一天开始，到拿到offer之前，你进一步赢得面试官好感的机会一直存在。

比如，你在面试过程中有一些问题在回答时由于时间有限没有表述周全，你可以用补充邮件的方式系统回答面试官。或者在你回答问题时，有意预留一个机会，比如某个层面的准确数字信息，你可以说："我后续确认了最准确的信息再反馈给您"，这不仅显得你是一位超级求真务实的人，也给和面试官持续保持联系提供了绝佳的机会。另外注意听话听音，在面试中认真捕捉面试官的潜在需求，如果你恰好有这方面的资源，你就可以告诉面试官，如果需要你可以将资源做相关对接。抓住面试官做决定之前的所有时机，帮助自己争取更多的可能性。即使最后的结果是这次求职并没有成功，你也和行业内人士建立了关系并持续保持，这就是有所收获，未来在有变化时，这都是你的相关资源。

24小时之内的一封感谢邮件十分有必要。邮件的内容可长可短，口吻可以积极也可以平和。具体内容要根据面试的临场表现而撰写，比如补充说明查证的数据、图表，呈现面试中问题的答案等，任何追加展示你相应技能的内容都可以。如果没有需要追加补充的，你可以写一段诚挚感谢的话，表现你懂得感恩和尊重对方。切记你的感谢邮件一定不能重复拷贝发给不同轮次的面试官，因为他们很可能在交换看法时分享相关内容，如果是千篇一律的内容，会被标记为懒惰，反而产生反作用。

很多应聘者非常想知道为什么面试没有成功。大多数的是想给自己一个安慰，期待对方反馈后可以找到被拒的理由。其次是为了获得成长，避免后续更多的问题。更高段位是为将来建立基础。因此不要尝试问"能否告诉我面试失败的原因？"，这个问题是让面试官给你负面信息的反馈，是将他们放在了尴尬的境地。批评和提意见、建议是非常消耗精力的事情，面试官通常没有时间应对这一类问题，因此你通常不会得到真相，获得的会是"HC被取消""业务变化推迟招聘"等这样的反馈。因此最好的方式是用积极的态度为未来搭建桥梁："我非常享受和您一起面试的时间，让我受益良多。虽然这次没有机会获得一起共事儿的机会，但是我非常期望可以继续保持沟通，一是未来有机会时我愿意把获得了更多成长的我再介绍给您。二是在我的工作研究过程中，若有任何重大收获我也愿意分享信息给您。"这样的对话，可以让一个真正专业、喜见对方成长的面试官主动告诉你还需要在哪些层面上多加努力。

以上的沟通方式，也是将失败的面试转化为扩展未来影响力圈子的好方式。能够在失败中找到未来取胜的路径，你未来的路就会越走越宽。

3.面试后行动的原则

耐心等待回复　在面试结束后的24小时之内发出感谢邮件后，至少要用一周的时间等待回信。公司是否雇用一个合适的人选，需要很多层面的沟通和决策，尤其是大厂的工作流程较长，需要更多时间获取反馈。

把握追问信息的具体时间　不要在周一去询问信息，周一通常是非常忙碌的，召开团队会议、制订一周计划、处理周末发生的事情等，因此至少要等到周二再做相关询问。

沟通表达很重要　不能以"我需要你回复信息""你应该记着答复我"这样的要求口吻说事儿，而是要以"看我还能给为这件事情做些什么"的口吻进行沟通。

在询问的同时给出一些信息　在表达了期望得到回复时，随询问发出一篇文章、一段视频、一个报告，例如"PS：我刚好看到这个资料，是在我们在面试的时候谈论过的一个问题，我觉得对你可能有参考价值，随邮件附上。"让对方感觉你已经代入了团队员工的角色帮助他获取信息。

面试的前中后，不放过任何机会提升自己。面试的过程是精进锤炼自己的过程，跌宕起伏会换来脱胎换骨的成长。

小结

- **面试前：**了解市场情况、明确合理期待、盘点自身优势，进行反复练习。
- **面试中：**清晰有力地表述自身优势和能为企业带来的价值，掌控氛围。
- **面试后：**把握每一个和面试官建立联系的机会，做一个有心人，赢得他对你的信任。

金句：面试是找到自己的过程，过程中你可能有窒息感、有无力感，甚至想放弃，坚持是唯一的道理，一定会有结果的。

第五节 | 薪酬谈判：醍醐灌顶的谈判策略

到了谈薪资的环节，你距离拿到offer就只有咫尺之遥了。薪酬谈判的好与坏不仅与你能否拿到offer有关，还与你的实际利益息息相关，也就是与你将来的生活质量及心态平衡密切相关，要做好细致安排。

一、薪酬谈判心态

薪酬谈判是一个博弈的过程，过程中的心态最为重要。

1.确定平等协商心态

这个阶段的沟通，要用平等协商的心态进行。经过了前述各种程序的沟通后，HR的目标是与你达成共识，而不是淘汰你。你找到了心仪工作顺利入职，HR为公司找到了合适人才推进工作，双方皆大欢喜。因此要"敢于谈薪"。

2.避免游移不定心态

薪酬谈判中很容易有的心态是要高了怕公司不给，要低了又觉得对不起自己，因此游移不定、无所适从。避免这种心态的方式是做好充分的数据搜集，深入了解市场行情，客观知晓自己的价值，明确我值多少，敢于给自己定价。与HR进行有理有据的沟通，而不是揣测对方能提供多少。注意要"善于谈薪"。

3.放宽眼光的谈薪心态

薪酬的含义宽泛，不要仅盯住每月到手的数字，还要关注到绩效、补贴、奖金、福利、股权等。这些是谈判中要知晓"谈什么"的细节信息。

4.产品思维的谈薪心态

产品定价的策略是依照"产品性能、产品生产成本、能满足用户怎样的需求、同类产品市场行情"来确定基本价格。把自己的性能、可带来的价值、获得技能的成本及市场薪酬行情了解清晰，你就具备了谈薪的能力。这样就知晓了"怎么谈"薪资。

二、薪酬设定内幕

公司的薪酬设定是"打包价"的年薪，有很多容易被忽略的细节计算方式。做好全信息把控，知己知彼，助力你在起步时打好基础，在换岗位时把握好抬升报酬的机会。

1.薪酬的构成因素

薪酬不是一个简单的数字，而是一个复合因素的集合。

薪酬＝固定工资＋绩效＋奖金＋补贴＋股权＋其他福利

固定工资，就是通常含义层面的工资，是相对固定的一个数字；绩效是根据考核情况发放的报酬，例如销售达到目标绩效发放的报酬；奖金有项目奖金、评选先进奖金、比赛奖金、全勤奖金等；补贴的种类也有很多，如房补、餐补、差旅补贴、交通补贴、通信补贴、旅游补贴等；福利包括五险一金（养老保险、失业保险、医疗保险、工伤保险、生育保险及公积金）、商业保险、互助计划、特困援助、体检、午餐、晚餐、夜宵、健身器材、节庆礼品、团建福利、购房无息贷款、集体婚礼、子女就学、父母关爱计划、带薪休假、加班薪资政策、涨薪幅度政策等。还有公司会有签字费、搬家费等一次性的补贴费用给到员工。另外还有可能获得的是地方政府引进人才补贴，这就与公司无关了。

2.薪酬的构成细节

（1）细节

① 税前税后。要确定薪酬给到的数字是税前还是税后，例如税前工资每月10000元，那么你能够拿到手的可支配收入大约为7500元，另外的部分则用于缴纳各种税费了。如果是税后工资10000元，那么你能够支配的就是10000元。这

两个数字有2500元的差距，相差还是很大的。不过你也需要知道公司签署税前月薪10000元的合同，实际要为员工支出的总费用高达14380元，这还不包括相关行政服务开支等。通常公司给出的数字都是税前收入数字。

② 社保缴纳。这一部分是公司应负担的用人成本支出，与你的工资没有关联。如果有公司说社保也是你工资的一部分的时候，千万记住要厘清这个概念。

③ 公积金基数。公积金是能够打到个人账户的资金，可以由我们自由支配，也可以算在薪酬中，但不属于固定薪酬部分，且细节上要注意缴纳基数。有公司为了节约成本，公积金不是按照实际工资缴纳的。例如你的月薪是税前20000元：如果以20000为基数，公积金缴纳比例为12%的话，公司缴纳2400元；如果以10000为基数，同样的比例则公司缴纳部分为1200元。2400元和1200元的差别就相当于你每月少了1200元的收入，一年是14400元。

④ 股权。在大厂的员工到一定层级或者工作到达一定年限之后，股权激励收入会超过工资收入，因此在加入一家公司的时候争取股权激励是重点。没有上市的公司考虑期权在未来转换为股份，已经上市的公司应争取能够获得股权激励。例如一位大厂员工，在获得薪酬的同时如果能够获得600股权分四年行权的话，那么每一年就有150股的股权行权，窗口期可以上市交易。假定交易价格为每股200美元，150股即30000美金，就是有机会获得将近200000的人民币收入（税前）。

⑤ 补贴及福利的货币化计算。各公司的福利不同。大厂员工的福利覆盖最全，不仅为员工服务，也为员工的亲属服务。例如有的在北京区域为满足条件的员工提供租房补贴每月1500元，有的为符合相关标准的员工最高提供80万元的购房免息贷款，有的为员工提供物品采购及就餐福利，还有的年度标准薪资为14薪，但通常能够拿到16~20薪等。这些补贴和福利为员工带来了实实在在的收益，可以转换成为实际收益的"综合薪酬"数字进行核算。

（2）计算

在签署合同的时候，固定工资和绩效、奖金、补贴、股权、其他福利等可能不在一个合同条款下表述，甚至不在一页上呈现，因此有可能会造成认知上的偏差。

💬 示例：月薪计算方法

工作A：月度固定工资10000元，奖金300元，没有其他补贴，公积金公司缴纳500元。

工作B：月度固定工资8000元，奖金补贴合计2000元，公积金公司缴纳1200元。

看合同第一页上A公司写了10000元，B公司是8000元，就会偏向签约A公司，但综合薪酬其实是B更高（表3-1）。

表3-1　综合薪酬计算

类目	工作A月薪/元	工作B月薪/元
固定工资 （含公积金个人缴纳部分）	10000	8000
奖金	300	2000
补贴	0	
公积金公司缴纳部分	500	1200
合计	10800	11200

因此在条目繁多的情况下，非常有必要将所有收益进行货币化计算，对比后判断综合薪酬的实际高与低。这种系统性计算能够让你在面对薪酬福利谈判时有全方位认知和分析，HR在沟通中就非常清楚你知道信息的全面性，不会因为信息不对称而给你自己带来损失。

以上是公司能够给到的薪酬福利，那么面试者如何能够获得这样的回报呢？决定薪酬高低的影响因素可以用天时、地利、人和来解析。

薪酬影响因素＝天时（行业薪资水准）＋地利（岗位需求紧急程度）＋人和（你的价值）

① 天时。大看行业，看行业是处于形成期、成长期、成熟期还是衰退期。小看岗位，看岗位需求的紧急程度，如果岗位招聘的紧急程度是迫切，那么你就处于薪资谈判的优势地位。

② 地利。看计划就业的地域，是一二线城市、三四线城市或其他。

③ 人和。看你的价值以及面试官与你是否投缘。

天时和地利的数据信息可以通过专业机构的报告来获取，例如有的机构每半年都会发布薪酬白皮书，会有各行业的薪酬对比信息，每个行业的季度涨薪率、跳槽涨薪率、不同城市应届毕业生起薪、年终奖环比增长率、城市招聘量及招聘时长、热门岗位及薪酬数据等均有所展示。

在一些个人发布信息的渠道也能获得薪资比较信息，不过这些信息可能未经核实、不一定可信，因此需要多搜集信息予以对比。

关于人和，就需要看你的硬技能的专业程度，软技能与岗位的匹配程度以及未来发展潜质的高低程度。所以你的简历非常专业，你与岗位超级适配，你的面试表现优秀，完全契合岗位需求，凭借这些与 HR 沟通到位获得天花板级的薪酬，那么你就是成功的薪资谈判者。

三、HR 定薪维度

具体影响薪资数据的有六个维度。

第一个维度是考量你与岗位的匹配度，价值能力高的确定职级就高或者在同级别内的挡位高，相对应的薪酬就高。

第二个维度是考量你当前的薪资状况，应届毕业生有薪资参考，跳槽、升职、加薪则会以前一个岗位的工作报酬作为重要参考进行幅度调整。

第三个维度是看公司的薪酬体系，也就是对照公司内其他员工的薪酬情况确定你的薪酬。公司规模越大越正规，可以谈薪的空间越小，因为薪酬制度不会因为你一个人而改变。

第四个维度是看市场上的人才供给情况，如果供过于求，那么人才价值就会下跌，若供不应求，那么你就有要高薪的条件。例如在互联网公司大规模问世且程序员供给量少的时候，程序员的薪资曾高到离谱。随着行业发展趋于平缓，人才培养加大力度，程序员薪资逐渐回归理性。不过由于前面高薪阶段的影响，目前程序员的薪资相比于其他行业及其他岗位薪资看依旧较高。

第五个维度是要看岗位的需求程度。如果一个公司的项目即将上马，急需人才，那么很有可能会给出高于市场价的薪资邀你加入，你要付出的是马上调整个人规划立刻到位参与工作。

第六个维度是看你和HR或者用人决策者沟通的说服力程度。如果你让HR觉得此岗位非你莫属，那么他完全可以在相应的挡级在自己的职权范围内给到你最高的薪酬福利待遇（图3-24）。

图3-24　影响薪资的六个维度

四、薪酬谈判原则

薪酬谈判的原则是知己知彼，轻松对谈，事前确定自己的底线，不迁就、不隐忍。

一是要做好充分研究和准备。因为你没有办法预测在什么时候、什么环节面试官会问你关于薪酬的想法。因此要研究同行业、同职位职级的薪酬信息，将自己的能力水平、经验履历等与获取的信息进行对照，找到自己的理想薪酬区间，这个合适的区间及相应的薪酬数据是未来你开心工作、觉得回报足够、激发工作热情的有力保障。数据的确定可以分三个步骤，一是计算可接受的最低薪酬数据，二是确定自己的理想薪酬数据，三是计算出最低和理想相加后的平均数再减去10%的数据。取中再降10%的原因是确保这一数据能够让你在竞争者中有被选定的优势，不至于因叫价较高而被淘汰出局。

二是不要自己提出薪酬数，要让公司先给出数据。在面试的靠前面轮次主动提及薪酬会给面试官以错觉，认为你仅是为了想得到一份薪酬而打工。你先提薪酬还会面临三个局面：一是你要的薪酬低于公司预期，HR乐享其成，给你你想要的，但你吃亏了；二是你要的薪酬和公司持平，顺理成章拿到offer；三是你要了高过公司预期的薪酬，会被HR误解为你对自己高估或者是对行业缺乏了解。当然如果你人脉足够广泛到有内线，知晓公司的薪酬体系，就可以先发制人，提出自己期望的薪酬数据，否则还是等HR给出数据为最佳。

对于换岗位工作的人而言，通常HR给出的初始薪酬本身不会是最高的，一般都留有谈判空间。如果你手上有多个offer，就可以直接跟HR说，让他对照你手上薪酬最高的offer给出数据；如果你没有多个offer，可以参考薪酬网站的信息，根据薪酬高值进行谈判。公司为了招聘你已经付出了很大的成本，因此在可能的范围内会给出最高配置。

但如果面试官坚持让你给出数据时，那就需要提供你的想法，否则面试官会感觉你是一个没有自知之明的人，降低对你的期待。还有的公司会在网申阶段就要求应聘者将期望薪酬列出来：有的是可填写区间，将最低及理想数据填写上即可；有的仅能够填写一个数，那就填写调研后取中再降10%的数据；如果你已经有了另外的offer且拿到了理想的薪酬，那就可以直接报出来数据。

三是除薪酬之外，你和公司可探讨的还有其他维度的内容，例如股票期权、奖金、假期、保险、子女福利等。有能力的人不怕在入职后证明自己，通过福利、奖金、晋升等方式终究能够拿到理想回报。基础工资水平往往因为薪酬体系框架而被限制，但股票期权等有可商讨的余地。

四是思考你强有力的可以获得匹配薪酬甚至是超行业限度薪酬的原因，确保面试官认为你值得公司支付相应的薪酬雇用你。

五是不要惧怕向面试官说不，如果你是企业想争取的难得人才，企业不会因为你合理的要求而拒绝接受你的条件。

六是根据自己的实际情况做好心理准备，可能存在谈薪失败丢掉offer的情况。

应聘亲历：薪酬谈判

○秋秋：

我的面试经历中，当场谈薪和面试过后专门电话谈薪的都有，所以一定要在第一次面试之前就准备好谈薪的素材信息，确保在任何一个阶段谈薪，都能够从容应对。

○润弘：

我后悔的谈薪经历是和HR直接说不给到28K这个数我们很难合作，结果把offer给丢了。因为三面的时候，HR说大领导看了我的简历，觉得不用面了就直接过了，而HR给出的数据是25K，我想谈到28K，结果说了过于绝情的话……谈薪是心理博弈，要承受得起失败的结果。有些公司不接受谈薪，薪酬福利都是固定的，但期望薪酬都会问，会录入系统。

五、薪酬谈判内容

直白来说，薪酬是看一个人在市场上能够值多少钱。所以薪酬谈判如同给产品定价，用"产品思维"思考薪酬谈判的重点："你"这个产品的卖点有什么？市场上的同类型产品价值多少？你相较于竞品有哪些可以加价的因素？有了以上三个层面的数据，你就可以综合分析确定自己的薪酬水平。"企业给多少"基于"你价值多少"。

1. 谈薪的准备

薪酬谈判思考的维度包括自己的卖点、市场的行情、自己的竞争能力等。

（1）确定产品功用

利用冰山模型盘点认识自己，包括你的硬技能（学历、工作经验、外语能力、专业证书、培训经历、所获奖项及成果、社会活动、行业协会职务等）、软技能（数据分析、平面设计、演讲、写作、配音、绘画、沟通表达等）、价值观（勤奋、谨慎、自律、真实、抗压、善于学习等），在这些因素中提炼聚焦与你应聘职位最为贴切的内容，来确定你能满足岗位的什么需求？比如公司急需一位负责培训的HR，职责是管理和落实公司的整体培训方案，如果找不到合适的人，公司员工将无法得到及时有效的培训。如果你的经验和能力恰好能满足这个需求，那么你对于公司来说，就是一个非常合适的"产品"，这时来谈薪酬，就有更大的空间。反之，如果你连对方想要什么都不知道，那么即使你的简历再丰富，对方也不会出钱购买，因为买来没有价值，没有发挥功用的空间。

（2）进行产品定价

你需要认真调研行情，以了解在你的行业、你应聘的职位、你的城市、与你同等工作经验的人的薪酬在什么范围。获得薪资信息的调研渠道有很多：一是咨询同行朋友；二是问一下专业人士，如HR、猎头；三是在专业信息渠道查询，如论坛、招聘网站、基于薪酬信息建立的专业分析平台等。

（3）知晓溢价空间

要充分自信。无论你是初出茅庐还是有丰富经验，你都是独特的你，找到你与他人不同的地方。例如你应聘人力资源招聘主管，你比市场上的大多数人多具备了Python数据分析能力。在工作中，你可以使用爬虫搜索全网的实时薪资动态变化数据并加以分析，可以为公司招聘员工节约成本，这就是你超出一般应聘者的能力，就是你可以获得溢价的能力。你和用人单位是平等的关系，在公司确定不会先于你释放薪酬信息的前提下，勇敢报出自己的价格，说出你可以为他们提供的价值，这本身就是加分的做法。

（4）确定薪酬底线

一是用"生存开支考虑法"确定自己的薪酬底线，是基于基本的生存需要（食物、房租、交通等）而考虑计算出的数字。这是维持自己日常生活所需的最低生存保证金额，是你在薪酬谈判时要守住的底线。这个数字会因你所在的城市不同而大有不同，如果你在北上广生活，每月的房租可能就要3000左右，再加上其他支出，也许你的最低成本在6000左右（税后）。如果你的目标是三线城市，那么数字减半也没有问题。当然如果你有实力雄厚的外援则另当别论。

二是用"报告数据参考法"确定薪酬底线。查看自己应聘职位职级的行业地区薪酬区间标准，根据自己的实际情况确定分位值，这一分位值的最低数就可以作为你的薪酬底线。

三是用"历史数据参考法"确定薪酬底线。你可以参照自己上一份工作的薪酬，将上浮30%的数据确定为自己的薪酬底线。

（5）争取合理高薪

如果你非常优秀，与岗位非常适配，那么一定要充分展现你的优势和价值，争取高薪。过往你曾经为公司带来过巨大价值；面对公司当下的挑战，你是最适合的人选；你在竞争者中有超群的能力……你有足够的实力，就可以直接硬气地说出你的薪资预期，并强调给出这一数字的原因。这些原因可以作为HR与公司沟通的依据。在你的数字高出公司预算的情况下，HR向经理去申请突破预算时，需要你的信息做辅助。

争取到了不同的薪酬起点，那么累计下来的收入差是惊人的。以一组数据为例，同为本科毕业生的小朱、小孙、小侯，在一线城市找到了工作，小朱拿到的是低线月薪6300元，小孙拿到的是中档月薪8300元，小侯获得的是高线月薪10300元。若每三年通过升职或者跳槽的方式获得30%的薪酬增长，我们来看一下他们10年后的收入总差距（表3-2）。

表3-2　不同起薪的10年收入总差距　　　　　　　　　　　　　单位：元

姓名	目前月薪（差幅2000）	每次	3年新月薪（阶梯差幅2600）	6年新月薪（阶梯差幅3380）	9年新月薪（阶梯差幅4394）
小朱	6300	30%	8190	10647	13841
小孙	8300	30%	10790	14027	18235
小侯	10300	30%	13390	17407	22629
低线小朱与高线小侯10年收入差距总计			426656		

以上数据显示，起薪的高低对于后续的收入高低起着至关重要的作用，起薪低者在3年后年度薪酬的差幅最高会达到62400元（2600×2×12），6年后为81120元（3380×2×12），9年后为1054456元（4394×2×12），10年的收入总差距更是超过了42万元。按照40年职业生涯为计，总收入的差距会扩大到惊人的程度。因此要做好各种信息研究，不要让自己输在薪酬谈判的起跑线上。

2. 薪酬谈判分寸

薪酬谈判需要注意实事求是，掌握分寸。

一是薪酬不是越高越好。你要到了超出预期水平的薪酬，就要承担更大的责任，如果这个责任和你的能力不匹配，随之而来的就是压力和痛苦。而且，超出预期水平太高的薪酬，也可能意味着几年之内不会有太理想的涨幅，除非你是高成长性、高潜力成员。再放长远看，在企业遇到一定困难的时候，如果你的知识、技能、品牌没有显著提升，公司需要降低成本时，被首先解雇的通常是高薪的成员。因此要商定的是合适薪酬，而不是单纯的高薪。

二是薪酬不能低于底线水平。如果你因特别的原因接受了一家公司给出的低于底线的薪资，很可能产生长期的心理失衡和无价值感。因为相较你的同学或者朋友，你成了落后的那一个，这种不平衡会在你的思维深处产生影响，这些影响会带到你的工作中，从而影响工作效率，造成你和公司的不和谐。或者你开始了工作，但还惦记着需要找另一份工作，从而影响了你持续投入工作的热情使业绩不理想，有可能试用期不能通过。这样你的履历就会留存一笔不添彩反而添堵的记录，长远看损失巨大，因一处落后而发展成为处处落后，这个趋势甚至可能会毁掉你的职业生涯。如果一家公司接受了一个薪资要求低实际能力也低的人，他会因为错误定价匹配了错误产品而后悔不已，很有可能会愿意付高薪聘请合适的其他人替代你。因此你要接受的是符合能力和价值范围的薪酬，这样于组织和个人看都是最为有利的。

当然，接受低于自己底线薪酬的人，也有可能是期望在未来跳槽时争取高幅度加薪，以及在优质公司获得更多人脉资源、接受优质培训、积累个人品牌的机会。如果你确定了自己的选择逻辑，低于底线薪酬也可以接受。

三是制订一个变通方式，用放长远看的谈判方式提出一个未来薪酬增长的计划。例如你可以制订出相关指标，如果在6个月内能够实现目标，那么工资可以涨到你理想的高度。衡量你未来薪资的标准只有一个，那就是你能够为企业创造怎样的价值。薪资的提升是表象，背后需要努力的是能力提升及经验积累。你的价值提升了，薪酬就会按照市场价值自然而然地提升了。

薪酬谈判的过程是双方达成共识的过程。你需要在谈判中举例证明你值得。因此要准备全面的数据，包括你自己的数据（你的学历、你的技能、你的资历等）、市场的数据（同等岗位的参考数据）、你承诺将为公司带来的价值等，这些会让你在薪酬谈判中占据主动权。

六、筛选 offer

经历了简历投递、笔试行测、面试、谈薪等环节，终于拿到了一家或者多家公司的 offer。如何决定是否接受 offer？如何对比筛选 offer？

1. 筛选 offer 的四个维度

校招阶段是集中大量精力投递简历寻找工作的阶段，在 offer 间犹豫不决时，需要再从四个维度进行考量做出决断。

工作内容 工作内容是否是你想做的？你为此兴奋吗？能够成长吗？对你的简历能起到加持作用吗？

小环境 你的直接工作汇报对象是否是你崇拜的？你能够从他的身上有所学习吗？他能否帮助你成长？他是否能成为你的老师？面试中你是否觉得遇到了对的人？

大环境 企业环境是否能让你发自内心感到满意？公司文化是你认同的吗？这个平台是哺喂型平台能助力你成长还是消耗型平台磨平你的意志？此平台是否能对未来有加持？你的未来发展路径是什么？公司是否存在让人产生负担的酒桌文化、打小报告文化、小圈子文化？

付出与收益 加班、出差、工作强度如何？你的回报是否达到了你的合理预期？获得的薪酬福利与你付出的相应时间和精力匹配吗？

这些信息看起来太过翔实，有人会想：我还没有到公司开展工作我怎么会知道这么详细的情况呢？从脉脉、领英等渠道看在职尤其是离职员工对于公司的评价就能够大概了解这些内容。另外就是回看自己面试的复盘，通过你对面试官的感知决定你的下一步行动。

2. 透过面试官选择企业

工作小环境是你每天都要面对的场景，因此有没有遇到一位合拍的领导极其重要。应聘者往往是"因公司而来，因领导而走"。作为应聘者，可以将"领导"的因素前置到面试中进行把关，而不要等到入职后再后悔来错了地方。

切切记住，面试的过程也是你面试面试官的过程。你要借此评估这家公司的竞争力，评估公司对于这个岗位的价值认可度，评估公司对于人才的关注度和培养投入，评估公司的文化是否与你的价值观契合，评估未来的领导是否是一个好的合作伙伴。避免遇人不淑，导致职业发展受阻，耽误了自己的宝贵发展时间。而遇到好的上司，你便有机会可以获得飞速的成长。

遇到以下类型的面试官，建议慎重选择。如：气场不和的面试官，在面试问答沟通中打压贬低你，错误理解了抗压能力测试的方式方法，想靠贬低打压制造压力场；滔滔不绝的抢戏型面试官，将面试场合当成自我炫耀的舞台，根本没有耐心考察面试者的能力；不守时且不解释原因、不道歉的面试官，自身的时间管理有问题；还有听不进建议的权威型面试官、脾气暴躁的易怒型面试官、说前任坏话的小气型面试官……只要你感觉不适，分析判断后觉得有问题，就要慎重做出选择。

在同一公司中，尤其是大厂，要选择和自己的气场相契合的团队与岗位。这个道理和筛选应聘岗位时要让岗位需求特性与你的性格特质相关联是一脉相承的，即合拍最重要。采取超高压力面试的岗位，通常是公司内部竞争激烈、敢于在工作沟通中以强悍角色出现争取资源的人。例如某化妆品公司的销售岗位的面试，就采用在群面中狠狠地批评所有面试者的方式进行。有敢于站起来怼面试官的候选人反而会被选中。如果你自身强悍，进入这样的公司会觉得如鱼得水，如果你不是这样的狠角色，不加入进去反而是好事儿。

3.对公司进行背调

以下8个背调细节能够帮助你在决策时明察秋毫。

岗位工作不匹配的不去　在决定投递时已经做过考量，在面试中重新验证自己的感知，看目标工作岗位的发展细节和你的职业生涯设计是否匹配。招聘广告的信息与面试沟通获取的信息不一致的要慎重考虑。

只谈梦想不谈钱的不去　你最顾虑的可能是工资。关于工资，直接设定可以接受的最低工资，低于这个水平的公司全部淘汰掉。如果满足理想薪酬的情况下还有其他奖金福利，那都是加分项。

出乎意料高待遇的不去　如果自己能力有限但工资仍远远超过行业水平，就要小心了。公司能够长效维持运营的前提是良好的成本控制管理，而不是没有原则地发放高薪。

面试第一感觉不好的不去　面试是相互的，你被面试的同时也要面试面试官，尤其是你未来的直系领导，观察对方的表现，分析他的说话逻辑、专业能力、格局及看待问题的角度，面试中感觉不好的则无须再继续。

公司历史过往业务摇摆及未来发展不清楚的不去　根据过往历史看基因，根据发展计划看未来。了解这家公司的工作安排及公司本身是否适合自己的职业需求和规划。

公司创始人不靠谱的不去　研究创始人的教育背景、行业经验、公开发言，创始人的眼界往往代表着公司的高度。

创业公司不稳定的不去　创业公司重点考察两点：一是公司有没有务实精神，是否在踏实做事；二是现在或未来有没有盈利的产品。若缺失现金流产品，就要分析看有没有大型投资方介入，如果没有，那么慎重选择。

〖•••〗**应聘亲历：外包公司**

○云狐：

大厂的经济体庞杂，就有很多公司"挂羊头卖狗肉"。我就遇到了二面之后被告知是外包公司的情况。之后学了一个技巧，在接到面试邀约后到BOSS直聘上查地址信息、看公司规模等进行查证。也有同学想通过进入外包公司进大厂，还有想通过暑期实习转正的，听说概率都很小。

"体检"不合格的不去　对目标公司进行现阶段的全面"体检"，加入公司前如投递简历时筛选目标公司一样，再次通过一切渠道对公司验明真身，看现阶段公司的情况有无变化。通过公司官网、企查查、天眼查、国家企业信用信息公示系统、媒体报道、公司公众号、上市公司财报等渠道，全面了解公司文化、品牌、业务情况。

千万不要不经背调就加入一间公司，找工作是规划你的职业生涯，不是拆盲盒，职业发展中时间和机会成本的付出是无法挽回的。对于跳槽找工作的人士，要全力避免跳槽成为跳坑。

4. 多份offer的妥善处理

筛选确定offer时既需要关注决定要接的offer，做快速处理，但也不能忽略要拒绝的 offer。

中意 offer　快速处理，与 HR 紧密联系，接受锁定 offer、确定报到日期、尽快到岗工作。快速处理的原因是避免你最终选定的 offer 发生变化，你最中意的 offer 不一定能顺利走到最后。避免拖拉程序，如果处理的过程中 HR 觉得你摇摆不定，他同时还在寻找候选人，那么半路上可能又杀出一位"程咬金"，会影响了你的计划。

犹豫 offer　基于中意 offer 可能存在的变数，因此尽量避免在工作落地前拒绝犹豫中的 offer。你可以与 HR 保持联系，可能某天他们会打电话说给你涨了薪资，带来更多的惊喜。尽量避免单方面锁定独一家 offer 而拒绝所有其他 offer。

拒绝 offer　对于自己无论如何都不会去的 offer，可以委婉但明确地表态说明，以节省对方的时间，给公司留有一定时间选择其他候选人。不要把时间压榨得太紧迫，也为和你一样处于找工作状态的人尽快拿到 offer 提供曲线支持，同时也是在为自己未来留有余地。

国内应届毕业生会涉及签三方协议，可以将三方协议签署的最后时间作为自己接受 offer 的底线时间。

有公司在发放 offer 时会提出提前到岗实习的要求。

很多同学在签约时考虑的一个非常重要的因素就是户口，希望能拿到大城市户口，但其实没有任何一个人能保证你能稳定拿到户口。户口是不会写在合同里或任何其他书面文件里的。你可以通过三个因素来估计自己获得户口的概率：一是这家公司每年的户口指标和分配方式，一般来说这个数字是相对稳定的，有的公司会集体抽签，有的则会根据部门分配指标，由经理进行发放；二是如果你拿到的是公司的顶级 offer，你就会拥有最高级的优先选择权，但是也要考虑拿到该等级 offer 的人数是否大于公司明年能够办理落户的人数，这样的话可能也会是抽签决定；三是考虑各地关于户口的政策，例如根据北京市政府近年来的政策变化，即使你在互联网行业幸运地拿到了户口，也大概率是 3 年制户口，即在公司工作满 3 年后启动落户流程，估计最终办下来要将近 4 年。这种户口的办理方式某种程度上是避免你轻易跳槽，要做权衡考量。

应聘亲历：拿offer心得

○云狐：

对于我这样的急需一份工作养活自己的人，找工作要先解决有没有的问题，然后再看是否有更好的机会。我同宿舍的同学就不一样，他目标明确，就是要去四大厂，其他不考虑。羡慕他一是因为真的优秀，二是没有生活压力，这样就过得很从容，递交简历和筛选offer就很有指向性。

○健健：

在校招后期有了两个意向offer，然后又收到了一个面试邀约。我犹豫是否参加面试，因为这家公司比接了意向书的公司无论规模还是段位看都要低一些。师兄告诉我一个窍门，如果此公司横向比较来看是意向书公司的横向竞争公司，那就要面试，因为在谈薪酬的时候是可以拿来谈判涨薪的，所以我果断接受了面试。

○旖旎：

在两个offer之间纠结。一个是某公司的海外推广，心动的点是大平台、日语工作、能积累推广资源。另一个是美术馆的品牌策划，是一个大厂老师办的新品牌，刚成立所以工作比较杂，运营投放等工作都会做。心动的点是喜欢美术馆/艺术馆、一个月带薪休假、接触投放之外的品牌策划工作。两个offer的薪资差不多，美术馆会多一点点。同学建议第一份工作去大平台更好，小平台对个人能力的锻炼应该非常强，但以后想跳槽就不如大平台认可度高。喜欢美术馆以后有工作经验了可能还会有更好的选择。去了A能跳到B，但去了B不能跳到A。

○夏目：

我们学校规定在确定offer之后，一周之内就要签三方。三方的作用一是用于学校统计就业率，二是企业和应聘者相互保障承诺，如果毁约就会有赔偿支付。不过即使这样，也会有很多毁约存在。既存在公司毁约情况，也存在应聘者毁约情况。听HR姐姐说企业会在大规模校招的时候多发出offer、多招聘成员，就是避免有不接受offer或者接了offer又毁约的人存在而影响正常的用工。

○菊花：

曾有外包公司的HR联系我，说有网易的工作机会，信息问："那你是否能接受外包的形式呢？""第三方外包形式：非直签网易，但是驻场网易，会有一些区别不过不明显，而且内部有正职缺口可以优先应聘。五险一金、13薪、餐补700（网易食堂）、节假日福利等都有。你可以理解为除了签约是合作第三方公司，其他对接的都是网易这边。"这种就需要慎重考虑，一次外包基本上是永生外包。但我的同寝室女生感觉即使外包但也学到了真本领，虽然在本公司由外包转为正式签约很难，但她的这一段经历让她在字节跳动的招聘中获得了强加分，拿到了offer。

○魏建：

签约某大厂，问能否早点开始实习。签了三方的话，可以全薪实习。感觉蛮爽的，早点开展工作，早点进入工作状态，拿到薪酬还可以计划一次完美的毕业旅行。听说很多公司也是签了三方之后实习全薪，且实习期可以抵试用期。

接受offer开始工作，是开启了人生的又一段新旅程。新的人际关系、新的自我认知、新的价值认定。探索才刚刚开始。

小结

· **知己知彼：** 进行薪酬谈判的最基础点就是研究信息，掌握市场行情。

· **评判综合：** 对比薪酬的好坏要看综合信息，而不仅看合同上的月薪数字。

· **慎选offer：** 对入职企业和部门做好背调，避免让入职成为入坑。

金句： 明白自己有什么，明白自己要什么，明白自己可以放弃什么。

第四章
顺利转正：
HR 告诉你如何
把握关键试用期

——————— 恭喜你！成功地获得了心仪的职位。但求职之旅的最终目标不仅仅是到达顶峰，更重要的是要在山巅站稳脚跟，争取尽快落地转正。注意到润物细无声的细节、抓住朋友圈子的360°全方位影响、在关键场合表现亮眼，你就可以信心满满地实现落地转正的目标。人际关系专家戴尔·卡耐基曾说过："一个人的成功只有15%是依靠专业技术，而85%却要靠人际交往、有效说话等软本领。"普林斯顿大学对10000份人事档案进行分析，结果发现"智慧""专业技术"和"经验"只占成功因素的25%，其余75%取决于良好的人际沟通。哈佛大学就业指导小组的调查结果显示，在500名被解雇的男女中，因人际沟通有问题而不能胜任工作者占82%。因此在职场中要建起自己的朋友圈，通过历练自己，掌握沟通技巧，博取四面八方支持自己的力量，顺利转正。

深吸一口气，我们继续前行，让成功的旗帜持续飘扬在职场巅峰。

<table>
<tr><td>第
一
节</td><td>职场中的行动细节
决定成败</td></tr>
</table>

工作报到第一天，要充满自信地亮相。做好充分准备，表现你开展工作的专业性、从容感。

一、工作报到

1. 服饰准备

现在的职场除特殊行业岗位外对服饰没有特定要求，但你的形象还是会成为同事判断你的信号。因此不要随意凭自己喜好穿着。不要穿颜色过于鲜亮和设计过于独特的服装，容易显得格格不入，不容易融入团队。不要穿休闲运动装或者过于显宽松邋遢的外套，会显得不够专业，让人怀疑你的专业性。

2. 介绍准备

做好文字介绍和口头介绍两种准备。文字介绍要给自己准备一段200字的"经线、纬线介绍"。因为你会加入公司的各个工作群，需要快速介绍自己，并且让同事们有兴趣来与你互动、实现破冰，所以要准备一个多元化的自我介绍。经线介绍包括"姓名、籍贯、学习背景、特征"，可能让你找到老乡、找到校友、找到同好。纬线介绍是推销自己的"能力"，让同事知道你能够提供的价值，有信息需要互通或者交流的时候，可以找你沟通。介绍的加分项是说说你在加入公司之前对公司印象最深的地方，实现共情。口头介绍用"我是谁＋和你有什么关系＋我对你有什么用"的方式进行。自信地说出你的名字或者是花名方便记忆，介绍你的岗位职称、你的能力特长，最后请对方介绍自己并请其多多关照。

3.时间准备

提前问好公司上班的时间，比这个时间晚半小时报到，给相关岗位的同事留出吃早饭、准备咖啡、处理紧急邮件的时间。如公司上班时间是9∶30，那么10∶00左右办理报到和入职手续为最佳。这个时间可以让你在当天上午有充分的时间办理入职手续，下午做基本的入职适应。

4.沟通准备

来到自己的团队，要主动沟通，建立和创造友善氛围。

到岗后　第一件事是去问你的直属领导："今天您什么时候有时间，跟我交代一下工作？"一定要从他的日程里给自己争取到不低于半小时的面对面交流时间，这不仅是工作部署的过程，更是建立信任的过程。沟通获取信息的重点是团队OKR（目标与关键成果法）或者KPI（关键绩效指标）的内涵以及他希望你在其中承担的责任。明确了团队目标和自己的岗位责任，着手开展工作就有了非常明确的指向性。第二件事是和指定的师姐或者师兄请教工作细节，掌握生产力工具的使用，如钉钉或微信沟通群、企业邮箱、文档模板……继承团队所有的工作资产。第三件事是给所有在你加入公司前已经认识的同事，包括面试官、其他部门同事等，发送个信息："我今天正式到岗了，我的工位在XXX，您坐在哪里呀？方便的时候，我来跟您打个招呼。"用这种方式，快速建立自己的非正式社交网络。而后以此为圆心，扩充自己的职场朋友圈。

午餐间　问师姐或师兄的午餐时间如何安排，看是否有机会共进午餐。午餐时间是你和同事深度了解、建立软性私密沟通的绝佳机会。你可以讲述你的读书感悟、旅游经历、家庭趣事儿、家乡风景、过往糗事儿等，作适当的自我暴露。或者请教同事他的爱好习惯等，找到共同话题沟通交流。午餐的场所也容易成为小道消息、职场谣言、牢骚四处散播的场所，切记不要卷入职场斗争。

下班前　下班前半小时，给HR发信息，告知第一天的进展和感悟，询问了解公司的新员工培训计划，获得信息后以感谢作为结尾。离岗时间的把握以完成工作、不过早离岗为准。离开前如果直属leader还在工位上，打个招呼再离开。如果刚好赶上团队赶项目期间，那么切记要和团队共同承担任务，一起"打过仗"就有了"战友情"（图4-1）。

服饰准备

适配环境服饰
避免过于独特服饰
避免过于邋遢服饰

介绍准备

经线介绍-社交
纬线介绍-能力

时间准备

问好上班时间
延后30分钟报道

沟通准备

到岗与上级沟通
休息与同事沟通
下班前与HR沟通

图4-1　工作报到第一天的充分准备

二、做好"三一计划"

第一周：熟悉同事，记住他们的名字；熟悉工作流程及工作要求；熟知制度，避免无端犯错。

第一个月：熟悉企业文化，应知应会；回顾总结自己在一个月里究竟学会了什么，综合评估这个工作环境值不值得继续待下去，作出理智选择。

第一百天：能够对业务有深入了解，进入有担当的角色情景，把自己的工作向具有不可替代性的方向发展。

完成"三一计划"的核心是"识人"和"知事"。

1.识人

识领导　分辨出你应该听从谁的命令，服从谁的安排。职场新人最该听直属领导的，你的直属leader是给你布置任务、验收任务的人，你的形象需要通过他散布出去，因此直属leader是关键人物，要充分了解他的工作风格。他是细线条喜欢事无巨细听汇报的人，还是粗线条仅关心结果而不在意过程的人？是对职场八卦进行屏蔽的人，还是关心下属各种动向的人？你需要投其所好。

知师傅　了解你有事儿可以向谁请教。除leader之外，团队中会有核心人物，她或是业务骨干，或是有独特技能，或是有某种话语权。你要足够用心，看清楚小集体里不同人的角色，那个最善良、最热心、做事最干练的，应该就是你要拜的师傅。互联网公司会有师兄师姐文化，要与自己的师傅建立好关系，有感恩的心，从而获得必要的帮助。

交朋友　找到可以与你同行的小伙伴，包括一起被招聘进入公司的人、与你职位相近的人或者年龄相仿的人，即除了工作之外与你有其他共同点的人，都要寻找机会发展成为朋友。他们是和你最有共鸣的人，一起商量、一起吐槽、彼此鼓励，都是解压、共同进步的好方式。

避敌人　谁对你有敌意，应该主动避让。人的敌意通常有两种，一是针对你个人的，有无缘无故的，也有有缘故的，例如他认为你对他有威胁或者是本来他想介绍人来从事你的岗位的工作但没有成功等，他将未成功归结于你。二是对整个世界都抱有坏心肠的。与大多数人为善，是我们为人处世的宗旨，但无须讨好所有人，那个很明显对你有敌对情绪的，你要远离他。不得不打交道时，尽量在有人见证的场合处理事情。

2.知事

知道团队的事儿　要熟知团队的重要 KPI 下需要完成的重要任务，能够帮助团队拿业绩是你胜任这个职位的根本。

知道领导头痛的事儿　注意领导在团队会议中、分享信息中、谈话沟通中有没有说到让他头痛的事情。这样的事情也是你值得关注研究的事情，能够帮助领导解忧，你就会很快成为他的得力助手。

知道你自己的事儿　要给大家留好印象，就是要把自己手头的事儿办好。让你打印文件，你要打印清楚，让你买咖啡，你要买明白。看似简单的事儿，重复去做，每一次都做到100分，就能重复积累你靠谱、认真、给力的职场形象。拿文件打印来说，要打印几份？是否彩打？打印 PPT 的话，每页纸上呈现几张 PPT 内容？打印后是否要钉起来？看似小事儿其实很需要用心去做。做大事的基础是先做好小事。

对事儿不对人　在具体工作中，要将事情与人分开，尤其是发生不开心的事情，不要认为对方是有意对你发难。有问题解决问题就好，不要连带想把人一起解决掉。

工作的每一天，要目标感清晰。新人不会在第一天就知道如何做好所有事儿，但你可以每天进步一点儿。每天的工作首先以完成工作任务为目标，其次是学习充电为未来做准备。

三、完成任务

1.担负任务

承担你能力范围内的工作并交出令人出乎意料的答卷。公司雇用员工是为了他能够做出相应的贡献。三类任务的完成能够带给你超强的影响力：一是完成被委派的任务，但拿出的成绩令人出乎意料；二是注意观察让你的领导头痛的事儿是什么，提前做研究，帮他解决问题；三是主动出击看团队的共同任务，工作不分你我，做事儿不分边界。出谋划策、提供帮助是在职场站稳脚跟的另一个支点，且能够在有新机会时被迅速提拔委以重任。学校与职场最大的不同是学校是学习场所，没有团队任务目标，而职场中需要的是重规则、讲效益、有突破。

2.自己做主人

自己为自己的成长负责，而不能依赖公司培训，每天进步一点点，积跬步以成千里。开始阶段的不二法宝是多问。让师姐或师兄为你介绍关联团队的成员，了解"这个人是做什么的？分工是什么？和我的工作会有什么交集？"。如果当场没搞明白，就要事后追问。事情都是由人来完成的，了解周遭人和你工作的关系，帮助你快速建立自我价值坐标。

四、学习充电

学如逆水行舟，不进则退。职场如战场，一样需要不断进步才能胜任岗位。要通过网络学习，向他人学习，通过担负更多任务学习。

1.网络学习

很多公司都有自己的网络学习园地，内网的资料都是极有针对性的接地气的内容，值得好好关注。

2.向他人学习

不断积累你的学习交流名单。岗位新手，可以问HR或者师兄师姐："如果我要把我的工作做好，你建议我去跟谁聊聊？"把所有提及的人名记下来，在未来一周之内争取与这些人都聊一次。有你想进阶的领域，问 HR 或者相关同事："如果想在这个层面获得指导，你建议我向谁请教？"和其他老同事交流的时候，你可能会听到很多陌生的名词或者说法，不懂的千万不要放过去，当场就问。实在不好意思或者不方便当场发问的，记下来，事后单独问。快速掌握了职场的岗位话术，你才不至于在推进工作的时候感到困难，好像每个字都能够理解但是组合在一起就像是外语。例如网络视频运营岗位，用户分层、用户心理、用户模型、产品逻辑、生命周期、数据分析、ARPU（每用户平均收入）、DAU（日活跃用户数量）、PAU（付费活跃用户）、TS（用户使用时间）等是工作沟通场上的常用词汇，需要快速掌握。

3.向任务学习

能够深入掌握技能的方式就是亲身下场干起来。互联网行业的特点是在关键时间节点打攻坚战役、开发创新项目、组建兴趣小组等，躬身入局，是最佳的获得技能、拓展人脉的方式。一起在任务中摸爬滚打过的才是战友，一个战壕里相互鼎力支持过的才会是背靠背值得信任的人。快节奏、扁平化的互联网公司，多技能是将来拓宽职业路径的有力保障。

五、职场四不要

职场中要绝对避免的负向细节，包括迟到早退、工作延后、无存在感、拉帮结派。

迟到早退 在群体中有行动不一致者出现时，会显得特别突出。迟到和早退，尤其迟到是职场中最为失信、被认为最不尊重人的表现。

工作延后 每一项工作任务都有 deadline，工作延后不仅影响你的信誉，还有可能耽误整个团队任务目标的完成，因此绝不能成为拖后腿的那一个。

无存在感 公司聘用你开展工作，就是需要你的智慧，要通过行动表达出你的价值来。不发表意见，如空气般的存在会让你丢掉转正的机会。

拉帮结派 职场中可以形成圈子，是基于相互支持和提携，但绝不是搞山头主义，拉帮结派的后果很可能是成为职场斗争的牺牲品。

知晓了基本的该做什么和不做什么，你便找到了平安落地的基本点。

小结

· 领导：深入了解领导需求、满足领导需求，他是最能直接决定你去留的人。

· 自己：高质量完成工作任务，规避负向细节，是立足职场的基本。

· 同事：做好全方位的融合。

金句：职场新人最重要的是融入团队求生存，而不是挑战。要先知道如何活下来，而后再求发展。

第二节 | 沟通技巧之职场里的朋友圈

工作中最为重要的能力就是沟通能力。

首先是因为沟通无处不在。表达想法、接受任务、解决矛盾冲突、会上发言、发出邮件……沟通无处不在。

其次是因为沟通容易变形。你头脑中的想法、你语言传递的信息、别人听到的信息、他人理解的信息……都可能发生偏差。沟通中总会伴随着不理解和理解偏差，信息失真和信息丢失都会导致落地行动发生畸变。

最后是因为沟通助力成长。你圈子的扩充、职场的晋升、获得同事的支持……都需要借助沟通来达成。如果沟通不到位，你得到的结果和最初的设想就会天差地别（图4-2）。

客户描述的需求　项目经理理解的需求　架构师设计的需求　程序员编写的需求

软件安装的需求　技术支持的需求　市场推广的需求　客户真正的需求

图4-2　沟通的偏差

一、沟通的本质

沟通极其重要，但又容易出现问题，因此就需要抓本质看问题。沟通的本质有三：确定沟通目标、把握沟通逻

辑、进行情绪控制。沟通前要自己做好充分准备，避开虚假沟通目标，依照真实的沟通目标以逻辑框架的方式确定"对谁说、何时说、说什么、怎么说"，过程中以事实说话而非发泄情绪。

💬 **示例：情绪失控的沟通**

何杰一周前为正在推进的项目向财务部申请了预借款，但迟迟没有收到财务的批复。项目活动日期越来越近，何杰很急，和自己的领导抱怨说："领导，咱们的借款财务还没有批呢，明儿需要用款了，咋办呀？"领导回应："那就赶紧去找负责流程审批的财务同事，流程没有滞留在我这里，和我说没用哦。"何杰着急地来到财务办公区，催促说："我的项目下周马上要开始筹备了，提交的预付款申请给批一下呗！"财务同事埋头整理着单子，头也不抬地回复："知道了，最近单子多，大概下午就到你的了。"何杰对财务的回答很不满，但为了让流程能尽快审批通过，忍着火气说："我的申请是加急的，在你这里一个星期了还没有批呢。可不可以现在马上处理一下？"可财务同事却说："现在所有人都申请加急，我给你先批了，别人也来找，我们财务还咋干活呀？"何杰这下急了，甩出一句："你们明知道加急的单子多，怎么还每天到点儿就下班？要是没我们业务部门辛苦加班给公司赚业绩，谁供着你们职能部门？你们就不能给力点吗？耽误了项目推进你能承担责任吗？"这一连串责问把财务的同事惹怒了，两个人吵来吵去，批借款的事也没推进下去。最后惊动了各自的领导才解决了问题。

进入到有难度的沟通情景中，没有注意到沟通逻辑和情绪控制，就会不可避免地偏离自己的沟通目标，从而导致对话的偏离与失败。

沟通失败需要剖析原因。何杰的失误在于没有控制情绪，忽略了"款项审批通过"是自己的真实沟通目标，而非指责对方工作不配合等，沟通中跑偏路线导致失败。

二、严把沟通逻辑

我们用上述事例来进行沟通逻辑的分析。沟通中需要贯穿注意"对谁说、何时说、说什么、怎样说",而不能任由情绪左右自己,偏离了沟通轨道。沟通如在道路上驾车行进,切记自己的目标方向,不要随意乱打方向。随意乱打方向盘,就会制造惨烈的车祸现场。

1.对谁说

与直属 leader 沟通 VS 与财务同事沟通。"对谁说"层面,锁定恰当的沟通人,应该是负责审批的财务同事。避免找直属领导沟通,因为目前事项进展处于你的职责范围内,找 leader 沟通显得自己无能。同时也不建议和具体操作的财务同事的 leader 沟通,会有被告状的感觉。

2.何时说

用钱的前一天沟通 VS 提交申请后的24小时沟通。尽早发动沟通,而不是火烧眉毛时再有动作。在形势紧迫的情况下,急切沟通容易造成情绪失控,沟通目标产生偏差。

3.说什么

夹枪带棒说 VS 聚焦完成目标说。通过款项审批是要沟通的核心,避免将核心之外的指责尤其是贬低他人的信息夹枪带棒地说出来。要采用类似三明治的方式将核心沟通目标装在中间说:先说你们财务工作真的是太忙了,表达你的同理心;而后说出自己的要求,从对方角度考虑是担心超期审批会带来麻烦,让对方感觉你在帮他做分析考量;意见达成一致后向对方表示感谢。

4.怎样说

应激战斗说 VS 基于事实说。单纯为了自我目标的实现、用战斗的状态沟通会阻滞沟通效果,需要抬高视角、从锁定共同目标出发进行沟通。

三、进行情绪控制

情绪有双面作用。正向的温暖、体贴、帮助等情绪有利于促进沟通,负向的发牢骚、指责、发火等情绪会造成沟通的严重阻碍。运用预测对方反应的方式检验自己的情绪，保持正向情绪，至少是保持情绪稳定。

💬 示例：探究沟通本质后的沟通

何杰：小高好。看你都被单据埋起来啦，真是好辛苦呀！

小高：哎，没办法……最近项目多，忙到头晕。

何杰：可惜你这么专业的事儿我不能给你帮忙，还过来麻烦你啦。

小高：啥事儿？

何杰：我提交的一份预借款申请，是走的加急，麻烦你帮忙审批一下。

小高：最近都是加急项目，等我按顺序来哈。你的加急处理了，别人也这样，我就没法干活啦。

何杰：理解理解，不过这个加急项目有点特殊。一是这个客户的单子是咱们公司这个季度的最大单，金额超出了所有其他单的总和。二是我提交这个单子的时间是昨天，我看加急程序中说加急处理是24小时之内响应，再晚一点处理的话就超出时限啦。三是我第一次全权负责一个项目，需要你的鼎力支持才能完成哦。麻烦你呢！

小高：哦哦，这样啊。那我来看看吧。

何杰：感谢超级给力的小高。

在这个沟通中何杰锁定了直接沟通的对象，运用了摆事实的方式，在恰当的时间点进行共情沟通，效果显著。

沟通不仅体现在语言上，同时也体现在行动上。走进办公室，你的走路姿势、你的表情、你说话的样子都会透露出信息。你是从容不迫、目标清晰、专注工作、矫健有力，还是磨磨蹭蹭、心不在焉、厌倦疲惫、晃晃悠悠，形体状态是影响你在他人心中形象的重要因素。行动上自信，你就会被认定为是一位非常有目标感的人。

沟通的核心是解决问题。优秀沟通的要义是在共同解决问题的前提下提升逻辑思维能力，通过成就他人来全方位提升自己的影响力。在向上沟通、平行沟通、自我沟通和对外沟通中抓住本质、执行要义，你就能够在职场中毫无悬念地站稳脚跟。

四、向上沟通

向上沟通要有胆量。职场中最为重要的沟通就是向上沟通，即与上级沟通。上级包括直属领导、领导的领导、其他部门的领导。

1. 与直属领导沟通

与直属领导的沟通至关重要，因为你的去与留直接取决于你直属领导的决策。

（1）接受任务

接受任务时要学会倾听，倾听过程中给出语言响应，表明你在认真接受信息和已经理解。接受任务后要进行复述，确认自己完全明白了领导传达的信息。有疑问时要提出问题，核实后确保双方在关键问题上达成了共识。了解领导的事项优先级排序及需要反馈信息的时间节点。

在接受任务时你也许正忙得一塌糊涂。但是，听到领导召唤，你的第一反应绝不应该是强调原因拒绝任务说"我不行"，而应迅速回应："领导您请讲，我听着呢。"接受任务的当下时间点，"态度"比"结果"重要。了解任务后再作梳理，看是自己完成还是向领导要资源完成。或者是当场将你手上的所有任务事项陈述出来，请领导帮助确认完成的先后顺序。

（2）确认进展

重要事项在中途要和领导确认进展，避免执行过程中走偏。例如领导要你帮忙制作项目汇报的PPT，你要在确定了PPT制作大纲后就与领导确认，避免完全制作完成后因方向走偏而返工耽搁时间。

沟通中可能会出现交流障碍，你的沟通话术主语要设定为"我"，"我没有太听清楚，您能够再强调一遍吗？"而不是"你没有讲明白，可以再说一遍吗？"。日常的工作要与leader建立规律性的沟通习惯，建议在周五作沟通，原因有三，一是工作了一周能够总结出有含金量的沟通内容，二是周五处于较为放松的状态，领导可以比较从容地给出工作指导，三是新一周的工作能够结合领导建议作出调整。如果领导非常讨厌这样的沟通，那么也不要强行建立这样的制度。

（3）汇报问题

在遇到挑战和挫折时，要及时与领导沟通。坦诚反馈你无法解决的问题，但要说明到目前为止拟采取的措施，提出你的备选解决方案或方法，明确利弊及潜在风险，表明你致力于解决问题且对结果负责，与领导确定新行动计划。

汇报问题的开头也有技巧，不要讲"领导，我们出问题了……"或是"我们遇到麻烦了……"，而应该是"我们遇到了一些状况……"。两种表述的差别是将领导置身在问题和麻烦中慌张无主意，还是共同冷静面对客观情况找应对方法（图4-3）。反馈问题时要提出自己的应对建议，而不仅是简单报忧。话术是："我们遇到这个情况……，我这里的三种应对方法是……，它们各有利弊……您看有什么指示？"

冷静有应对

慌张无主意

我们遇到了一些状况，事情是这样的……
我想到了三个解决办法……你看哪个合适？
或者您有更好的应对方法？

领导，我们出问题了！
不好啦，我们有麻烦了！
您看这可咋办呢？我是没招啦！

图4-3　汇报问题的表述差别

（4）表达异议

领导需要来自不同层面的声音和观点，你需要有建设性的意见和观点能够帮助领导作出更为明智的决定。

表达不同观点的前提是你的出发点要与领导的目标和关注点联系起来，而不是抵触工作无理取闹。要提出多种切实可行的解决方案或建议，详尽描述你的观点，展现你的灵活性。例如你对计划的落地表示怀疑，可以说"如果我们请兼职人员撰写方案，肯定能够按照计划完成"，而非"你的计划不大可行"。给出你的具体有指向性的建议，而不是将"你""我"对立起来，将问题变为你错我对，要基于具体问题进行讨论。

（5）承认错误

当你坦白承认自己的错误的时候，领导会认为你是一个诚实的人。

职场中大多数人会想方设法隐瞒错误，其实你的坦诚反而会增进领导对你的信任。但是要避免犯低级错误，尤其是频繁地犯低级错误。例如将数据分析的图形与描述文字搞错、将发票搞丢、忘记打卡……小错不断会让领导觉得无法安心将重要任务分配给你，你的成长路径可能就此停止。技术和业务类型的错误可以通过学习予以提高，但习惯性地犯低级错误会摧毁同事对你的信任感。

（6）接受批评

保持成长型思维，乐于接受不同意见，对批评持乐观态度，有则改进无则加勉。被批评并不意味着"我不适合这份工作""领导就是针对我""我是一个失败者"等，批评是帮助自己获得成长的方式。接受批评时的应对不是简单地说"我的错""对不起""我受罚"，而要说"我一时疏忽，不过幸好……""谢谢领导提示，我也注意到这一点了，所以对……进行了调整。"也就是要建立自我纠错的能力，表明不是我的能力有问题，仅是犯了一个错误而已。

（7）提供反馈

开放的领导非常希望团队内有能够和他进行建设性对话的成员。在接待客户、团队会议、演讲、一对一面谈和协商等场合观察你的领导，有助于你更多地了解他的长处和短处以及对他人的影响力，这样你在给他的反馈中会言之有物。

提供反馈的时机非常重要，要等待领导邀请时、半年度一对一沟通时或者有新项目、新客户时进行，反馈内容集中在你的观察结果、所见所闻上，而不是说如果你处于领导的位置会怎么做。反馈信息时从好的层面说起，然后提出改进的建设性想法或意见。不确定领导如何对待反馈时不要反馈，要克制反馈的冲动，因为冲动之下容易丧失言语准确性，给双方信任度带来伤害。

（8）请求指导

重大事项上要请求领导给予指导。当遇到需要跨部门的特别沟通、对外重要事项需要帮助、需要处理超出你的能力和责任范围的事项时，不要犹豫，要向领导发出请求指导和帮助的信息，只要是有利于促进全团队共同达成目标的请求，一定会得到领导的支持的。

（9）承担责任

工作中的不顺利和失误是常态，时有发生。在发生问题的时候，帮助承担应有的责任是职场中有勇气的象征，找借口推卸责任是最大的忌讳，没有领导喜欢没有担当的下属。

（10）感谢支持

在跨级工作汇报的会议中，充分表达你对直属领导的感谢，让领导的领导感知到，是你的领导的支持和帮助成就了你和团队。这是一箭多雕的沟通方式，一是让你的领导的领导感觉到自己是人才的伯乐，二是让你的直属领导感谢你把他不方便直接说出来的业绩反馈了出来，三是让领导知道你是心存感恩的人。

（11）做得更多

做得更多这一点最为重要。你一定要认真体会领导安排任务背后的含义，工作中呈现超出预期的漂亮结果，给出业务惊喜而不是惊吓，你的向上沟通就会超高分完成。

例如在项目评估团队工作的你，忽然接到领导的领导询问一个项目目前进展的情况，而平时他很少直接越过你的直属领导过问具体项目信息。你可以推理出一定是有更高级的leader在询问他项目进展："XXX项目评估如何？"因此你的汇报内容就要思考细节措辞："此项目目前看进展不甚理想，播出数据是XXX，远低于目标数据XXX，和团队的评估数据XXX相近，"而不是用"咱们评估的数据是XXX"作为回答。前一段话有前因后果，是系统性信息，是站在领导角度的回答，可以供领导直接转发到工作群回复他的领导。而且措辞用了能够直接使用的词语，如果你用的是"咱们"而不是"团队的评估"等字眼，领导无法直接转发，还需要再编辑而耗费时间精力。在回复完这一领导要求的信息后，你可以再提供扩展信息，例如此项目赛道的历史数据信息、竞品平台的项目储备等，让领导体会到你的视角是全市场视角，有高度、有深度，让他在工作群中释放信息时起到加分的作用。

你的表现超过了你的leader当初招聘你时的期望，获得转正毋庸置疑。

2. 与领导的领导沟通

越级沟通同样不可忽视。被领导的领导约谈后，除非被要求保密，一定要向自己的直属领导反馈信息。办公场所偶遇各级领导，适合采用"求教式"沟通，请他分享取得业绩的心得体会。要避免主动越级汇报，不只是直属领导，其实，领导的领导也大多不喜欢出现越级汇报这事儿。人的精力有限，不同层级处理不同问题。直属领导能处理的，领导的领导就不愿意再花精力去解决。所以，越级汇报就是对领导的领导在时间和精力上的打扰。如果要主动邀约上级领导沟通，可以将上级领导作为老师或导师，不要带着日常琐碎工作去沟通，而是请教职业生涯发展设计等问题，例如想深造，请教哪个商学院更靠谱等。

3. 与其他部门领导的沟通

以彬彬有礼且促使业务顺利推进为原则。尤其涉及因具体业务而必须对接的部门，得到他们的协助，处理好关系，才能完成好工作。因此你要尽量为对方创造价值，相互关照。但需要记住在重大问题上要有戒心，具体来说是保守秘密的戒心。当你所在的部门和相关部门处于竞争阶段时，面对他们的领导，在重要问题的沟通上要和本部门的人统一口径，避免在私谈中泄密。

五、平行沟通

平行沟通要有计划。同事对你的看法会反馈到你的领导的耳朵里，因此不要忽略周围同事对你的评价。

1. 寻找共同目标

职场中各方站位不同，因而对于同一个项目在落地中的决策常会有分歧发生。此时的关键是找到共同目标，一起解决问题。

例如艺人宣发拍摄杂志封面，合同中约定应在杂志封面上展示冠名赞助商的LOGO，但几经调整设计，附加的LOGO都显得破坏了整体封面的美感。这个时候就要明确杂志方、冠名方、艺人方的共同目标是让杂志呈现品质感，因此各方认同不加LOGO的决定，但也一致同意增加透明膜包裹，让冠名方的LOGO有更高级的露出方式，实现了在统一目标层面的多赢。

2. 求同中可存异

物以类聚人以群分，在工作环境中你会遇到各种脾气性格的人，先天的思维方式容易让人讨厌与自己不同的人，例如守时的人看迟到的人不顺眼、朴素的人视打扮过度的人为异类、曾经反驳过自己的人在其他事情中估计也会持反对意见……这种主观臆想非常容易让自己在职场中树敌。职场如热带雨林，每种类型的生物都发挥着自身价值，共生极为重要。在意识中打破非此即彼的念头是在实际工作中不轻易否定、攻击别人的基础。

3.成就他人之心

职场中主动询问他人是否需要帮助，挖掘自己具备的优势，发挥特长以成就他人，在你遇到困难的时候就不会觉得束手无策，因为你可以顺理成章向别人求助。

新进职场的人会觉得我是新人，我怎么可能帮到别人呢？这时就需要发掘你的优势技能，例如Excel表格的透视功能让你帮助团队提升了分析效率，超快且优质的PPT制作能力让你有机会帮助领导制作工作汇报PPT，对数据爬虫工具的掌握让你可以拿到站外的数据信息补充项目分析，短视频剪辑技能可以让你在团建中发挥核心价值，交叉学科的思路让你能够发挥创意……充分发掘自己的能力所长可以在职场中起到的作用，见缝插针地帮助他人。

4.把赞美挂嘴边

赞美的方式是三段式：先说"我发现你……"，表示你关注着对方；然后说"我认为你有这个成就是因为……"，表示你对对方的关注是深度关注；最后说"我决定……"，表示你想和对方建立联系。例如："哇，我发现你这次汇报用到的PPT模板太棒了，领导看起来非常满意呢。你肯定是用心花了时间、做了准备的。我决定向你学习，参考你的模板改进我的下一次汇报，等我完成PPT的基础架构后来找我请教可以吗？"用这样的方式就可以让你与他人建立起紧密联系。在公开场合赞美别人能够产生最大化效用，例如在有对方领导参加的会议上特别表达你的赞美和感谢，让对方的工作得到肯定并被领导看见。让凡是与你合作过的伙伴，都能够得到他的领导的表扬或赏识，你就成功地成了职场明星，所有伙伴都会期望与你合作。

5.结伴共进步

在同期进入公司的成员中锁定一位合适的成员，形成搭档关系。有人和你共同面对陌生环境，和你同呼吸共进步，也可以共同吐吐苦水。关键时刻，伙伴的力量是支撑你走下去的动力。

6. 制造被需要感

提升自己的广泛业务能力，作为外脑输出点子助力其他业务团队成员完成他们的工作。例如你虽然是技术团队成员，但也可以在日常生活中留心采集同龄伙伴们购买会员资格的原因，帮助会员团队成员设计吸引会员充值的产品。

7. 聪明沟通他部门

与其他部门的沟通适合采用相互支持的方式，而不是以"这是领导的要求"为由推进工作。例如，小李被领导安排去和BI团队要数据做双月报分析："我们头儿说今天还不给我们基础数据的话就无法完成报告啦！"BI团队每一位成员都在忙碌中，根本没有理会。小李追问："你们听到没有？我们的报告完不成，你们要负责。"其中一位BI团队成员忍不住说："你们完不成，关我们啥事儿！"这种依赖领导要求的要挟式沟通基本都会碰壁，应将自己的需求上升到合作完成大领导任务的视角予以推进："咱们领导要给班委汇报的材料跟您同步一下进度，亲的基础资料需要在今天下班前给到我，我好进行汇总分析，这样就不耽误咱们的领导们向班委汇报啦。"

掌握以上沟通技巧，你的领导在问起别人对你的看法时获取的将会是专业、热心、有能力等肯定评价，而不是抱怨你的沟通缺少温度，这样你很可能在试用期内可以获得提前转正。

六、自我沟通

自我沟通要有目标。

1. 每天问自己

列出问题清单，在一天结束的时候提问自己。今天做了哪些决定？为什么要这样做？对自己的决策满意吗？决策时是基于事实还是情绪？如果换一个思路，是否会获得不一样的结果？跳到一年之后看，是否还会做出同样的决定？

将自己一天的经历放在不同维度和不同时间段内进行审视。例如回忆领导今天催问工作进度时的情景，领导问："小贾，宣发方案做了那么久，怎么还没有完成呢？"你回答："没有很久呀，是前天才布置的任务，已经完成了一大半了，说好的是下周一提交的！"如果转化一个思路是否可以调整成更好的回答："哦，是我忘了和您汇报，让您着急了，已经做完了80%，您看还有什么需要调整的吗？"

每天回忆细节信息，每日细微的提升累计起来就能够完成量变到质变的转化。对重要事项的结果进行好与坏的分析，对造成结果的原因进行反思分析。自己分身审视自己，自己与自己对话，通过自我互搏来提升自己的能力。

2. 时刻微记录

利用手机记事本，随时记下自己想到或者听到的有启发的信息。这些信息可以是你与别人在钉钉或者微信对话时激发出来的智慧，也可以是看一本书获得的启发，也可能是在会议中被质疑的尚待解决的问题……这些微记录会在试用期总结时发挥功用。你试用期得到的收获、发现自己的不足、给自己未来制订的目标等都能够在微记录中找到。这样的微记录累积到一定量后，你会体会到自己的显著成长与变化。

七、对外沟通

对外沟通要有技巧。

1. 与客户保持相同站位

你应与客户站在一起解决问题而非对立关系，让客户觉得你和他是一个"战壕"里的人。例如，广告客户在长视频综艺中投放广告，会自然而然产生甲方心态，想介入内容策划、干预内容创作，甚至要控制舞美灯光。作为广告商务的你，若第一时间反馈给客户的信息是："为了减少外行指导内行而导致的沟通问题，您不能随意改动我们的策划方案，人员和文案的调整都需要我们自己决定。"那客户的态度也会很强硬："什么？我们花钱做自己的广告，还不能由我们做决定？"这样用"你要""我不要"的方式通常无法达成共识，沟通演变为拉锯战，双方站在了对立面。

可以换一个思路表达："咱们的目标一致，就是怎样能够让广告效果达到最大化。节目内容精彩、广告融入自然无痕、用户接受起来潜移默化，就是最好的方式。我们擅长内容制作、您对产品了如指掌，咱们是强强联合。不过您也知道，并不是所有的合作都是一帆风顺的，过程中一定会有不同意见。所以，为了让合作更顺利，我们提前商讨一下可能出现的合作问题可以吗？"这样的沟通把"提要求"变成双方"共同解决问题"，可以借助具体范例让沟通的双方相互理解，从而站在同一起跑线上（图4-4、图4-5）。

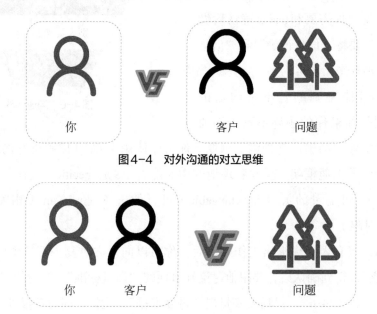

图4-4　对外沟通的对立思维

图4-5　对外沟通的合作思维

你和客户是要共同解决问题，而不是让对方觉得你就是一个问题。厘清关系，问题解决思路就豁然开朗。

2.确保信息沟通不走样

沟通中最容易产生的问题就是信息失真。因此客户讲述了需求，一定要记下来，重复确认自己的理解是对的。例如接听了客户电话，要做好记录，不清晰的地方要及时询问："不好意思，刚才的第二点我没有太听明白，您能再解释一遍吗？"如果事项紧急，电话沟通结束时要将自己的记录逐条重复："李总，您刚才说了三点期望，一是期望广告投放档期可以全覆盖暑期，二是期望由之前的指定一个代言人转换为群像代言，三是期望堆头摆放必须在画面的主镜头中露出。我记录理解得全面吗？"电话沟通结束，及时梳理信息，形成文字，再次通过微信或者邮件与对方确认理解无误。信息不丢失和不走样是确保后续沟通顺畅进行的要素，要全力避免信息失真。

沟通中的信息记录和沟通后的方案确认与执行是两件事儿。沟通中说到的决策信息，如果超出你的决策范围，需要向客户说明你需要和leader确认后做最终答复，要将"信息记录"和"信息确认"区别开来（图4-6）。

你有可能碰到的是不善沟通的人，特别是如果你的领导不善于沟通

图4-6　沟通漏斗

时，就需要你主动出击管理沟通预期。你可以使用SMART原则搭好沟通机制，让他知道你的沟通框架，反向管理他的沟通能力。S是specific（具体的），M是measurable（可衡量的），A是achievable（可行的），R是relevant（相关的），T是time（时限）。

比如，当有人对你提出工作要求后，你可以向对方重复一下这个要求里的"具体事宜"，得到确认后，要跟他讨论好事项的"衡量标准"、执行的"可行性"以及其他"相关事务"。最后要商量出"进度安排"，比如两周后汇报进展，这样你就反向掌控了事项。

八、沟通中要避免的关键点

1.避免使用反问句

反问句让人感到质问和责备，让对方有不安全感。陈述句"不好意思我比较忙"反问会变成"你没看到我比较忙吗？"，"哦，你不知道这个。"会成为"你怎么连这个都不知道啊？"，"快迟到了，我们需要快点！"会成为"你怎么这么漫不经心呀？"。感受一下这些句子的前后差别，反问句的杀伤力不可小觑。

2.避免说"这事儿挺简单的"

看起来简单的事情做到优秀和极致都是一件难事儿。把自己的工作任务评价为简单，如果完成得好，简单的事情不会带来突出业绩，如果完成得不好，会遭到质疑，简单的事情都无法做好那么复杂的问题就更无从谈起。如果是别人的任务，被你定义为简单，有看轻他的嫌疑，你就是给自己制造了潜在对立对象。

3.避免做事儿无反馈

领导布置了任务，没有回信，就像是发出了信号却不见反应，如被施加了冷暴力。例如出差在外，事情进展得如何需要及时反馈信息。领导需要在头脑中有全局的概念，前方是否有坑需要避开、是否有困难需要解决、是否需要投入更多资源等，掌控信息才能掌控全局。

看起来微小的事情，接到信号也需要有反馈。领导问："小李没在呀？"你的回答可以是："没在。"也可以是："没在。不过她刚还在位置上，应该是去卫生间了。"或者是："现在没在，刚才还看见她。需要我帮您告诉她您在找他吗？"有了反馈才会有行动，最后才会有结果。

九、负向情绪场景沟通

沟通中也有难以启齿和容易产生负向情绪的场景，包括求助、拒绝、道歉。

1.求助

有些职场人对求助有误解，认为求助表现了自己的无能和不勤奋，求助是示弱的表现，显得你技不如人、能力不行，因此遇到困难就只是自己默默钻研，啃难啃的骨头。其实职场中的行动是团队动作，是要通过多人协作来完成的，仅靠自己单打独斗不仅存在效率低下的问题，更有可能无法胜任。及时求助，让团队工作顺利完成才是最终目的。给予你帮助的人，助人后的满足感反过来会增进你和他之间的感情，何乐而不为呢？

当然你的求助需要注意两点。一是你的求助值得帮，不要为鸡毛蒜皮的小事求助，如怎样使用复印机等，而是求助与业务有直接关联的问题。二是要考虑被求助人的能力和权限范围。如果你求助的是超级难题或者超过了求助人的权限范围，就是给人出难题。对方有权限且能比较轻松办成的事儿他才有意愿帮你，因为他也有自己的工作任务需要处理，太过消耗精力的问题是增加了他的负担，你会被嫌弃。

2.拒绝

拒绝的潜在含义是可能会被排斥，因此职场上拒绝别人会感觉很难。但每一个人的能力有限，且有些需要帮忙的事务是打下手又赶上你刚好没时间，这样的情况就要拒绝。

对于拒绝要注意转换思维，要知道拒绝的只是事儿而不是人，拒绝事儿不等于得罪人。明明想拒绝，实际帮不上忙却开不了口，拖拖拉拉不给答复或是硬着头皮帮忙却坏了别人的事儿才是拉仇恨。拒绝要直接说明情况，时间冲突、超出权限范围等，给对方一个"台阶"，让人能够容易接受你的拒绝。

注意千万不能为了拒绝而去编造理由，这会给你自己的声誉造成不良影响。对于实在无法拒绝的事儿，特别是直属领导安排的事情，应对方式是"洗牌"。事儿可以做，但需要对方满足你的前提条件，在时间、空间、资源上进行调整，找到有利于你达成目标的条件。例如你可以将手上的所有事项进行梳理，与leader沟通调整事项完成的优先级的顺序。

3.道歉

要道歉一定是你做错了什么，需要承担责任。很多职场新人因为害怕担责，会在错误面前硬撑，或者害怕承认错误后，小错会被放大为大错，认为："又不全是我的错，难道都怪我吗？"或是："我也没做错啥，我做的也正常啊，为什么要道歉？"

聪明的职场人，要承担自己犯下的错误。世上无完人，都有犯错的时候，有担当表明你认清了问题，愿意先改正自己，后续就有进步的余地。道歉也不是要大包大揽，把所有的问题包在自己身上，没有认清问题是什么，也没有找到问题的根源就没有找到道歉的真实意义。道歉的目的是要让这件事儿尽快翻篇，让你和对方的关系在未来仍然能够维持下去。所以最佳时机是第一时间道歉，而且最好是当面道歉，并在过程中接纳对方的情绪，同时对于已犯的错误要给出后续的补救措施和解决方案。

有勇气克服沟通障碍，懂得沟通中的可以做和避免做，同时能够应对艰难沟通的场景，职场事务的处理就有据可循。充满自信地行动，一步步实现目标。

小结

· 沟通无处不在：时时刻刻的言语、行动甚至气息都是在进行沟通。

· 沟通时有难度：信息失真、容易产生负向情绪的沟通场会让沟通不畅。

· 沟通需要技巧：面对不同的沟通对象有不同的沟通底层逻辑，向上沟通有胆量，平行沟通有计划，自我沟通有目标，客户沟通有技巧。

金句： 要把"持续沟通"当作一种职场基因来培养，没有什么是沟通解决不了的。

第三节 | 职场典型场景之如何开会

职场中有三大典型场景决定着职场人职业生涯的前景：会议、汇报和争议。会议场是职场人能够被看见、被重视的关键场所，汇报场是决定其能否获得提拔晋升的不二途径，争议场是很多职场人处理不佳造成被迫离职的烦心症结。三大场景能够游刃有余地应对，是职场新人站稳脚跟后获得进一步提升的助推神力。

会议是职场中最常见的场景，职场人几乎每天都会遇到。交心会、沟通会、项目会、团建会、讨论会、说明会、晨会、晚会……各种会议形式不一而足。会议平均占据工作时间的60%。关键的人、关键的事儿都聚集在会议场中。参加会议时贡献意见、影响他人，组织会议时考虑周全、推进高效。会议是让一个人在职场中凸显出来的高效媒介。

一、参加会

会议中的听要注意专注原则。放下手机和电脑，除非需要记录或者投影，参加会议要高效有序。除了按职级安排座位的会议之外都要争取坐在C位，强迫自己聚焦。这样的选择可能会让自己不那么舒适，但跳出舒适圈就是自己获得成长的机会。

会议中的说要把握机会原则。在自己的能力所及范畴之内抓住机会阐述观点，给出中肯的意见和建议。会议室里最有力度的一句话是"这个事儿我来！"，要让自己被看见。因此参加会议即使没有被要求做准备，自己也要提前做功课，思考自己在会上可能贡献的智慧，抓住可以体现能力、介入项目的时机。

二、组织会

组织会议有三大原则。

止痛片原则　如果召开会议能够"止痛"，即解决痛点问题，那就组织召开。其他情况能不开会就不开会，不务实的事务不进会议室。

比萨原则　将会议内容分解成小问题，有效快速解决，提高会议时效。问题的分而治之使会议更有指向性。

角色原则　找能管事儿的人开会。会议中所有人一定要有所收获或者贡献，没有角色不组织会议。会议角色有主持人、发言者、决策者、记录者等。除了创意类会议之外，避免"头脑风暴"，头脑风暴是因为没有人对这个事情负责，角色不清晰（图4-7）。

图4-7　参加会与组织会的原则

三、高效会议的正确打开方式

组织会议的要义是明确为什么召开这场会议。用"PDCA戴明环"研判业务事项是处于Plan（计划）、Do（执行）、Check（检查）、Act（效果）的哪个阶段，依此在会前判断自己要组织的会议需处理事项的重心（图4-8）。处于"P计划阶段"的，需要充分调研、收集情报、探讨决策应对计划；处于"D执行阶段"的，需要对焦事项进度；处于"C检查阶段"的，需要进行进度跟踪；处于"A效果阶段"的，需要对结果进行回顾，对事情表达认可或者否定。

PDCA模型可以用于事项计划的全生命周期，也可以用于会议的细节设计。用PDCA戴明环模型对会议进行校准，把会议本身也当作一个项目予以看待，整个过程就是高质量计划制订和组织实现的过程，摆脱了为了开会而开会的简单执行层次，提升到为了完成某个事情而开会的导演层次。第一步，判断事项所处阶段。第二步，根据阶段确定会议主旨。第三步，根据主旨确定参会人。第四步，高效落地会议。第五步，形成纪要推动接续工作。

A效果阶段
对结果进行回顾
对事情表达认可或者否定

P计划阶段
充分调研
收集情报
探讨决策应对计划

C检查阶段
进行进度跟踪

D执行阶段
对焦事项进度

图4-8　PDCA戴明环模型

依照会议的时间进程看，有发起会邀、举办会议、会议后续三大步骤。

1. 发起会邀

目标明确　列出要解决问题清单，确定会议议题，不开多目标的会议。

控制规模　参会人员均是关键成员。

明确分工　确定主持人、发言人、记录人，提前搜集资料、约定场地、准备道具。

发出邀约　让参会人提前知晓会议议题，以做好会议准备。设定会议邀约日历时，勾选会前15分钟提醒功能（图4-9）。

2. 举办会议

控制时长　长话短说，高效聚焦。

控制过程　提醒大家准时到场，会议组织者提前一天单独提醒重要参会人。

主持人　引导会议，把控时间与进度。

发言者　如果你是会议议题的汇报者，需要表决的事项，绝不能只在会上进行汇报，而要在前期下足功夫，要提前和会议关键人单独汇报沟通。关键人有可能是决策者，有可能是项目合作方，有可能是意见领袖。前期沟通的重要性在于让关键人觉得你是尊重他们的意见的，汇报的方案中融入关键人的信息，就让他

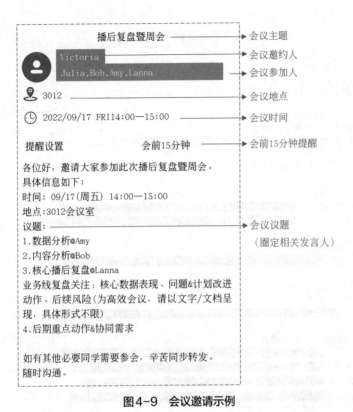

播后复盘暨周会 ————————→ 会议主题

Victoria ————————————————→ 会议邀约人

Julia,Bob,Amy,Lanna ————————→ 会议参加人

3012 ————————————————————→ 会议地点

2022/09/17 FRI14:00—15:00 ————→ 会议时间

提醒设置　　　　　　会前15分钟 ——→ 会前15分钟提醒

各位好，邀请大家参加此次播后复盘暨周会。
具体信息如下：
时间：09/17(周五) 14:00—15:00
地点：3012会议室
议题： ————————————————→ 会议议题
　　　　　　　　　　　　　　　　　　（圈定相关发言人）
1.数据分析@Amy
2.内容分析@Bob
3.核心播后复盘@Lanna
业务线复盘关注：核心数据表现、问题&计划改进
动作、后续风险(为高效会议，请以文字/文档呈
现，具体形式不限)
4.后期重点动作&协同需求

如有其他必要同学需要参会，辛苦同步转发。
随时沟通。

图4-9　会议邀请示例

们与你一样，共同成为了项目的一部分，他们会在潜意识里让自己和你站在同一立场考虑问题，为汇报的成功打好基础。如果你是发言人，还要认真提前翻看会议资料，准备好从自己的专业视角为会议提供决策信息。

3.会议后续

　　会议纪要　凡是会议必有纪要。记录者事前明了会议主题及参会成员，依照金字塔原理归纳梳理会议内容，结论先行，依照结论拆解下一步行动计划，记录核心人物发言作为论据支撑。对有结论的议题，说结论，记录后续行动，纪要相当于行动计划书，明确结论、跟踪进展。无结论的议题，说问题，写明问题点是什么，后续由谁在什么时候如何解决。注意会议纪要和会议记录是两个概念。纪要是为下一步行动的文字陈述。记录是事无巨细记录下会议过程，帮助记忆。

　　会后跟踪　依照纪要跟踪落实下一步的行动。

　　很多新成员是从会议纪要开始增强对业务的认知的，且会议纪要是可以被领导看到的载体，一份优秀的纪要能够强化领导对你的认知（图4-10）。

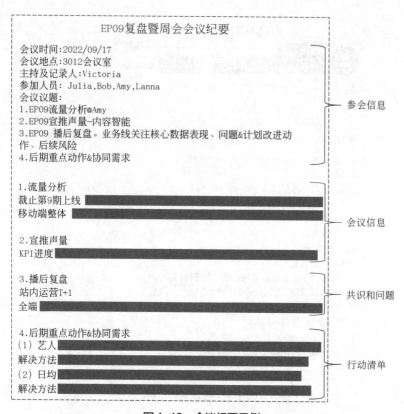

图4-10　会议纪要示例

　　如何写出优质的会议纪要呢？关键是知晓优秀会议纪要的三要素：会议信息、共识和问题、行动清单。

　　第一步，记。全神贯注跟进会议进程，把所有发言人的讲述重点内容全部记录下来，这是保证内容翔实、重点全面的前提。手写、电子、录音转写，什么方法都可以。初入职场者可以手写、录音双记录，确保如果手写进程受到影响，你能够有回查信息的载体。记录中也要把发言人记清楚，整理会议纪要的时候，内容要跟发言人对应起来。这一步的记录是依照"时间"顺序进行的。

　　第二步，写。逐字记录会议信息将会杂乱无章，在纪要中，内容要进行系统化、条理化展示。纪要不是依照时间顺序的记叙，也不是内容的重复呈现，同样不是信息的罗列，而是要依照框架进行归类整理。开会讨论问题的时候，发言人可能会来来回回反复推进议题，不同问题之间还可能相互交错讨论。你要做的是把每个人的发言内容，按照会议议题和小问题的逻辑顺序归类梳理。会上每个发言人，对每一个问题的发言不是同等分量的，有的人对一个问题说得比较多，而对另一个问题则一带而过甚至没有发表意见。这个时候，就每个人的发言重点归类到相应问题下就可以了。这样的会议纪要看起来是有层次、有重点的。

与会议记录不同的是，在会议纪要里"时间"是最不重要的维度。虽然会议的开展是按照时间顺序发展的，但是会议纪要里的信息与发言顺序无关，而是按照主题逻辑和发言人归纳整理的。

经过了以上两个步骤，你的会议纪要基本成形了。但是，千万别急着发出去，这份会议纪要还差一个极为重要的部分，没有它，会议纪要是不完整的。

第三步，落。召开会议仅是事情的开始，重要的是会后的行动。因此最为关键的步骤是要写明行动方案，且要落实到人，并包含时间节点。开会不是目的，讨论出切实可行的方案在会后执行才是目的。

行动方案有两种写法，一种是会议发言者也是行动者，可以将会上发表的关于项目怎么推进、后续怎么做等写到每位发言人内容的最后。另一种是在整篇会议纪要的最后总结出全面的行动方案。

示例：会议纪要的多种写法

网生化妆品产品选择将双十一作为上新日，召开营销策划会。销售总监在会上发言："今年我们选择将这款洗发水作为双十一的重点突破产品，希望销售部、运营部、品牌宣发部能够好好配合，接下来集中发力进行推广方案的设计，最重要的是实现双十一市场份额的突破。"会上的同事写了不同的纪要发出来。

小朱的纪要内容如下。

销售总监说："今年我们选择将这款洗发水作为双十一的重点突破产品，希望销售部、运营部、品牌宣发部能够好好配合，接下来集中发力进行推广方案的设计，最重要的是实现双十一市场份额的突破。"

小马的纪要内容如下。

会上强调要对洗发水产品进行双十一的推广方案设计。

小牛的纪要内容如下。

营销策划会确定了洗发水为本年度双十一销售的重点产品。销售目标是单品流水突破4000万，为此销售部、运营部、品牌宣发部要在7月15日前联合设计出第一版推广方案。

在以上案例中，小朱的纪要是原声记录，小马的纪要以行动为导向，小牛的纪要则是以目的为导向。其中，小牛牢牢抓住了会议纪要的核心，将会议目标及有时间节点和责任人的行动方案全面呈现出来。

依照一个事项的时间进程看，有摸底会、决策会、协调会、Kickoff（项目启动会）、碰头会、回顾会、通气会、复盘会（表4-1）。

表4-1　会议的不同类型

会议类型	会议目的	会议对象	会议要解决的问题
摸底会	了解现状为决策准备信息	所有关联团队决策成员	摸清楚会议讨论事项面临的现状，特别是核心部门对推进事项的态度
决策会	对事务进行决策，明确各关联部门的责任范围及工作计划	所有关联团队决策成员及骨干核心	达成对事物的统一认知并明确各关联方的职责
Kickoff	为项目落地吹哨	所有关联团队决策成员及骨干核心	明确项目KPI并鼓舞士气
协调会	解决事项推进中的问题	部分关联团队决策成员及骨干核心	对发现的问题进行解决，消除负面事项
碰头会	及时同步信息	项目负责人及下级负责人	解决日常工作中关联方信息不同步的问题
回顾会	加速推动团队成长和进化	项目负责人及下级负责人	解决攻坚项目中士气不振的问题或者需要深挖的问题
通气会	向上或对外同步信息	更高级别决策人	解决日常工作中上下级或内外信息不同步问题
复盘会	项目完结后总结经验教训，进行内部培训	所有关联团队决策成员及骨干核心	总结方法论用于同类型事项，总结教训避免后续犯同样的错误

四、常见会议形式

互联网职场中最常见且对工作促动最有成效的会议形式是晨会、共创会、回顾会暨复盘会。

1. 晨会

晨会是项目执行落地过程中最常见的碰头会，容易流于形式。晨会中，各个团队成员用简短的话讲述自己当前的工作进展、今日计划、遇到的问题，帮助团队了解整个项目的进展和可能遇到的风险。但是在日常晨会沟通中，大家容易陷入细节讨论中，各成员轮流发言后，一个小时就快过去了，非常耽误时间。正确开展晨会并保持高效的方式是牢记晨会的目的（图4-11）。

技术同学
暴露问题，寻求主管和团队的支持。
相互看见，更好协同。

业务同学
暴露业务推进问题，寻求内部多角色支持。
鼓舞士气，调动一天的工作激情。

项目主管
及时发现问题（方案和团队写作），快速决策和推动解决。
加强团队沟通，培养团队凝聚力。

组织领导
鼓励目标导向，高效沟通，快速决策。
促动马上行动，协作多赢。

图4-11 晨会目的——团队成员聚焦

高效的晨会表现为：

固定会议时间；

固定会议地点；

轮流主持；

主持人强势控制进度；

时长控制在15分钟以内；

说结论、说成绩、说问题（不讲过程和进展）；

有纪要（包含行动、截止时间、负责人）；

督办事项、保障落地（图4-12）。

图4-12　晨会的方式

2.共创会

共创会是寻找融合创新理念的会议方式，需要注意的是过程中不要跑偏。

共创会的组织筹备非常烦琐，制订会议计划、与各位参会成员的沟通非常考验能力。共创会的组织过程从开始到结束都非常锻炼人，新成员应主动报名参与其中。如果leader安排你来负责操办一场共创会，恭喜你，表明你的领导非常看重你，那么一定要抓住这个宝贵的机会，它是历练和呈现你组织能力的绝佳机会。

互联网企业的共创会是项目推进过程中的常规会议形式，产品技术部门在软件落地开发过程中，电商在节庆活动中，文娱项目在策划阶段、组织结构调整中等，都需要组织共创会议。

组织共创会议要不断思考的是其本身的质量效果和带来的价值。共创会的PM（项目经理）需要有超强功力，才能够让大家的思维不至于太发散但又有创新点爆发出来。

第一，定义共创会想解决的问题。会议要面对的是什么问题？这类问题又抽象成一个什么样的课题？这个课题的范围如何定义？哪些是需要解决的而哪些是不需要当下解决的？由涉及问题决定会议人群，由会议人群锁定范围部门，即你要通过问题来寻找需要共创的人员。

第二，定义共创人员与范围。人是共创的核心，也是解决问题的核心推动力。参与共创的人要和解决问题强相关。共创会不建议对人员进行级别身份分层，在初期的共创中，越是一线员工越有创新力和潜力。

第三，共创不单单是输出，也要有输入。"输出"是共创过程中产生的成果、方案或价值贡献，"输入"是要求参与共创的各方能够提供的资源、想法、经验等投入要素。

在准备共创会议之前，最关键的是做好准备工作。如果准备不充分，会议的成果可能会大打折扣。准备工作包括从业务团队、项目负责人或外部专家那里收集信息和想法。

准备时要注意三件事：第一，要确保信息的质量；第二，信息要能启发新思路；第三，要明确你希望会议达到什么结果。所以，组织者需要在会议前收集和整理好这些信息。

首先，要确认信息提供者是否已经清楚地定义了问题。问题描述要简单明了，让人一眼就看出它的紧急性和重要性。然后，要搞清楚信息提供者提供的内容究竟是什么，这样在会议中就不会偏离主题。如果有偏差，项目经理可以及时调整或提醒信息提供者修正。最后，要事先与关键人士达成共识，这样就不会在会议中出现参会者对某些数据感到意外或震惊的情况，防止大家过分纠结于细节，从而影响解决问题的重点。

此外，共创会的主持适合采用AB双主持人设置，这样项目经理就可以专心参与讨论，引导会议达成结论。

共创会的细节也很重要，比如场地布置要有利于讨论，日程安排要紧凑有趣，会议用品要准备齐全，如果会议时间较长，还要安排茶歇，为参与者提供小吃，帮助他们放松心情，集中精力。

会议结束后，要把所有的讨论内容和想法都整理好，这些都是宝贵的资源。项目经理需要及时分享会议成果，帮助大家深化思考，相互借鉴，并加深对问题和解决方案的理解，为后续的执行落地开好头。

共创的落点是聚焦大部分人的智慧，抽象部分人的想法，最后由核心人员决策的过程。但无论如何，共创后的交付物必然要通晒，也就是共创成员要将自己的目标、信息或成果全面公开和共享，通晒的目的就是拉平共创成员的信息认知，进而达成对目标的共识。也许这个共识的过程是逐渐完善的，但是这个目的不能放弃（图4-13）。

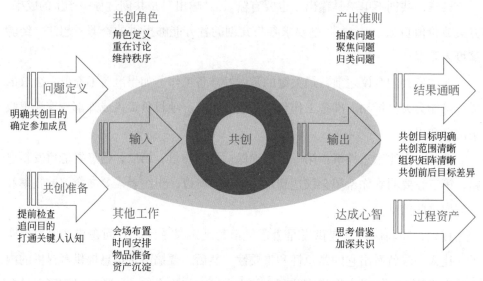

图4-13　共创会的输入和输出

职场新人无法成为会议组织者时，那么就在参加的过程中发言贡献你的价值。会前提前准备信息、会中交叉信息出现时作创新思考、结束时提供心得总结发言、结束后向领导系统表达自己的所得收获，你的机会就在不远处。

3. 回顾会

回顾会对团队成长和进化起到加速作用，但容易走过场。

职场新人要千方百计争取参加回顾会议，甚至争取机会交叉旁听其他团队的回顾会议。这种会议是充分暴露问题、深刻进行反省的场所，能够让团队成员从教训和反例中获得更多的成长经验。从成功中能够学到的不一定可以通向同样的成功，但知道哪些坑需要避开则会让你的成功来得更快一些。

回顾会鼓励团队对自己的开发过程进行反思改进，并确定什么样的调整可以使下一迭代的效率更高、结果更令人满意和更易于工作。走过场的回顾会浪费时间，但一场好的回顾会不仅能够让大家相互加深了解，且可以公开暴露团队中隐藏的问题，更帮助大家对这些问题做深入探讨和分析，并产出进一步可落地的行动。

回顾会有五个层次：单向宣讲、各自表达、争论推责、发散讨论和聚焦共创（图4-14）。

图4-14　回顾会的五个层次

单向宣讲　团队管理者事先完成了整个事项的回顾分析，会上只是面向团队成员对回顾结论进行宣讲和说明。很明显，这种层次的回顾会议不仅很有可能不能发现团队最重要的问题，更不利的是很难让结论取得团队成员发自内心的认同。

各自表达　团队成员不是真的想参与回顾会议，往往只是迫于会上的点名而击鼓传花式地各自讲自己的内容和观点，对其他人的观点没有回应，也没有质疑。这是明显的团队成员害怕冲突的表现，团队成员之间没有真正地融合，背后的问题可能是没有建立团队成员之间真正的信任。

争论推责　大家抢着发言，但是气氛紧张，经常有不礼貌打断他人讲话的情况出现。大家都极力避免责任被认定到自己的头上，往往需要领导在最终的时候做决策。定责式的回顾会议是需要极力避免的。追责不是回顾会议的目标，追责的行动往往会导致大家关闭沟通的门，导致真正的问题被掩盖。

发散讨论　回顾中抛出很多问题，讨论的过程往往从一个问题跳跃到另一个问题，导致会议中涉及的论点不断发散，最终往往因问题过多，没有时间也没办法形成能落地的结论而草草结束。没有结论的会议，也就没有办法产生最终的会议价值。

聚焦共创　明确回顾的目标是通过团队共创的方式发现团队持续进化的机会，鼓励大家用坦诚、合作、成长的心态挖掘团队的发展潜力，并通过区分优先级以在最有价值的机会点上落实改进的行动。这个层次是回顾会的理想情况，是回顾会的追求目标。要想将回顾会议开成聚焦共创式，就需要在流程中考虑参会者的心态，落地细节，鼓励大家敞开心扉参与回顾，面向未来。

复盘会也属于回顾会，是在项目完结后进行的会议，但更为突出的特点是要看数据，要将项目完成的数据和最初设定的目标作对比，要成败自明，不能粉饰结果。对于未达成的目标，不要试图找理由使其合理化。对比指标要尽量使用定量指标说明，而不采用定性描述。定量指标要用绝对数字呈现，而不用相对数字。相对数字的表达是"比活动前提高了1000%"，看似很好，但绝对数字就是"从10个人使用到100个人使用"，两相对比，就能够看出个中真相。复盘会是项目的最后一场回顾会议，它的后续行动一是解决暴露的问题，二是沉淀资产，会议纪要需写出值得推广和可复用的经验，使后续同类型项目可以借鉴。

如果你能够开好晨会、创意会、回顾会（复盘会），那么你就是职场里的高手了，在执行、总结、反思、创新、提升层面都完全没有了问题，你会以很快的速度破土发芽并茁壮成长，最后扎根。在这个过程中，对于每一个职场人来说，最为重点的环节是把握个人复盘会这一关键环节。

4.个人复盘会与试用期答辩

个人复盘会可以在各关键节点上进行，例如试用期考核、年终考核、晋升考核等。个人复盘的过程也容易失焦。

对于初入职场的新人，最为重要的复盘就是试用期复盘，以确保你能够顺利转正。这个里程碑式的节点，绝对值得你花百分之一百二的精力进行投入。把复盘当作是找工作的过程再来一遍。

试用期最常见的两个坑是完成任务的心态和没头没尾的总结规划。

完成任务的心态　很多同学在试用期期间对自己的工作表现很满意，但到了转正的时候却被考核评委说得哭出来，很大程度是因为他们把按时完成任务作为满分的标准，认为有任务的时候全身心投入了，就是好的。其实完成被交代的任务从来不是满分，而是达到了及格线。及格不是团队对员工的期望，大家希望你可以发挥主观能动性，自己看到问题、想出方案，甚至在某个问题上能够找领导索要资源，完成安排以外的工作内容。

没头没尾的总结规划　转正的总结规划应该是继往开来的，而不应该是没头没尾的。

在工作中我们经常看到实习生或者试用期的员工在汇报时采用模板，如"深入了解业务，可以独立负责……""学习……""深入理解XXX，成为XXX专家……"，一切都是以自我为核心，自说自话。这样没有来龙去脉的规划会让人疑惑：他为什么会这么想？为什么有这样的规划？达到这样的目标后会怎么样？对团队、业务的影响是什么？大家可以换位思考一下，如果你是团队 leader，面对这样的复盘，你会是什么感受。

一个理想的复盘思考模式不是模板也不是套路，应该是：过去我完成了什么，即胜任目前岗位的表现；现在我有什么特色，即我比别人强在哪里；未来我的价值是什么，即当下面临的问题是什么，我看到未来业务、团队的挑战是什么，我能力方面还有哪些不匹配的地方，我想做怎样的提升，希望能带来怎样的改变等。

💬 示例：转正答辩

○第一次答辩最大的三个误解：

① 只要我一一完成KPI中的项目，就没问题了；

② 转正答辩最重要的是展示自己的工作量；

③ 新人关注技术能力就好了，业务价值规划离我太遥远，说了也没用。

有这样的认知，小白在答辩中全程就只说自己做了什么，工作量是很饱满，但是最后却得到了HRG（人力资源专员）的差评，实习期被延期一个月，反馈就是虽然工作量很大，但是丝毫没有自己系统性的思考。到这里，小白最大的问题就暴露了，没有自己系统性对业务、对技术的思考。其实不是没有思考，只是受到上面三个误解的影响，以为一切尽在掌握。

复盘状态的另一个致命缺点就是答辩不自然，基本全程照着读PPT。这是演讲的大忌，一定不要对着PPT一字不差地念，要把自己带入观众的角度体会。

第二次答辩小白转变了思想，彻底放弃了之前的误解思想，转变为新的PPT演讲思路；转正最重要的就是突出潜能和价值，所以不是仅仅完成工作就好了，那和流水线上的机器人没有差别，重要的是要看你的未来。

💬 示例：转正答辩

○第二次答辩的思路：

① 我为什么做这个业务（业务背景）；

② 我是怎么做的，有哪些难点，怎么解决的，我的贡献点在哪（技术方案）；

③ 效果如何，反馈如何，带来了什么商业价值（降本还是增效，其他不可考证的都不算）；

④ 我个人从中收获了什么，我输出了什么；

⑤ 还有哪些不足，我下一期打算怎么做（工单等指导我下期工作开展）；

⑥ 总结收获与不足；

⑦ 下一步的计划。

这些转变看起来很容易，但小白在修改时花费了很多心力。第一次修改后拿给师兄看，又被吐槽了，因为以上的每一点都不是随便想想然后写一些很大很空的话来回答就可以的，背后需要的是有真正的物主意识，必须做到有理有据，也就是你口中说的每一句话都必须有数据、事实支撑，而不是言之无物的回答。例如，小白在第一次修改以后，说了自己新开发的盘点功能比老流程少了多次上架环节，更优化了。领导就问：现场是这个情况吗？你怎么证明你这个东西确实优化了呢？最后小白统计了新老功能的使用率，才说服了领导，证明这个新功能因为优化，接受度确实是更高了。总的来说，就是要从具体的细节出发来思考背后的原因和可能带来的业务价值，而不是只会干活或浅层次地思考。经过了反反复复地调整修改，小白终于通过了第二次答辩，通过了试用期。

文山会海通常被职场人所反感，但聪明的人知道充分利用文山会海作为自我成长的桥梁。

小结

· 参加会议：聚精会神。

· 组织会议：注意细节。

· 利用会议获得成长：晨会融入业务，共创会展示价值、获取新知，回顾会掌握方法论，复盘会激发成长。

金句：会议是职场人天天要面对的场景，会议可以成为职场新人的绊脚石，也可以是职场新人的垫脚石。

<table>
<tr><td>第
四
节</td><td>职场典型场景之
如何汇报</td></tr>
</table>

汇报，动词，意思是综合资料、向上级呈报，包括向直属领导汇报以及越级汇报。有效的汇报是把事情说清楚，然而对于什么是说清楚，你与上级的定义可能并不一致。准备资料的时候需要换位思考，明白好的汇报是让对方明了信息而不是自说自话。

汇报就是经过充分准备，向上级呈现结果，应对出现的问题、处理异议，获得上级指导，最后达成共识确定下一步行动的过程（图4-15）。

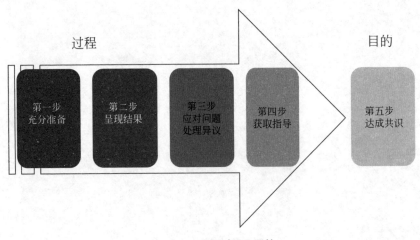

图4-15　汇报过程及目的

一、汇报内容

对上级的汇报通常包括三个层面的内容：汇报进度、汇报成果和汇报困难。

以向直属领导汇报为例。

1.汇报进度

让领导对业务和你有"掌控感"，否则领导会处于信息不对称的焦虑疑惑中，降低对你的信任度。汇报进度的表达公式是：目前进展+后续安排+预期结果。让领导知道事项进展到了什么阶段，接下来你要做什么，预期结果怎么样，和之前的目标对比看达标情况。

日常工作汇报，你可以和领导在一个相对固定的时间进行沟通，周五是比较好的时间点。一方面完成了一周的工作，有进度可以汇报。另一方面未来计划制订出来，让领导知道你即将开展的工作，并给予指导，有新的安排加进工作中来，下周一就可以从容开始新一周的工作。这种主动汇报的方式有助于你获得最新情报。一项计划很有可能在执行过程中出现决策变化，领导通常会反馈给下属，但也有可能出现领导太忙碌而忘记了反馈的情况。你的主动汇报会唤醒他的记忆，避免你做无用功或者做错方向却不自知。

进度汇报避免出现这样的情况：自说自话、没有备选方案、一问三不知。

只站在自己的视角自说自话　仅反馈自己做了什么而没有考虑为什么要这样做。成熟的员工会从领导的视角思考和汇报，从领导和公司的立场考虑如何处理问题。例如遇到问题时，员工的着眼点是"我怎样解决问题"，但对公司而言解决问题不是结束，今后如何避免同样的错误才更为重要。站在领导甚至是公司的角度汇报，一次你会受到夸奖、多次你会受到赏识，每次都能这样你就会获得晋升的机会。

汇报没有备选方案　按照自己的思路做完一个方案去汇报，没有获得领导认可却无法提供第二或者第三个方法，只能再约时间汇报。第二次的汇报还是同样的结局，依旧不能获得通过。一件事情要反复多次才能搞定，你的能力就会被质疑。因此一定要学会自我提问：这件事情还有没有其他解决办法？解决办法是否足够完善？还有可以补充的地方吗？如果产生问题，那么问题可能是什么？

领导一问三不知　职场上的问题是相互贯通的，不存在孤立的事件。因此在汇报之前，一定要提前思考领导可能会问到哪些问题，这些问题的相关数据信息及答案是什么，要提前做好充分准备，被问到的时候能够自如应对。

2.汇报成果

在项目或者任务结束后进行成果汇报。一定注意，领导对你工作推进的细节不感兴趣，一定要用好汇报素材，结论先行，用数据（理性）和故事（感性）说话。汇报成果时不要忘记讲述团队功劳，领导的指导、同事的相助和自己的努力要对等呈现。成果汇报中最为关键的是年中和年终的汇报，这两次汇报直接关联着绩效考核，与提薪升职密切相关。特别是年终汇报，对于判定一年的绩效最为关键。做足准备，让关键节点的关键汇报帮助自己升职加薪。

3.汇报困难

汇报困难的表达公式是：问题+原因+解决方案选项+利弊分析。不要带着问题去汇报，要带着解决方案去汇报；解决方案有两个或以上，让领导做选择题而不是做填空题，给出答案。很多职场新人在遇到问题或者坏消息时害怕领导知道后责问，所以有意隐瞒；或者是觉得发生过相似情况，我能够解决；又或者觉得领导应该已经知道了这件事情……这都不是解决困难的办法，只有你当面汇报获取了沟通信息，才是真正在解决困难中向前迈进了一步。

💬 示例：工作汇报中的问题

某外卖公司计划在2023年度继续开拓A市市场，年度销售额要提升15%，新市场开拓占有率要达到10%。公司给出优厚待遇招聘区域经理。通过精挑细选，销售总监对优秀员工李浩寄予厚望，李浩也向总监表达了自己的决心和信心，遂抵达A市进行拓展工作。但现实情况是A市竞争激烈，大客户已经被本地公司瓜分所剩无几。李浩确定了方案：从小客户入手，第一步先站稳脚跟，然后慢慢向大客户渗透占领市场。李浩苦干六个月，取得了一些小成绩。销售总监到A市出差，顺便检查李浩的工作。李浩在汇报中先向总监诉说辛苦，表明开拓市场如何艰辛，再告诉总监自己取得的成绩，以为总监会对他刮目相看，给予肯定和表扬。说着说着，总监打断他问："你还记得咱们公司在A市的销售目标吗？"李浩愣了一下说："咱们的目标是占有率要达到10%。虽然现在还没有达到这个目标……"总监："那你为什么在小客户上浪费这么多时间？为什么不从开拓大客户开始着手工作？"说完，总监就离开了。李浩想再解释都没有机会。总监回到公司的一周后，李浩收到被调回总部的通知，半年的辛苦付诸东流。

　　李浩的问题有三。一是没有进行进度汇报。在A市做过调研、制订从小客户入手的工作计划后，李浩就应该第一时间向总监汇报确认计划可执行，而不是等总监半年后视察时才知道执行计划。二是汇报时没有站在总监视角思考。总监更关心的是工作目标的实现情况，而不是烦琐的工作过程中的辛苦。三是汇报先后顺序颠倒。李浩应该一开始就告知总监自己已经取得的成绩，这个成绩占到全年目标的比率是多少，按照成长势头达成最后目标没有太大问题。如果总监时间容许，再细说每个客户的开发情况、期限、人力资源的调配等。如果注意了这三个问题，李浩就能够继续在A市推进工作实现自己的职业生涯晋升目标了。

　　工作汇报需要注意结构化、呈现方式及组织素材（图4-16）。

结构化	结论先行 上下对应 分类清楚 排序逻辑
呈现方式	时间轴结构 解决问题结构 FAB说服性结构
组织素材	数据 故事

　　今天的招商会进展非常顺利，共有80家广告公司的356位客户到达现场，现场就完成了12份意向合约的签订，合同意向金额约15亿。

　　80家广告公司既有直接客户，也有代理客户。头部客户从快消、汽车到3C全部到场。

　　12份合同中不仅包含了头部项目竞标的合约，也包括了今年我们创新的包盘合约。

　　15亿的金额在今年全年的广告任务中占到了35%，比预期的效果好很多。而且没有在招商会上签约的客户反馈，在招商会后会马上沟通方案，进行下一步行动。

　　今年咱们的发布会居然和XXX公司撞期了，在邀约客户中遇到了极大困难，特别是决策层的邀约很有难度。不过因为在您的指导下联系到了集团电商部门的负责人，所以快消和3C品类的广告客户高层全部到了我们的招商现场。现场电商和广告客户也有意向沟通，这次我们真的做到了双赢。

图4-16　招商会汇报的结构化呈现

二、汇报时机

　　汇报是让领导感觉有掌控感的唯一手段，好的时机让你的汇报更加出彩。

1. 项目工作汇报时机

　　领导的时间宝贵，汇报时应预约时间，根据预约时长做相关汇报内容准备。项目级别的汇报在工作推进过程中进行（表4-2）。多事项汇报时先说总体情况，而后说单项目的核心信息，观察领导感兴趣的点或者是根据领导的追问谈细节。

表4-2　项目工作的汇报流程

时间点	作用	建议
制订工作计划之后	让领导了解你的规划，得到支持和指导	请求支持要说明理由
项目有一定进展之后	让领导了解工作情况，避免出错跑偏	尽量简明扼要
项目出现意外的时候	让领导知道意外的原因以及后果，体现解决问题的能力	备好问题的3个解决方案
项目完成的时候	汇报整体工作情况，体现自我价值	要有亮点，避免流水账式或罗列式汇报

2. 日常琐事汇报时机

职场中除了项目级别的大事外，员工日常面对的更多的是一些琐事。领导让帮助找人、送达物品、信息通知等。应对这样的琐事，一样要进行汇报，做好"中途汇报"和"结果监测"才是真正触达了结果，完成了一件琐事的处理。

示例：日常事务汇报

总监走到冯军的工位，发现他没在，就对坐在旁边的成渝说："你告诉冯军让他到我这里来一下。"成渝说："好的。"刚在十分钟之前成渝还见到冯军，所以他在办公区常开会或者交流工作的区域找了一圈，没有发现冯军。就电话告诉冯军："总监让你到他那里去一下。"冯军说："没问题。我正在见一个客户，马上就回去。"成渝听完认为冯军马上会回来，认为自己工作完成了，回到工位继续处理其他工作。没想到，一个小时后，总监找到成渝质问："让你叫冯军找我，他人呢？"成渝说："我通知他了，他说马上回来，我以为他找过您啦……我电话他时他说……"不等成渝说完，总监转身离开了。

成渝认为打过电话且获得冯军的反馈，任务就已经完成了。事实上，他的任务并未完成，任务完成的衡量指标应该是冯军见到了总监。成渝的电话沟通仅是任务完成过程中的一部分。一方面，冯军不能马上到总监工位，成渝应该将信息反馈给总监："我电话问了冯军，他正在见客户，说马上就能回来。但他可能需要一些时间。您的事情急吗？我再催冯军，或者是否需要其他人马上来处理？"

另一方面，成渝在接冯军电话时，也应该追问："你说的马上，大约是多长时间？"冯军回答："一个小时左右。"成渝提醒："哦，刚才总监让你去找他可能有急事儿，要不你给他回个电话？"这样无论冯军是否打电话，成渝都应该给总监汇报："冯军在外见客户，回公司大约要一个小时。"

这样的中途汇报是完成了吗？还没有。别忘了这个任务的目的是冯军见到总监。成渝在这一个小时中可以做其他事情。但若过了一个小时，冯军依旧没有回来，成渝可以再联系冯军问动向，然后主动找总监："您看冯军还没有回来，刚问了他说还要有半个小时才能赶到。是再等等，还是我替您叫其他人？"

这样的中途汇报不仅利于领导掌握全局，更有利于你与他建立和谐的信赖关系。共事足够久之后，你就能够和领导产生一种默契。

三、汇报过程

汇报过程涉及人、事、物三个方面。

1.汇报过程中的人

工作汇报场中有三类人，一类是高层决策者，一类是项目协作者，还有一类就是汇报者。互联网行业的工作通常以项目方式推进，项目经理是在项目推进中担负着最多汇报工作的人。若你成为项目经理，做汇报时需要调整心态，确定同阵营的人，并争取与关键者提前沟通。

（1）高层决策者

项目经理要抛弃掉对高层主管一些不成熟的偏见，诸如他们是游刃有余的、无所不能的、会给予你慈父般关怀和认可的等。他们确实是高智商、能力强的，但每天要处理的事情和要见的人非常多，而且容易丢饭碗（据统计高层主管平均任期只有23个月），所以他们压力很大，情绪也不稳定，经常批评人。在高层"开炮"的时候，你要记住他不是针对你个人，而是一团糟糕的整个局面。

（2）项目协作者

项目汇报通常是作为项目经理的你以及同在高层主管之列的Sponsor（高层

支持者）一起发起的。你可以找他收集高层在听汇报时要了解哪方面信息，以便有针对性地准备。提要求让他和你一起提前与关键人物沟通。同时，和他约定好，在汇报时候，如有意外的情况，请他给予引导和帮助。另外，你也可以从熟悉的同事那里收集汇报过程的相关信息，让他们协助你进行前期的汇报演练，同时提出改进意见。

（3）汇报者

汇报过程中项目经理要放弃从高层获得同情的心态，放弃对权威的盲目恐惧心态。

人的本性都希望以自己为中心，希望别人同情自己的难处，希望被呵护和认可，这是在幼儿时期沉淀下来的人性。但高层每天要见管理层、股东、客户以及其他很多意外来客，对于他来说你的全部只不过他繁忙工作中的沧海一粟，他只关注直奔主题的数据化汇报和展示，以便快速做出决策后开展下一项工作而无暇关心你的感受。你要做的，就是直奔主题，简洁明快地说明你来的目的、遇到的困难、需要得到的支持，然后转身离开。不要长篇大论讲故事，不要放入一些所谓的幽默元素，除非他是喜好这种风格的人。当然，如果你开场的时候，能够让高层感受到你很理解他们日理万机的压力和时间的宝贵，他们会更加信任你，从而为成功的沟通增加概率。毕竟，高管也是人，他们也需要理解和支持。

另外，很多人对权威有恐惧症，面对高层的时候，可能会身体僵化、脑袋空白、舌头发直、忘了台词等。你要记住，高层预留出宝贵的时间和你沟通，他们也期望你的汇报能够成功，从而为公司创造价值，从这个角度看，这和你的期望是一样的，也可以说你们的目标是一致的。他想一起合作讨论问题，而不是专门找碴儿来批判你。这样想的时候，你的恐惧和紧张感会降低。

2. 汇报过程中的事

整个汇报过程分为事前准备、事中汇报、事后跟进三部分。

（1）事前准备

如果汇报内容是全新的项目时，就要从头开始，基本流程围绕"提出问题→分析问题→解决问题→实际效果→未来计划"进行（表4-3）。

表4-3　汇报的框架与内容

表达框架	阐述内容
业务问题	1.介绍业务背景 2.回答为了解决什么问题，为什么会有这个项目
问题提炼	1.针对上述业务问题，讲述你是怎么思考的，表象问题的本质是什么 2.提炼后续阐述围绕的框架和线索
方案调研	调研本项目其他团队/公司/业界的方案，了解目前已有成果是怎样的，哪些能力可以复用，各个方案的优缺点是什么
方案选型	1.如果已有方案能够满足需要，解释和其他方案对比，为什么选择了这个方案，其中的思考是什么 2.如果已有方案不能全部满足需要，解释需要额外做什么，以对当前能力进行补足或者完善 3.围绕ROI（投资回报率）和风险评估来阐述选型依据
实施过程	具体如何实施，对于当前已经存在的流程有什么影响，是否会带来其他副作用
项目结果	实施之后的结果将如何
后续计划	后续有什么规划，如功能上如何进一步满足业务需求，或者影响力上是否能扩展和赋能更多团队

如果汇报内容是非全新项目，之前做过类似项目或者是项目进展中的信息同步汇报，就要了解高层想知道的重点内容，为可能会提问的点做深挖准备。领导很可能在计划听汇报时被突发事项打断，因此压缩留给你的时间，所以准备短、中、长三个版本，以随机应对各种情况（图4-17）。切记你的汇报就只有一个目

短
- 脱离PPT的30秒口头汇报
- 汇报内容=做什么+需要的资源

中
- 3页PPT的3分钟汇报
- 汇报内容=做什么+有什么好处+需要的资源

长
- 10页PPT的15分钟汇报
- 汇报内容=做什么+有什么好处+证据（成/败）+需要的资源

图4-17　汇报的三种版本

的，那就是帮助高层做决策，以及展现你能够为他们做什么，或者需要他们为你做什么，任何跟这几条无关的信息其实都没有价值。

特殊提示，对于关键人物要做单独沟通。极其重要的工作汇报一定要先单独征询每一位参会人的意见和建议，确保上会的方案完全成熟，能够被批准。每一位参会人会前受到了尊重，贡献了智慧，那么这个方案就有了关键人的参与，在会中他就会鼎力支持你。特别是会议中的一锤定音者，一定要尽力与他做事前沟通。

（2）事中汇报

① 开门见山。直接说参会者想听的内容。这么多人聚集在一起开会，听汇报的时间成本尤其昂贵，所以要直入主题说要做什么。

② 预判重点。成功的汇报不是总结得好、分析得好，而是预先判断对方关心什么问题。在汇报中应首先回答这些问题，然后才说你做了什么，最后说你有多辛苦，需要什么资源和支持。如果次序是反的，先说有多大困难，然后说自己如何努力，最后还没来得及说解决了什么问题，就已经被领导强行打断并对自己关心的问题直接发问了。所以好的汇报不在于精练与否、内容长短，而在于有没有站在听众的角度上考虑汇报内容。有的人汇报会超时，因为他答在点上，大家有兴趣展开讨论；有的人被提早逐出会议室，因为听了半天领导都没听到自己想要的东西，全是汇报者的自言自语，汇报必然走向失败。

③ 形成互动。汇报中也不要沉浸在自己的内容里自顾自地讲，要制造互动，避免把整个汇报过程变成一场独角戏。汇报不是单向过程，而是双向互动，要依据听众的反映确定自己讲述内容的详略。如果你只想着把自己准备好的内容讲完，完全不关心别人怎么看待这场汇报，那这场汇报也是无效汇报。

④ 逻辑灵活。汇报者在会前准备了自己的逻辑框架，但在会议中很可能被打断提问。因此准备信息时要采用抽屉式结构，随时讲到任何部分、颠倒顺序呈现也完全能够讲明白。领导的思维经常是跳跃的，他关心的是他这个层面想知晓的信息，你准备的展示逻辑不一定是他想听的逻辑，或者可能在你说第五点的时候他返回去再与你讨论第三点信息，又或者直接让你跳过第四点先讲第五点。汇报中你的逻辑不重要，领导的逻辑才重要，所以一定要灵活变通，跟着领导的节奏

走，达到你汇报的目的就是成功，而不是死守逻辑。

（3）事后跟进

根据会议的决策，需要持续推动跟进落地，有收益进展或者有风险时，要及时沟通再次汇报。

3. 汇报过程中的物

汇报之前，最好事先踩点演练一遍，测试一下投影仪、幕布、激光笔等是否可用，通常都会发现很多待完善和改进的问题。笔记本提前充好电，防止现场不方便接电等情况。另外，带上一瓶水，在紧张的时刻，喝一口水缓冲压力。

四、越级汇报

你领导的领导即上级领导通常是对升职、加薪起关键作用的人，越级汇报是获得关注、引起注意的方式。但越级汇报是双刃剑：做得好能够起到加分作用，产生正向效应；如果做得不好，就会既让上级领导反感也会让你的直属领导对你产生猜忌，产生负向效应。因此越级汇报要把握好度，巧妙操作。

1. 主动越级汇报

（1）工作邮件抄送上级领导

在作出重要事项的交叉业务沟通时，通过邮件抄送的方式让上级领导看到你的工作进展和状态。当然发邮件之前要先征得直属领导的意见。

（2）即兴汇报

在办公场所如楼道、电梯偶遇上级领导，要主动大方地打招呼而不是绕道避开。如果你最近没有可圈可点值得汇报的工作内容，在领导发问之前的最佳方式是先发问请教："最近您在看什么书？""最近您指导开展的XXX项目取得了好效果的最关键方式是什么呀？"这样就能够完美避开领导发问。如果上级领导发问让你讲最近的工作，切记汇报的逻辑是说成绩、谈未来、无抱怨、不打小报告。领导想看到的是积极努力向上、千方百计克服困难、相互赋能互相扶持的团队成员，而不是无脑吐槽的人。

用数据说话是即兴汇报的最佳表达方式，数字能够在短时间内给出具体化、明确化的信息，精确地反映情况。领导随口问："这个月你的工作如何呀？"你随口回答"还可以"就是浪费了偶遇的机会。你的回答应该是："这个月业绩不错，目标是100万现在已经完成90万，下周还有一位意向客户签单子，可能进账30万。"或者是"本月计划是上线更新版的App，增强用户团购意愿。目前已经完成了定投10万用户的测试，效果看来比较理想，周统计数据较之前团购同比交易额提升了30%。计划月底会完成全量投放，预测能够使全量团购交易额再提升10%。"

能够主动越级汇报的问题有两种。一种是涉及你的直属领导所决定的、百分之百会危害公司重大利益的项目或任务，你沟通直属领导无效的情况下，越级反应。另一种是对自己的直属领导有任何意见或者不满，向直属领导有过正面表达但没有得到解决，可以按照正常程序来进行越级反映。除了这两项，其他均不可越级，否则，你和上级领导关系太近，会让你的直属领导以及周围同事们对你产生反感，怀疑你的人品，今后开展工作就会遇到麻烦和阻力。

2. 被动越级汇报

上级领导单独在钉钉、微信发消息或者打电话给你要求汇报，这时候一定是遇到了极其紧急的情况，略过你的直属领导直接找你了解信息。这个时候你的汇报也需要遵循结论先行的原则，而后以时间轴为线，将过去、现在、未来的进展反馈出来。

被上级领导叫去单独汇报，时间来得及的时候，见上级领导之前就告知自己的领导。必须马上见领导时，汇报完成后一定要找合适的机会最好是马上将信息同步给自己的直属领导。告知他有沟通到什么信息、有领到什么任务等等，保障信息透明。

职场上的新人，见上级领导后要避免三个心态。一是避免扬扬得意，不要觉得被大老板关注到就高人一等，连自己的直属领导都不放在眼里了。二是避免盲目自大，不要觉得上级领导找过自己，后续就可以随意越级沟通汇报。三是避免自己被裹挟进告密者的行列，用偷偷输送信息的方式获得所谓的信任，不会长久。

良性的组织内，级别事务的决定有一个规则：可以越级检查，不可以越级指挥；可以越级汇报，不可以越级请示。

小结

· 要主动汇报：让你的所作所为在日常就被看见。

· 要持续汇报：过程中纠错，避免最后制造惊吓。

· 不要自说自话：汇报是双向互动，按照领导的思路做汇报。

金句：汇报是一出连续剧，汇报不是独角戏。

第五节 | **职场典型场景之
如何面对冲突**

"冲突"二字让人看到就会联想到伤心难过、情绪低落、气愤咆哮、辞职逃避……冲突激活了人类"战"或"逃"的自我保护机制，因此几乎是职场中的禁忌话题，但又无处不在。职场也是竞赛场，同一件事情在不同团队、不同成员的认知里定位不同，轻重缓急不同，处置方式就不同，因此就会有分歧产生。

一、认识冲突

公司内如果总是一团和气，那么有两种可能性：一种是员工对企业失去信心，无力无心认真工作，不会制造冲突；另一种是家长式的企业，领导做决定，其他人仅执行照做就好，像未成年人一样不用承担责任。真正良性发展的公司会因提出建设性意见而冲突不断，大家在会议室里可以吵得不可开交，离开会议室又能够团结合作。

发表不同意见、贡献独特智慧是公司花费成本雇用你的原因之一，因此要敢于说出不同建议，敢于发起争议。有冲突才更有可能激发新思路。但注意你给出的反对意见一定要有建设性，否则你只是一个挑刺儿大王。没有争吵的组织没有活力，建设性冲突最后产生的往往是正向作用而不是摧毁作用。

面对冲突，人类本能的反应会是回避、顺从、专横。在冲突发生时，这三种应对冲突的方式可能在心理上有短暂的自我慰藉作用，但长远看既不利于个人成长，也可能在你的职业生涯中形成障碍。聪明的应对方法是开展建设性冲突。既然职场中的冲突不可避免，就认真地面对它。

二、直面冲突

1.做好准备：发言要有论点和论据

在进行一场争论之前，首先要清晰地想明白你的论点是什么，论点可以非常简单，但是如果没有想清楚，思路就容易被环境影响而跑偏。其次要列举论据，举出逻辑鲜明、有直接因果关系的例子，言简意赅，不要啰唆。最后阐述下一步的行动计划，提前设想倘若你的观点得到了赞同，你希望的下一步的具体计划是什么，以便于加强沟通深度。

2.找对方式：聚焦问题平等沟通

需要有聆听他人意见的胸怀。不争对错，即使别人的想法有偏颇，也不能用"你是错的，我才是对的"的方式沟通。这样的沟通方式会造成双方沟通地位的不平等，把对问题的争论变成对地位的捍卫。正确的沟通与说服方式，是在不指责别人的基础上，清晰地向他人阐述你的看法与思路，把争论的焦点集中在问题本身。

3.灵敏判断：感知自己的论点与诉求是否被接收

一方面要清晰准确地表达你的诉求，在发现诉求没有表达清楚时，停顿下来，理顺逻辑重新思考，不要被环境带偏，必要时可以换一种表述方式。另一方面确保自己的意见被准确接收，在争论中需要灵敏地判断对方是否精准地理解你的想法与诉求，在对方理解有误时及时纠偏。

4.控制情绪：宽宏大量有风度

即使发生了非常令人生气的情况，也要保持冷静的情绪。这是头脑清醒的前提，也是清晰地表达自己与理解他人的前提。即使在投诉时，在表达完诉求后，也有耐心等待他人回应。在得到回应后，递进表达诉求。控制表达诉求的程度，避免留下抓住别人小辫子不放的印象，影响沟通深度。

三、面对冲突的选项

面对冲突，记住自己有很多可选项：回避、缓和、强迫、妥协、合作（图4-18）。

	搁置问题	解决问题 在不同程度上解决了问题	
	回避　　　缓和	强迫　　　妥协	合作
效果	掩盖或推迟问题	在一定程度上解决了问题 但有可能会产生衍生问题	完美解决问题 达成共赢
使用时机	事件一方情绪严重失控时 有其他更重要事项需要处理时 冲突太复杂当下不能解决时	剑拔弩张 避免重大损失时　　找不出合适 的合作点时	有双赢方案时

图4-18　面对冲突的选择

这五种手段从结果上可以分成两类，搁置了问题和解决了问题。回避和缓和只是把问题掩盖或推迟了，并没有解决。强迫、妥协和合作在不同程度上解决了问题。强迫和妥协在一定程度上解决了问题，但有可能会产生衍生问题。只有合作可以完美解决问题，最终达成双赢的局面。

这样看起来"合作"无疑是理论上最佳的方式。那么，其他方式是不是一无是处呢？其实也不是，这要看具体情况而定，根据不同的情况我们可以采用不同的方法。有时候在一个问题的处理中，还需要在不同阶段采用不同的方法解决，不能一根筋。当问题不是很重要刚好你还有其他重要的事情要处理时，或者沟通双方情绪失控需要冷静时，你可以用"回避"的方法把问题先放下，有些问题是会随着时间自己消失的。有些冲突太复杂，一时半会儿解决不了，就以"缓和"的方式，先关注双方的共同利益而回避冲突。双方已经剑拔弩张了，如果不马上强制结束后果会不堪设想，这个时候必须用"强迫"的方法来解决，必要时动用领导的权威达成结果。"妥协"的方式是在双方实在找不出合适的合作点的时候，双方就各退一步，以一种相对公平的方式来解决。

要能够以"合作"双赢的方案解决问题，其实是很考验能力的，需要花时间去了解双方的需求点，用合作的方式创造更多的价值，从而达到双赢目的。

四、冲突中的"三会"

在冲突的过程中，让"三会"将冲突锁定在"建设性冲突"的范畴，而不是滑向"破坏性冲突"领域。"会听、会说、会问"是冲突的润滑剂，可以让你既专业又有礼貌地解决问题，而且会让你更加自信，更重要的是，不会让你被辞退。

1.会听

怎样听　当听到对方有和自己不同的观点时，先不要去争辩，而是专注地听对方的主要观点。努力做到在别人表达时不去打断对方，这样的认真聆听让对方觉得被尊重。

听什么　信息分三类，共通之处、差异点中的可接受点、差异点中的矛盾点。如果你的目标是向达成一致靠拢，那么听的关注点应主要放在发现共同之处上。如果你的目标是搁置沟通，那么就采集异同。如果目标是终止合作，那么侧重在听不同上。

2.会说

可以说　采用三明治沟通法，亮明不同意见和态度之前先表明关注到的相同点和认可点；讲话内容是针对问题而不是针对人；语言用词多用"我们"，用"我感觉怎样"而不是"你做了什么"等，后者会被当作是在指责。像"我们都希望这个项目能成功"或"我们都对公司的使命充满激情"这样的话会提醒你们，即使你们不太喜欢对方，但为了部门和团队的成功，合作是你们的工作，甚至说"我们都希望这间办公室是一个工作的好地方"也可能会有帮助。即使我们不能同意对方的观点，但我们可以持尊重的态度，告诉对方自己能够体会对方的感受，例如："我不会指责你有那种感受，我能理解你的意思。"或者："我能体会到你的感受，如果是我，也会有同样的感受。"

严禁说　单纯为了捍卫自尊心的话不说；单纯为泄愤的话不说；背后不说坏话。当你和同事发生冲突时，向工作中关系比较近的人发泄可能会让你感到满足，但办公室里的八卦可能很快就会产生适得其反的效果。首先，如果有人无意中听到你在说同事的坏话，自然会显得你不够成熟专业。其次，这对与你有冲突的人而言不公平，他不在场无法辩解。最后，这对你的职场朋友也不公平，因为大家都必须一起工作，他被不公地夹在中间，徒然产生烦恼。辛苦工作一天后，我们需要发泄，试着给朋友或家人打电话，而不是向职场中的同事倾诉。

关于说，可以有两种模型，一是直接沟通法，二是三明治沟通法（图4-19）。

直接沟通法　简单问题直接反馈

当你……（特定的影响后者后果），我感觉……（最强烈的感觉），因为……（特定的影响和后果），我想……(你希望这个人将来做什么来防止这个问题)

三明治沟通法　触及到能力、性格、人身等复杂问题间接反馈

"夸奖+批评+夸奖" 或者 "赞美+要求+畅想"

你这里写的不好，我建议你改一改 ——三明治修改为——→ 你这篇文章写得真好啊，这里过渡自然一点就更好啦！

图4-19　沟通模型

（1）直接沟通法：简单问题直接反馈

采用如下方式表达你的意见或感受："当你……（特定的影响和后果），我感觉……（最强烈的感觉），因为……（特定的影响和后果），我想……(你希望这个人将来做什么来防止这个问题)。"表达顺序可以颠倒。

例如，你需要写报告，对面的同事却喜欢外放着音乐办公打扰了你的思绪，你可以这样沟通："你在听什么音乐呀？我这里能听见不那么真切的声音，这个声音好像能触达到灵魂呢。我现在需要写下周一给老板的报告，这个声音有点让我无法安静下来，你能戴上耳机吗？等我写完报告和你一起享受音乐。"

（2）三明治沟通法：复杂问题间接反馈

当沟通可能触及到对方有关能力、性格、人身层面的话题时，利用"夸奖+批评或建议+夸奖"或者"赞美+要求+畅想"的三明治法做沟通，能够在缓和气氛中达成沟通目标。

例如，你看到合作团队帮助设计的海报，看起来一点都不理想，你可能会想："这是什么呀！纯粹是为了炫技而根本没有考虑用户的感受，要彻底地改！"这样的话仅可以是内心戏，而你的表达应该是："哇，这个设计显示出了你超群的技术能力！你一定花了不少时间吧？我也来分享一下用户调研的信息，年轻女性最感兴趣的是美妆，彩妆是头号吸引她们点开关注的好元素。咱们能够以用户

感受为第一要素进行设计吗？这样就能够完成咱们的共同目标啦！"开头的赞美、中间的要求再加上结尾的畅想，让对方觉得不同的意见也有道理。

复杂问题，要等对方的意思、担心、感受都清楚地被理解之后，征得对方的许可后，才开始表达自己的立场。例如："现在，我能理解你想要表达的意思，下面我可以说一说我个人的想法吗？""谢谢你之前的表达，我想再谈一下之前你没有提到的想法。"这个理解前提下的"说"，能够引导对方处于理性状态认真听，而不是带有反驳情绪地抗拒听。一个冲突包含有两个层面——感性（情绪）和理性（事情），管理冲突的关键在于把这两层分开，首先处理心情，然后处理事件，通过理性地说事情将感性的情绪进行释放，通过情绪疏导把感性的问题先解决，再聚焦事情的推进，实现理性回归。如果跳过第一步，或者第一步做得不充分，第二步很难取得好的结果。

3. 会问

把对方的意见重复说给他听，问他你理解得对不对。你重复的过程中就会发现他是有道理的，潜移默化地自己接受了他的观点，或者他听你复述的过程中发现了自己的无理，从而作出调整。

挖掘了解冲突背后的真实需求。对对方提出的任何观点感到不清楚时，不要害怕问问题。毕竟，你真的在试图理解事物。用更加清晰的语言与对方核对，确认自己对对方的表达有一个准确的理解：

➢ 嗯，你的想法听来挺有意思的，请再多解释一下可以吗？

➢ 我不确定我是否真的理解了你的意思，你能否再解释一下？

➢ 让我试着用直接的语言复述，你的意思是……对吗？

➢ 我理解你要表达的意思是……，这样理解对吗？

过程中要暗暗问自己：

➢ 是什么引发了这场冲突？

➢ 你在生谁的气？

➢ 有什么是你想要却没有得到的？

➢ 你害怕失去什么？

➢ 你的愤怒是准确的还是夸张的？

> 你们的冲突如何解决？

这些自问能够让你冷静锁定关键问题，稳定情绪，聚焦目标。

五、解决冲突的方式

有冲突时争取当面化解，更为高效有利，而不要回避。通过电子邮件、发信息解决问题可能很诱人，尤其是当冲突的想法让你畏缩的时候。但试图以这种方式解决分歧是低效的，而且可能会让情况变得更糟——当一个人的想法没有语调或面部表情的陪衬时，很容易被误解，当双方都有防御心理时，尤其如此。所以，勇敢些，忍一忍，当面谈谈。有时候，一个手势、一个表情、一个拥抱本身就足以化解矛盾。

当面沟通解决冲突时，情绪失控会让脾气占了我们的上风。这不仅会使冲突升级，还会给你贴上难以共事的标签，不仅会影响你的职业前景，还会导致更少有人邀请你一起活动。所以，在解释你的观点时，你需要采取一切可能的方式，以保持头脑冷静。

你可能会想，说起来容易做起来难。但是你可以采取一些措施来帮助自己保持冷静和镇定，例如默数一到十、做三个深呼吸、拿起笔画一张笑脸等。如果你很容易变得情绪化，带上你的工作要点笔记作为参考，让自己回到说事儿上，保持正确的方向。甚至在见面前一晚和朋友模拟"最坏的情况"也会有帮助。如果你的同事充满敌意和轻视你，你将如何回应？如果他们表现出不专业的行为，不要让他激发出你最坏的一面。被别人牵着鼻子走是失败的表现。

有些冲突你可以自己缓冲消化。例如你找合作团队询问事项的进展，对方却暴躁地反馈："问什么问，烦不烦？前天不是告诉你要等两天吗？！"看来你理解的"两天"是精确时间的两个工作日，他说的"两天"却是几天之后。你可能觉得被这样对待像是被打了耳光，但事情不那么急迫时，请忍一忍，点点头说："我两个工作日后再找你。"然后默默走开。当我们被"扇"耳光时，想要回击是很正常的。乍一看，仅仅接受它似乎非常没有道理，我们倾向于站起来保护自己。事实上，从长远来看，"挨一拳"会带来更甜蜜的胜利。你会发现对方再遇到你时，眼神和举止的变化是非常令人满意的，他在为当初的鲁莽表示歉意。甚至不等两天后，他主动来找你了。当他平复了烦躁的情绪后，内心深处会反省很多。

邀请第三方在场也是很好的选择，尤其是遇到敏感冲突时，找第三方如团队领导、人力资源成员帮助解决问题。有第三方在场时，人的愤怒情绪会被收敛，对话会回归理智。

六、化解矛盾的时机

在两性情感生活中常说不要让问题过夜，这道理应对职场的矛盾冲突照样适用。

矛盾和争议是有差异的。工作上持不同意见、行事风格各有特色、习惯爱好大相径庭等，这些都不是矛盾的范畴。矛盾是指相互之间抵触，影响了正常工作的顺利开展。

矛盾马上消除为最好。如果你和一位同事之间的矛盾已经积压了一段时间，就不要等到双方都对对方怀有完全的敌意时再行动。尽早解决问题将防止它滚雪球般发展成更大的问题，特别是当问题实际上仅是一个误解或一个相对较小的问题时。

解决职场冲突的目的不是让一个人完全改变主意。职业的人要带着开放的心态投入工作。职场的铁律是"事前充分沟通，事后坚决执行"。即使要执行的方案是你反对的，但是一旦决策形成，就去做吧。

虽然你和你的同事可能永远无法成为最好的朋友，但当你最终找到改善关系的方法时，你会感到非常欣慰。但这并不意味着你永远不会再和同事之间发生争吵。所以，回想一下最初是什么导致了冲突，以及在解决冲突的过程中什么最有帮助或最没用，这对以后的相处总是有好处的。

七、避免产生冲突

到底如何做才能让沟通更容易，从而避免产生冲突？《洞察》一书的作者艾美·赫曼给出的建议是运用"3R法则"。

第一个R，repeating，重复。有时候不是对方不同意你的观点，而是他根本没听明白或者你没有表达清楚。你可以在阐述完你的想法以后，请对方重复一下你的观点，如果你认为这样做太唐突了，你可以试着问："这样做的话，您觉得最难的一步是什么？"这样一个隐形的测试问题，能够让你清晰感知到对方的感受。如果对方支支吾吾或者绕开你说的内容，那么你就需要再次重复优化表达你的观点，直到对方了解你的真实意图，避免误会和后续的冲突。

第二个R，renaming，重新命名。把你想要做的事情换个说法或者调整署名权，你就能得到它。比如你的对手不愿意谈合同，那就说成对合同进行一些增补。若做海报需要设计团队支持，那么在署名中调整署名权，增加设计团队的曝光。换个说法或者调整呈现方式，不会改变你想推进事项的核心和最终目标的达成，但它能让你的要求更容易被合作伙伴接受，而被人接受是很重要的。

第三个R，reframing，重新构筑。如果真的有了问题和麻烦，你也可以将它变成一个问句，从而让人更容易接受。不要说："我能跟你说五分钟话吗？""你能来我办公室一趟吗？"想象一下听到这种话的人会是什么心情……听到这种话的人，绝对做好了防御的准备，带着拒绝、焦虑的心情来沟通，矛盾和麻烦就容易产生。你可以这样问："你能帮我一个忙吗？"或者是："有一个事情，我需要听听你的看法。"这样做，能消除不必要的对立消极情绪（图4-20）。

	Repeating重复	Renaming重新命名		Reframing重新构筑	
冲突原因	有时候不是对方不同意你的观点，而是他根本没听明白或者你没有表达清楚	对方在某些术语层面有某种执念		发生问题时有了防御心理	
解决办法	重复优化表达观点	更换术语表达		用疑问句消除消极心态	
例如	"能够请你重复一下第三点吗？抱歉我没有理解到你的意思。" "这样做的话，您觉得最难的一步是什么？"	"我们来谈谈合同条款。" VS	"我们对合同进行一些增补。"	"我能跟你说五分钟话吗？" "你能来我办公室一趟吗？" VS	"你能帮我一个忙吗？" "有一个事情，我需要听听你的看法。"

图4-20 避免冲突的"3R法则"

八、产品经理解决冲突之道

互联网行业中，项目运作通常采用临时组队或者虚拟团队的方式推进，遇到问题冲突是家常便饭。例如：产品设计开发过程中比较常见的工作场景冲突就是排期问题。业务方要求6月底必须完成，产品技术方时间受限，最后完成期限设定在7月底。双方都有自己的理由，迫于各自的压力，都想按照自己的时间线行事。如果没有充分的沟通和互相理解，这样的感知差异就可能演化为冲突。担当产品经理，必须掌握高超的冲突解决方法。作为"冲突处理者"，常用的冲突调节技巧有五种。

1. 放慢节奏

作为项目经理或者产品经理，处理冲突时，要敢于叫停大家的争执，请大家放慢节奏，把大家的注意力再次聚在一起。冲突处理者可以说："请大家慢点讲，我都来不及记录了。"也可以说："请再重复一下你刚才讲的要点。"

2. 保持完全的中立

冲突处理者不要支持某一方的观点，内心和外在表现定要保持中立，小心自己的肢体语言，肢体语言也会流露出偏向一方而反对另一方的倾向。

3. 留意自己的语言

不要用"争执""冲突""生气"这样的字眼，这些词会把事情搞得更糟。保持沉着的状态，不要提高自己的声调，避免使用情绪激动的肢体语言。用同理心倾听，重复发言者的要点，并邀请他人重复所听到的内容。

4. 自信坚定

冲突处理者要像球场裁判那样坚定，坚持一次只能有一个人发言，其他人处在听的状态。对于那些打断别人发言的人要予以制止。在出现激烈争执的时候，冲突处理者不要袖手旁观、不知所措，应实施干预。对于低效的讨论、无益的行为要坚决干预制止。

5. 聚焦问题

冲突处理者要做的是记录关键要点，避免大家的讨论发散跑偏。冲突处理者可以通过朗读纪要把大家再聚焦回来，不脱离处理问题的核心。

所以，回到之前提的问题，对于业务方的上线诉求和技术的排期冲突，需要

PM组织大家当面沟通。事先要求双方做好准备：技术端对资源情况作出梳理，准备技术的项目并发数据信息，以便让业务方清楚技术的并发情况，打破业务方心目中的疑惑；同时也要让技术知道业务方设定业务目标的背后原因，通过对事项优先级顺序的调整为业务方争取到最优的发布时间。最终求同存异，达成平衡，避免破坏性冲突的发生。

无论如何，大多数人都还是想尽量避免冲突，然而，最具创新性的解决方案往往产生于冲突中。工作场所是一个动态的环境，总是需要成长、改变、解决方案、转型和升级的。进入职场，冲突将成为日常工作的一部分。我们越是暴露在冲突中，我们就越能更好地处理冲突，我们作为职场人士也就越成功。

小结

- **接受冲突**：冲突不一定是负向词汇，建设性冲突利于员工和企业成长。
- **直面冲突**：做好论据论点的准备，准确听和说，控制情绪，对事不对人。
- **避免冲突**：3R法避免冲突，让沟通变得更容易。

金句：职场中不挑事儿，不怕事儿，学会了事儿。

后记

写作的过程如坐过山车，情绪跌宕起伏。两年时间，为某一天的文思泉涌而沾沾自喜，为某一段的无法落地而焦躁忐忑，为内心立了最后交稿期限但又反复突破推后而充满自责……但还好有想帮助更多的朋友看清自己、找到机会、实现理想的心，所以各种情绪起伏后，依旧内心欢愉又沉静地认认真真码字，哪怕仅有一个关键词、一个短句子、一个小故事触动了某一位读者的心，那么所有的过往就都有了价值！

过程中女儿Anna刘亦佳和先生刘保军的鼎力支持，同样是我躬耕不辍的动力源泉。感谢不吝言辞的鼓励和帮助，有你们真好！感谢编辑老师不厌其烦地指教，没有你们，就不会有这本书！感恩过程中的所有遇见，酸甜苦辣咸，忧喜惊恐悲，都是遇见的财富。

如果正在找工作或者初入职场的你感觉一地鸡毛，不用慌。尤其是在校招的过程中，你一定会有被泡在池子里、上下扑腾、上岸困难的感觉，但要坚持行动。行动、反馈、成长，再行动、再反馈、再成长，是你在不断壮大呢！

于我而言，也是在跌宕中突破成长着。

第一个学位是在河北师范大学获得的，但有一颗不安分的心，从教育系统转到了视频行业，进入保定电视台做了记者。摸爬滚打，成长为制片人。放眼未来，能够预见到之后人生将会是漫长的熬年头经历，果断放弃了被称为无冕之王的职业，开始闯荡北京，从之前滋润的生活跌落到没有工资还要交学费的境地。但苦中作乐，知道前方有更大的无限美好的可能。

从北京广播学院（今中国传媒大学）毕业后为北京电视台生活频道制作节目，其间又不安分地拿了北京大学光华管理学院的人力资源管理学位证书，为走向管理岗位打好了基础，最终做到了总裁助理。

之后决定再向自己发起挑战，到加拿大开始新生活，再一次回到了零收入的学习的阶段。最后能够在加拿大PEI新移民学会担任学生专员职务，大大跨越了一步，实现双语工作的突破。学生专员岗位的工作让我积累了加拿大从小学到大学的入学选择经验与见解。这些经验成为为朋友们的孩子出国留学做免费咨询的谈资。

再返回北京，感恩技术的发展，为我提供了在互联网行业的视频内容领域继续战斗的机会。优酷和阿里巴巴，让我置身于互联网行业的刺激挑战，又享受着创造无限可能的兴奋。

视线从个人的角度转向行业进行观察，看整个互联网行业的发展，情况极端：行业年轻，发展迅猛，没有任何人可以称得上是互联网行业的专家。

一个年轻人，如果在1999年去深圳加入腾讯的时候，他能系统性地学习吗？能事先做好什么准备吗？他能全面了解互联网的什么知识吗？

一个年轻人，如果在2011年去北京加入陌陌的时候，所谓的互联网知识对于他有什么帮助吗？那时候谁能告诉他说虽然现在不赚钱，但是5年后凭借视频直播公司就能实现盈利？

一个年轻人，如果在2012年加入字节跳动的时候，能知道抖音和火山哪个会胜出吗？能知道电商直播会成为主流吗？

没有，从来没有这样的事情！

成人的世界里，做事儿就好。

成人的世界里，努力攀爬就好。

所以，大胆探索。每一天从微小开始，一个个小的坚持，一点点累积起来，在未来的某一天有可能会突然形成一个大型拼图，那就是你的所得，谁也抢不走！期待每一位读者都能找到自己喜欢的、擅长的、赚钱的且是世界需要的位置。

精彩的职场顶峰，我们会遇见！